Gerd Michelsen / Maik Adomßent /
Jasmin Godemann (Hrsg.)

»**Sustainable University**«
Nachhaltige Entwicklung als Strategie und Ziel
von Hochschulentwicklung

Bd. 10 der Reihe „Innovation in den Hochschulen:
Nachhaltige Entwicklung"

Herausgegeben von
Gerd Michelsen, Andreas Fischer und Ute Stoltenberg

Die Reihe „Innovationen in den Hochschulen: Nachhaltige Entwicklung" bildet den aktuellen Diskurs über Hochschulentwicklung im Horizont einer nachhaltigen Entwicklung ab – national wie international. Zugleich spiegelt sie die Erfahrungen wider, die im Rahmen des Projektes „Sustainable University – Nachhaltige Entwicklung im Kontext universitärer Aufgabenstellungen" an der Leuphana Universität (www.leuphana.de/sustuni) gemacht werden. Sie bietet ein Forum für Wissenschaft und Öffentlichkeit für die Auseinandersetzung mit Innovationen an Hochschulen im Rahmen einer nachhaltigen Entwicklung.

sustainable university

Gerd Michelsen / Maik Adomßent / Jasmin Godemann (Hrsg.)

»Sustainable University«

Nachhaltige Entwicklung als Strategie und Ziel
von Hochschulentwicklung

Autorinnen und Autoren

Maik Adomßent, Patrick Albrecht, Matthias Barth,
Almut Beringer, Simon Burandt, Angela Franz-Balsen,
Jasmin Godemann, Harald Heinrichs, Gerd Michelsen,
Marco Rieckmann, Stefan Schaltegger, Ute Stoltenberg

Bibliografische Information der Deutschen Bibliothek

Die Deutsche Bibliothek verzeichnet diese Publikation in der Deutschen Nationalbibliografie; detaillierte bibliografische Daten sind im Internet über http://dnb.ddb.de abrufbar.

© 2008 VAS – Verlag für Akademische Schriften
Alle Rechte vorbehalten.

Herstellung: VAS, Ludwigstr. 12 d, 61348 Bad Homburg
Vertrieb: Südost Verlags Service GmbH, Am Steinfeld 4,
            94065 Waldkirchen

Printed in Germany · ISBN 978-3-88864-450-4

Inhaltsverzeichnis

Vorwort 7

Zu neuen Ufern aufbrechen: Nachhaltige Entwicklung als Strategie
und Ziel von Hochschulentwicklung 10

Ein Blick zurück und nach vorn: Die Universität Lüneburg und die
Herausforderung einer nachhaltigen Entwicklung 29

Integrativ forschen: Methodisches Design der transformativen
Fallstudie „Universität Lüneburg" 53

Nachhaltigkeit auf dem Campus kommunizieren:
Professionelle Herausforderungen zwischen
Wissenschaft und Praxis 79

Organisationalen Wandel anstoßen: Interventionen zur
Verankerung nachhaltiger Entwicklung in der Hochschule 95

Erwerb von Schlüsselkompetenzen ermöglichen:
Nachhaltige Entwicklung in der Hochschulbildung 110

Den Wandel begreifen: Szenarien für eine
nachhaltige Hochschulentwicklung 130

Durch Benchmarking lernen: „Sustainable University" im
internationalen Vergleich 150

Literatur 165

Autorinnen und Autoren 185

Abbildungsverzeichnis

Abbildung 1: Aspekte einer „Nachhaltigen Universität Lüneburg" 38
Abbildung 2: Poster der Energiesparkampagne „nix-verschwenden.de" 43
Abbildung 3: Teilprojekte und inhaltliche Dimensionen des Projekts
„Sustainable University". 54
Abbildung 4: Integrationsformen im Überblick 61
Abbildung 5: Liste der identifizierten Einflussfaktoren und Trends
des Hochschulwesens 71
Abbildung 6: Schlüsselfaktoren und Wechselwirkungen des Kernsyndroms
„Zunehmende Wettbewerbsorientierung"............................ ..73
Abbildung 7: Dimensionen organisationalen Lernens
(nach Klimecki et al. 1999)… 98
Abbildung 8: Schritte der Szenarioanalyse (verändert, nach SCMI 2007) 135
Abbildung 9: Ausprägungen des Schlüsselfaktors „Hochschulsteuerung". 137
Abbildung 10: Hochschullandschaft im Jahre 2035 139

Tabellenverzeichnis

Tabelle 1: Perspektive Nachhaltigkeit: Entscheidende Schritte
an der Universität Lüneburg 30
Tabelle 2: Methodenvielfalt im Projekt „Sustainable University" 56
Tabelle 3: Clusterbeschreibung anhand der in die
Clusterung eingegangenen Variablen.......................... 66
Tabelle 4: Die Schlüsselfaktoren im Überblick 136

Abkürzungsverzeichnis

AIESEC	Internationale Studentenorganisation
AStA	Allgemeiner Studierendenausschuss
BNE	Bildung für eine nachhaltige Entwicklung (UN-Dekade)
CC	„Campus Courier"
DSi	Dachverband der Studierendeninitiativen
GLP	Gebäudeleittechnik
GRI	Global Reporting Initiative
INFU	Institut für Umweltkommunikation, Universität Lüneburg
LEED	Leadership in Energy and Environmental Design
SD	Sustainable Development
UMS	Umweltmanagementsystem
WBGU	Wissenschaftlicher Beirat Globale Umweltveränderungen

Vorwort

Die Institution Hochschule in ihrer Gesamtheit im Sinne des Konzepts einer nachhaltigen Entwicklung zu verändern ist nach wie vor eine große Herausforderung. Weltweit gibt es bislang nur wenige Universitäten, die sich ihr stellen. Bereits 1994 hat die damalige Europäische Rektorenkonferenz (CRE, heute: EAU) mit der COPERNICUS-Charta die Hochschulen aufgerufen, sich innerhalb ihrer eigenen Institution im Rahmen einer freiwilligen Selbstverpflichtung mit Aspekten der nachhaltigen Entwicklung auseinander zu setzen. Bis heute haben sich über 300 europäische Hochschulen zu dieser Charta bekannt. Die Leuphana Universität Lüneburg (Deutschland) hat sich bereits in der zweiten Hälfte der 1990er Jahre auf den Weg gemacht und die COPERNICUS-Charta unterzeichnet. Sie blieb jedoch nicht auf der Stufe der Unterzeichnung stehen, sondern hat stetig nach Möglichkeiten gesucht, Ansätze einer nachhaltigen Entwicklung in verschiedenen Bereichen und auf unterschiedlichen Ebenen zu realisieren. Hierbei konnte auf Drittmittel zurückgegriffen werden, wobei die Deutsche Bundesstiftung Umwelt das Projekt „Agenda 21 und Universität Lüneburg" (1999–2001) und das niedersächsische Wissenschaftsministerium das Vorhaben „Sustainable University – Nachhaltige Entwicklung im Kontext universitärer Aufgabenstellungen" (2004–2007) großzügig unterstützt haben. Für diese Unterstützung sei an dieser Stelle nochmals herzlich gedankt.

In diesem Buch werden die bisherigen Erfahrungen, die mit dem Umsetzungsprozess von nachhaltiger Entwicklung an einer Universität gemacht wurden, aus verschiedenen Perspektiven aufgearbeitet und reflektiert. Die Aufgabe, nachhaltige Entwicklung universitär umzusetzen, wurde mit Hilfe von Teilprojekten realisiert. Ihre jeweiligen theoretischen Bezüge und empirischen Befunde stehen im Mittelpunkt dieses Buches und bilden in ihrer Gesamtheit das Projekt „Sustainable University".

Das Institut für Umweltkommunikation (INFU) der Universität Lüneburg hat beide Vorhaben mit Unterstützung von Kolleginnen und Kollegen unterschiedlicher Disziplinen und unter Einbeziehung gesellschaftlicher Akteurinnen und Akteure im Rahmen von sechs Teilprojekten realisiert. Es versteht sich als ein Vorhaben der Nachhaltigkeitsforschung und ist inter- und transdisziplinär organisiert. Ein solcher Forschungsmodus erfordert spezifische Methoden und Zugangsweisen, daher wurde die „Transformative Fallstudie" entwickelt, um die Forschungsfragen des Gesamtprojekts beantworten sowie die methodischen Anforderungen der Teilprojekte integrieren zu können. Ausgehend vom hochschulpolitischen Rahmen und vom wissenschaftlichen Diskurs über nachhaltige Entwicklung wurde ein Verständnis einer nachhaltigen Hochschule abgeleitet, das als „gemeinsames Dach" für das gesamte Vorhaben zu verstehen ist. Eine empirische Erhebung, in der alle Angehörigen der Universität befragt wurden, hat eine umfassende Analyse der Ist-Situation der Universität Lüneburg hinsichtlich der Auseinandersetzung mit Fragen der nachhaltigen Entwicklung ermöglicht. Daran anknüpfend konnten die Untersuchungen zu den verschiedenen Teilvorhaben stattfinden. Von besonderer Bedeutung ist die Ableitung und Berechnung von Szenarien zur künftigen Entwicklung des deutschen und europäischen Hochschulwesens. Diese Szenarien lassen aufgrund ihrer Ausprägungen unterschiedliche Möglichkeiten erkennen, wie sich Hochschulen in Richtung nachhaltiger Entwicklung auf den Weg machen können.

An dem Projekt „Sustainable University" haben folgende Mitarbeiterinnen und Mitarbeiter, Kolleginnen und Kollegen mitgearbeitet: Dr. Maik Adomßent (wiss. Koordination); Patrick Albrecht (wiss. Mitarbeiter); Dr. Matthias Barth (wiss. Mitarbeiter); Simon Burandt (wiss. Mitarbeiter); Dr. Angela Franz-Balsen (wiss. Mitarbeiterin); Dr. Jasmin Godemann (wiss. Koordination); Prof. Dr. Harald Heinrichs (Sustainable Development and Participation); Prof. Dr. Gerd Michelsen (Projektleitung); Prof. Dr. Peter Paulus (Gesundheitsförderung, Psychologie); Marco Rieckmann (wiss. Mitarbeiter); Prof. Dr. Wolfgang Ruck (Chemie/Umweltchemie); Prof. Dr. Stefan Schaltegger (BWL, insbes. Umweltmanagement); Prof. Dr. Ute Stoltenberg (Sachunterricht und seine Didaktik).

Zeitlich begrenzt waren in diesem Vorhaben eingebunden: Prof. Dr. Thorsten Assmann (Tierökologie); Prof. Dr. Werner Härdtle (Ökologie, Landschaftsökologie); Prof. Dr. Volker Kirchberg (Kulturvermittlung und Kulturorganisation); Katina Kuhn (wiss. Mitarbeiterin); Sacha Kagan (wiss. Mitarbeiter); Florian Schott (wiss. Mitarbeiter); Richard Scheibel (wiss. Mitarbeiter); Forschungsgruppe VAUST mit Prof. Dr. Eckhard Bollow (Automatisierungstechnik), Prof. Dr. Helmut Faasch (Datenbanken, Rechennetze), Prof. Dr.-Ing. Ralph Hadeler (Regelungs- und Elektrotechnik), Prof. Dr.-

Vorwort

Ing. Klaus-Dieter Hübner (Elektrische Antriebstechnik, Elektrotechnik), Prof. Dr. Andreas Möller (Umweltinformatik und Neue Medien) und Prof. Dr.-Ing. Ralf Welge (Technische Informatik); PD Dr. Ulf Wuggenig (Kunst- und Bildwissenschaften, Kulturtheorie und interkulturelle Studien).

Außerdem wurde das Vorhaben durch einen wissenschaftlichen Beirat begleitet, dem folgende Personen angehörten: Prof. Dr. mult. Günter Altner (Theologe und Biologe, Berlin); Prof. Dr. Egon Becker (Institut für Sozialökologische Forschung, Frankfurt/Main); Prof. Dr. Karl-Werner Brand (Technische Universität München; Münchner Projektgruppe für Sozialforschung); Prof. Dr. Hartwig Donner (ehem. Präsident der Universität Lüneburg); Prof. Dr. Armin Grunwald (Universität Karlsruhe; Institut für Technikfolgenabschätzung und Systemanalyse); Prof. Dr. Ruth Kaufmann-Hayoz (Universität Bern, Interfakultäre Koordinationsstelle für Allgemeine Ökologie); Prof. Dr. Dr. h.c. Udo E. Simonis (Wissenschaftszentrum Berlin); Prof. Dr. Dr. Alf Trojan (Universitätsklinikum Hamburg-Eppendorf, Institut für Medizin-Soziologie); Prof. Dr. Markus Vogt (LMU München, Lehrstuhl für Christliche Sozialethik).

Allen, die an diesem Projekt mitgewirkt und den Prozess der nachhaltigen Entwicklung an der Universität Lüneburg kritisch begleitet und unterstützt haben, sei an dieser Stelle ganz herzlich gedankt. Ohne ihre Unterstützung wäre das Vorhaben nicht das, was es heute darstellt.

Ein herzliches Dankeschön geht auch an die Universitätsgesellschaft Lüneburg, die den Druck dieses Buches mit unterstützt hat.

Mit dieser Publikation ist die Hoffnung verbunden, auf eine entsprechende Resonanz zu treffen und den Diskussionsprozess um die Integration von Aspekten nachhaltiger Entwicklung in den universitären Kontext zu verstärken.

Gerd Michelsen, Maik Adomßent und Jasmin Godemann

Zu neuen Ufern aufbrechen: Nachhaltige Entwicklung als Strategie und Ziel von Hochschulentwicklung

Nachhaltige Entwicklung und Hochschulen

Nachhaltige Entwicklung ist eine der großen Herausforderungen unserer Zeit. Die Länder der Erde stehen vor der Aufgabe, die Lebenschancen der Menschen weltweit fair und gerecht zu gestalten und zu verteilen. Gleichzeitig beinhaltet eine nachhaltige Entwicklung, dass künftige Generationen das gleiche Recht auf ein erfülltes Leben haben wie die heutige Generation. Vor dem Hintergrund der sich beschleunigenden Globalisierung wird die Aufgabe nachhaltiger Entwicklung der Weltgesellschaft zunehmend dringlicher. Wissenschaft spielt in diesem Prozess eine bedeutende Rolle. Die durch Wissenschaft und Technik mit verursachten globalen Wissens-, Produktions-, Handels- und Menschenströme haben erhebliche ökologische, ökonomische und gesellschaftliche Folgen. Sie erfordern das Aufgreifen neuer Forschungsfragen – zu den komplexen Wechselwirkungen zwischen Mensch und Umwelt ebenso wie im Hinblick auf das menschliche Zusammenleben. Die neuen Herausforderungen lassen sich mit folgenden Stichworten umreißen: wachsende interkulturelle Konflikte, zunehmende Migrationsbewegungen, gesellschaftliche Spannungen sowie sorgloser Umgang mit dem wissenschaftlich-technischen Fortschritt (Gruppe 2004 2004, Hübner 2005). Damit stehen auch die Hochschulen vor neuen Aufgaben: Sie müssen, wenn sie ihren Beitrag zur nachhaltigen Entwicklung der Gesellschaft leisten wollen, nicht nur in der Forschung, sondern auch in der Lehre eine Verbindung aus spezialisierter Fachkompetenz und problemorientierten, systemischen und integrierten Betrachtungsweisen schaffen. Dazu bedarf es neuer fächerübergreifender Forschungs- und Lehrstrukturen sowie -kulturen. Nachhaltige Entwicklung erfordert zudem ethische Entscheidungen. All dies legt nahe, dass sich die Hochschulen und die Wissenschaft auch mit unterschiedlichen Grundkonzepten zur Nachhaltigkeit auseinandersetzen müssen (Grunwald/Ott 2005).

Unter globalen Gesichtspunkten ist nachhaltige Entwicklung zugleich als Konzept, Ziel und Prozess bzw. Strategie zu begreifen:

"The concept speaks to the reconciliation of social justice, ecological integrity, and the well-being of all living systems on the planet. The goal is to create an ecologically and socially just world within the means of nature without compromising future generations. Sustainability also refers to the process or strategy of moving toward a sustainable future" (Moore 2005a: 78).

Vor diesem Hintergrund lassen sich Hochschulen als gesellschaftliche Institutionen verstehen, um den Prozess der Wissensgenerierung und -verbreitung intergenerativ fortsetzbar zu machen, wobei „intergenerative Fortsetzbarkeit gesellschaftlicher Prozesse" im Sinne von Nachhaltigkeit zwar eine notwendige, aber noch keine hinreichende Bedingung darstellt. So müssen die Wissensprozesse und die Institutionen der Wissenschaft auch bewertet werden, oder wie es Egon Becker fragend formuliert:

„Dienen sie der Erhaltung bestimmter Randbedingungen – wie beispielsweise die Reproduktions- und Evolutionsfähigkeit von Gesellschaft und Natur? Befördern sie gesellschaftliche Entwicklungen in Richtung internationaler und intergenerativer Gerechtigkeit?" (Becker 2005: 19).

Moderne Forschungshochschulen können die notwendigen Bedingungen von Nachhaltigkeit sicherlich ebenso erfüllen wie die klassischen Universitäten, die sich auf Humboldtsche Prinzipien (wie Bildung durch Wissenschaft, Wissenschaftsfreiheit und akademische Autonomie) berufen. Zum Katalysator nachhaltiger Entwicklung werden sie erst dann, wenn sie in ihrer Organisation, in ihrer professionellen Kultur und in ihrem Wissenschaftsverständnis auch den normativen Kriterien von Nachhaltigkeit genügen. Bei der Suche nach Erfolg versprechenden Wegen, Hochschulen zur Auseinandersetzung mit dem Konzept der nachhaltigen Entwicklung anzuregen, gilt im Blick zu behalten, dass nachhaltige Entwicklung für die Hochschulen auf unterschiedlichen Ebenen relevant wird: sowohl auf der Mikroebene – Hochschulen als individuelle Institutionen mit politischen Implikationen – als auch auf der Makroebene – Hochschulsystem als politisches Geflecht samt daraus erwachsender Wirkungseffekte für die einzelne Hochschuleinrichtung (Kehm/Pasternack 2000).

Die Universität Lüneburg ist mit ihren Vorhaben „Agenda 21 und Universität Lüneburg" (1999–2001) und „Sustainable University – Nachhaltige Entwicklung im Kontext universitärer Aufgabenstellungen" (2004–2007) sowie dem UNESCO-Chair „Higher Education for Sustainable Development" Schritte in diese Richtung gegangen, indem sie als eine der ersten europäischen Hochschulen die Institution als Ganze untersucht hat. Dazu wurde der Versuch unternommen, in allen universitären Aufgabenbereichen Prozesse anzustoßen, die die Integration von Nachhaltigkeitsgedanken in die verschiedenen Tätigkeitsgebiete ermöglichen sollen. Die hieraus gewonnenen Erkenntnisse und Erfahrungen weisen auf Möglichkeiten ihres Transfers in Richtung anderer Hochschulinstitutionen hin.

Zum Buch

Diese Publikation will den durch die verschiedenen Vorhaben und hochschulpolitischen Entscheidungen angestoßenen Wandlungsprozess der Gesamtorganisation Hochschule nachvollziehbar machen. Dazu werden die bisherigen Erfahrungen, die mit der Umsetzung von nachhaltiger Entwicklung an einer Hochschule – der Universität Lüneburg – gemacht wurden, in verschiedenen Beiträgen aufgearbeitet und reflektiert.

Wer nachhaltige Entwicklung als Strategie und Ziel von Hochschulentwicklung begreifen und also „Zu neuen Ufern aufbrechen" möchte, kommt nicht umhin, zunächst einmal das Verhältnis zwischen nachhaltiger Entwicklung und Hochschulen auszuloten. Damit ist die Herausforderung verbunden, sich im aktuellen Nachhaltigkeitsdiskurs zu positionieren, d.h. einerseits den konstitutiven Grundprinzipien nachhaltiger Entwicklung wie intra- und intergenerativer Gerechtigkeit, globaler Orientierung und anthropozentrischem Ansatz (Kopfmüller et al. 2001) zu entsprechen, und andererseits pragmatische Überlegungen anzustellen, wie sich diese Vorgaben konzeptionell und strategisch für Hochschulen in wissenschaftlicher Hinsicht fruchtbar machen lassen. Zu einem derartigen Transfer liegen seitens der Hochschulforschung hilfreiche Erkenntnisse vor, deren Referenzpunkte die einzelnen Institutionen und das Hochschulsystem als Ganzes bilden. Diese Erkenntnisse werden in diesem Kapitel zu Thesen verdichtet und dienen so als Folie für die Reflexion über universitäre Prozesse im Horizont nachhaltiger Entwicklung. Zugleich spiegeln sie in Gewichtung und Reihenfolge den Aufbau dieser Publikation wider.

Um nachvollziehbar zu machen, wie diese theoretischen Überlegungen mit empirischen Befunden und praktischen Erfahrungen an der Universität Lüneburg zusammenhängen, ist „Ein Blick zurück und nach vorn" erforderlich. In diesem Kapitel werden die Weichenstellungen beschrieben, mit denen die Universität Lüneburg den Herausforderungen einer nachhaltigen Entwicklung zu begegnen versucht. Es wird deutlich, warum und in welcher Weise das von 1999 bis 2001 durchgeführte Projekt „Agenda 21 und Universität Lüneburg" bleibende Zeichen auf dem Campus der Universität gesetzt hat. Um den bis dahin angestoßenen Prozess nicht abreißen zu lassen, lag es nahe, die geschaffenen Strukturen als Ausgangsbasis für eine Weiterführung zu nutzen. Daher wurde das Forschungs- und Entwicklungsvorhaben „Sustainable University – Nachhaltige Entwicklung im Kontext universitärer Aufgabenstellungen" initiiert, das die begonnenen Arbeiten des Vorläuferprojekts fortführte, indem die sich dort ergebenen Fragestellungen weiter vertieft, empirisch unterfüttert und auf ihre Übertragbarkeit hin überprüft werden konnten. Mithilfe der in diesem Projekt entstandenen und in später dargestellten Meilensteinen wird gezeigt, wie sich nachhaltige Entwicklung im universitären Alltag ausbuchstabieren lässt.

Es wird deutlich, dass „Integrativ und transdisziplinär forschen" zur unerlässlichen Maxime derjenigen werden muss, die nach Antworten auf die forschungsleitende Frage suchen, wie Hochschulen den mit dem Paradigma einer nachhaltigen Entwicklung verbundenen Herausforderungen aktiv begegnen können und inwieweit zielgerichtete Strukturänderungen in ihren unterschiedlichen Teilbereichen einen Beitrag zur Wandlung der Hochschulen im Sinne der Nachhaltigkeit zu leisten vermögen. Die Komplexität des akteurs- und problembezogenen sowie disziplinenübergreifenden „Sustainable University"-Projekts erforderte ein entsprechendes methodisches Design. Der Fallstudienansatz erschien dazu als prinzipiell geeignet, doch zeigte sich schnell, dass eine Weiterentwicklung bestehender Ansätze vonnöten sein würde, um den analytischen Herausforderungen adäquat begegnen zu können. Die Analyseschritte und Charakteristika der transformativen Fallstudie „Sustainable University" sollten schließlich über die Deskription des Falles hinaus dessen Dynamik in den Blick nehmen, um nicht bei einer bloßen Fallbeschreibung stehen zu bleiben, sondern dazu zu befähigen, ebendiese Erkenntnisse auch im Sinne einer nachhaltigen Entwicklung zu transformieren.

Doch auch in der eigenen Hochschule muss „Nachhaltigkeit auf dem Campus kommunizieren", wer die Motivation aller auf dem Campus Beteiligten aufrechterhalten möchte, sich mit dem Leitbild der Nachhaltigkeit in verschiedenen Bereichen auseinanderzusetzen. Da Kommunikation als

Katalysator für strukturelle Veränderungen und kollektive wie individuelle Entwicklungen fungiert, sind beispielsweise die Konsequenzen zu diskutieren, die sich aus unterschiedlichen Fachkulturen hinsichtlich der Nähe bzw. Ferne zum Umgang mit Fragen einer nachhaltigen Entwicklung ergeben. Das Kapitel zeigt Wege auf, wie ein umfassendes Konzept für ein prozessorientiertes Kommunikationsmanagement an der Universität Lüneburg erarbeitet und umgesetzt wurde, das auf einem systemischen Verständnis des universitären Nachhaltigkeitsprozesses aufbaut.

„Organisationalen Wandel fördern" heißt im vorliegenden Kontext, auf die Lernfähigkeit von Hochschulen zu bauen. Stellt eine derartige Lernfähigkeit doch die Grundvoraussetzung dafür dar, auf gesellschaftliche Forderungen angemessen reagieren und damit auch Ansprüche wie die nach Leistung eines Beitrags zur nachhaltigen Entwicklung der Gesellschaft erfolgreich umsetzen zu können. Inwieweit Projektaktivitäten Lernprozesse auslösen können, wurde im Rahmen des Gesamtprojekts insbesondere durch die Integration der Frageschwerpunkte der beiden Teilvorhaben „Nachhaltigkeitsmanagement" und „Energie- und Ressourcenmanagement" in den Blick genommen. Die Auslotung der Dimensionen organisationalen Lernens ergab, dass das Thema Energie ebenso wie die Nachhaltigkeitsberichterstattung Potentiale birgt, Akteurinnen und Akteure aus allen universitären Gruppen zu mobilisieren. Die Themenstellungen erfordern nicht nur ein Verfeinerung bestehender Prozeduren und Prozesse, sondern ermöglichen darüber hinaus auch vielfältige neue Erfahrungen und erfordern teilweise, bisherige Gewissheiten zu hinterfragen. Dabei hatten insbesondere die Ziele der Transparenz, der breiten Partizipation und Rechenschaftslegung gegenüber der Öffentlichkeit großen transformativen Einfluss auf (teilweise unbewusste) Aspekte der Organisationskultur und auf formale Prozesse (z.B. die Managementsysteme). Sie können somit als treibende Kräfte für die Implementierung von Nachhaltigkeit in Hochschulen beschrieben werden.

Nachhaltigkeitsrelevante Wandlungsprozesse der Hochschule sind nicht ohne eine Auseinandersetzung mit dem Kernbereich Hochschullehre denkbar. Wer den „Erwerb von Schlüsselkompetenzen ermöglichen" will, muss sich eingehend mit der Frage des Kompetenzerwerbs von Studierenden in formalen und informellen Lernprozessen befassen. Zu fragen ist also danach, wie sich Aspekte der nachhaltigen Entwicklung systematisch in die Hochschulbildung einbeziehen und welche Anlässe, Wege und Räume sich für die Entwicklung relevanter Schlüsselkompetenzen fruchtbar machen lassen. Die Ergebnisse der vorliegenden Untersuchung geben Anlass zur Vermutung, dass sowohl formale als auch informelle Lernsettings an Hochschulen von Relevanz für die Entwicklung von Kompetenzen für eine nachhaltige Entwicklung sind: Sowohl in einem „Studienprogramm Nachhaltigkeit" als auch ehrenamtliches studentisches Engagement wird die Entwicklung von Kompetenzen bzw. einzelnen Dispositionen gefördert. Weitere Untersuchungen scheinen hingegen in Bezug auf die Frage wünschenswert, ob und inwiefern sich informelle und formale Lernformen und -prozesse wechselseitig aufeinander beziehen lassen.

Die Beschäftigung mit möglichen Zukünften der Hochschulentwicklung ist unerlässlich, um „Den Wandel begreifen" zu können, der mit unterschiedlichen Optionen zur nachhaltigen Entwicklung von Hochschulen verbunden ist. Mit der Szenarioanalyse wurde ein Vorgehen gewählt, das gerade auch für die Nachhaltigkeitsforschung bedeutsam ist, da auf diese Weise methodengeleitet die Zukunftsgestaltung, der Umgang mit Unsicherheiten und die Antizipationsfähigkeit der Beteiligten in den Blick genommen werden. Bei der Erstellung von Szenarien zum möglichen Aussehen der „Hochschullandschaft 2035" wurde insbesondere der Frage nachgegangen, wie das Umfeld des Hochschulwesens in Verknüpfung mit den wichtigsten intrauniversitären Einflussfaktoren im Jahre 2035 aussehen könnte. Im Hinblick auf die eigene Institution war es spannend, der Frage, inwieweit die „Sustainable University" Lüneburg im zukünftigen Hochschulsystem anschlussfähig ist, mihilfe einer Kompatibilitätsbewertung nachzugehen. Alternativ stehen weitere Möglichkeiten der Nutzung und Konkretisierung der Ergebnisse zur Disposition. So ließe sich zum einen analysieren, welche Einflussfaktoren in den einzelnen Szenarien verändert werden müssten, um das Hochschulsystem in eine Richtung zu bewegen, die bessere Rahmenbedingungen für die nachhaltige Hochschule bietet. Zum anderen könnte durch eine aktive Strategiebewertung festgestellt werden, welche Strategien auf dem Weg zur nachhaltigen Hochschule bei welchen Szenarien Erfolg versprechend sein könnten.

In einem abschließenden internationalen Vergleich werden Wege aufgezeigt, wie sich „Durch Benchmarking lernen" lässt. Das „Sustainable University"-Projekt wird dazu nordamerikanischen Universitäten gegenübergestellt, die sich mit Nachhaltigkeitsfragen in unterschiedlichen Bereichen und auf verschiedenen Ebenen befassen. Dabei werden neben anderen Fragen des Verwaltungshandelns, der Curriculumentwicklung, der Forschungsmöglichkeiten oder der Einbeziehung von Studierenden in die jeweiligen Prozesse betrachtet. Als Ergebnis lässt sich festhalten, dass die Universität Lüneburg eine Führungsrolle bei Forschung/Wissenschaft und Lehre einnimmt. Hingegen zeigt sich das Potential der nordamerikanischen Vergleichshochschulen besonders bei den Schwerpunkten Leitung/Verwaltung, Angebote für Studierende und Universitätsbetrieb/Technische Schritte zur Nachhaltigkeit. Als ein Fazit wird die Sinnfälligkeit einer Kombination von organisatorischer und akademischer Sichtweise herausgestellt, denn durch ein Zusammenwirken von Management/Verwaltung einerseits mit Forschung und Lehre andererseits lassen sich vielfältige brachliegende Nachhaltigkeitssynergien erschließen. Derartige Synergien zeigen sich beispielsweise in Form von Prozessbeschleunigung, die vornehmlich dann erreicht wird, wenn Mitbestimmung sichergestellt ist, sektorenübergreifendes Engagement anerkannt wird und ein inter- und transdisziplinärer Austausch möglich ist.

Positionierung im aktuellen Nachhaltigkeitsdiskurs

Mit den beiden Lüneburger Projekten wurde wissenschaftliches Neuland beschritten, auch was deren Einordnung in den Nachhaltigkeitsdiskurs betrifft. Daher ist es notwendig, sich sowohl mit Fragen der Zukunftsverantwortung als auch mit unterschiedlichen Konzepten zur Nachhaltigkeit auseinanderzusetzen. Dazu wurden die für den gegenwärtigen Nachhaltigkeitsdiskurs im deutschsprachigen Raum prägenden Theorieansätze einem kritischen Vergleich unterzogen: Zum einen das integrative Nachhaltigkeitskonzept, das auf der Formulierung und Begründung eines Systems von Nachhaltigkeitsregeln und auf dessen Operationalisierung in Form von Indikatoren basiert (Kopfmüller et al. 2001), zum anderen die Theorie starker Nachhaltigkeit, deren argumentative Basis auf der Bedeutsamkeit einer langfristigen und ökologisch verträglichen Nutzung kritischer Bestände von Naturkapital fußt (Ott/Döring 2004). Beide Ansätze ziehen interessanterweise vergleichbare Konsequenzen in ihrer praktisch-politischen Umsetzung.

Verantwortung gegenüber zukünftigen Generationen zu übernehmen, ist eine zentrale Idee der nachhaltigen Entwicklung. Im Unterschied zu beliebigen subjektiven Zielen oder kulturellen Leitbildern bezieht sich

Nachhaltigkeit auf moralische Verpflichtungsgründe, die mit einer zielgerichteten (teleologischen) Perspektive verbunden werden. Von ihrem normativen Status her ist die Idee der Nachhaltigkeit ein kollektives Ziel, das anzustreben zugleich eine Verpflichtung ist (Grunwald/Ott 2005).

Mit diesem Verständnis lassen sich Prinzipien der Zukunftsverantwortung begründen, von denen anzunehmen ist, dass sie sich zu moralischen Traditionen im Sinne der intergenerativen Weitergabe ethischer Orientierungen eignen. Grunwald und Ott (2005) machen auf eine Reihe ethischer Probleme aufmerksam, die mit dem Begriff der Zukunftsverantwortung aufgeworfen werden:

- die Widerlegung oder Entkräftung von Argumenten, die Verpflichtungen gegenüber zukünftigen Generationen bestreiten;
- die Analyse der Beziehungen zwischen Rechten und Pflichten;
- die Wahl einer allgemeinethischen Rahmentheorie, in die die Zukunftsethik eingepasst werden kann (Kontraktualismus, Utilitarismus, Diskursethik usw.);
- die Auseinandersetzung, ob wir zukünftigen Generationen Bedingungen eines minimal anständigen Lebens zugestehen oder es ihnen im Vergleich mit heute nicht schlechter gehen darf (absolute und komparative Standards der Zukunftsverantwortung);
- die ökonomische Technik des Diskontierens zukünftiger Nutzen- und Schadensereignisse;
- die Beziehung zwischen Zukunftsverantwortung und Bevölkerungspolitiken und
- die Konzeption einer fairen intertemporalen Hinterlassenschaft.

Die Auseinandersetzung über ein gemeinsames Verständnis von Nachhaltigkeit ist eine entscheidende Grundlage für den universitären Wandlungsprozess, der durch die verschiedenen Vorhaben an der Universität Lüneburg angestoßen wurde.

Als weiteres wichtiges Element von Nachhaltigkeit ist Globalität zu betrachten: Im Sinne einer globalen Ethik wird allen Menschen das moralische Recht auf die Befriedigung ihrer Grundbedürfnisse, auf die Erfüllung ihrer Wünsche nach einem guten Leben, auf die Erhaltung der lebensnotwendigen Funktionen der Ökosysteme und auf den gerechten Zugang zu den globalen Ressourcen zugesprochen. Eine problemorientierte Perspektive macht deutlich, dass viele der bekannten Nachhaltigkeitsherausforderungen wie anthropogener Treibhauseffekt, Ozonabbau, Verlust der Artenvielfalt, Armut, Bevölkerungswachstum und Arbeitslosigkeit globale Phänomene sind. Sie unterscheiden sich lediglich in Bezug auf ihre Ausprägungen regional. An einer handlungstrategischen Sichtweise zeigt sich, dass die globalen Probleme sowohl die Identifizierung und Analyse dieser Probleme als auch die Entwicklung entsprechender Lösungsstrategien und Umsetzungsmechanismen auf der globalen Ebene erfordern (Kopfmüller et al. 2001). Zustände und Veränderungen auf lokaler Ebene oder in einer Institution wie z.B. der Hochschule sind vor diesem Hintergrund immer hinsichtlich der Frage zu reflektieren, inwiefern sie Beiträge zu einer globalen nachhaltigen Entwicklung leisten können oder wollen.

Aus der Geschichte des Nachhaltigkeitsdiskurses heraus ist der Aspekt der Gerechtigkeit als ein zentrales Grundprinzip von nachhaltiger Entwicklung zu verstehen. Das vorrangige Augenmerk liegt dabei auf sozialen Wertkonstellationen (intra- und intergenerative Gerechtigkeit), wohingegen ökologische Werthaltungen, die sich auf Fragen der Gerechtigkeit zwischen menschlichem und nicht-menschlichem Leben beziehen (Schmuck 2005), zunächst nicht weiter in den Blick genommen werden. Gleichwohl ist im Hinblick auf die Wertebasis nachhaltiger Entwicklung Position zum so genannten Inklusionsproblem[1] zu beziehen, wobei an dieser Stelle die Position des „aufgeklärten Anthropozentrismus" vertreten wird, die sich aus einer differenzierenden Gegenüberstellung von starken und schwachen anthropozentrischen Standpunkten herleitet. Diese ethische Grundhaltung begründet die Pflicht zum Schutz und zur Erhaltung der Natur aus einem wohlverstandenen Eigeninteresse des Menschen heraus (Kopfmüller et al. 2001). Der aufgeklärte Anthropozentrismus wird daher als ein Mindestmaß verstanden, das selbstverständlich durch weiterführende Positionen erweitert werden kann.

Im so genannten Brundtland-Bericht „Unsere gemeinsame Zukunft" der Weltkommission für Umwelt und Entwicklung (Hauff 1987) wird dargelegt, dass der Begriff der Nachhaltigkeit *(Sustainability)* Verantwortung für soziale Gerechtigkeit zwischen den Generationen impliziert, die sich logischerweise auch auf die Gerechtigkeit innerhalb jeder Generation be-

---

[1] Mit dem Inklusionsproblem wird eine klassische Problemstellung im Rahmen der Diskursethik angesprochen: Die Frage, welche Subjekte und Instanzen berücksichtigt werden (Wer soll einbezogen werden?) und in welchem Bezugsbereich dies geschehen soll (Was soll wie weit ausgedehnt werden?).

zieht. Diese wird daran gemessen, nach welchen Kriterien Rechte und Pflichten, Güter usw. verteilt werden, d.h. der Brundtland-Bericht zielt vorrangig auf Verteilungsgerechtigkeit und die Fairness beim Ausgleichsprozess unterschiedlicher Bedürfnisse und Interessen (Verfahrensgerechtigkeit) ab (Kopfmüller et al. 2001). Das hier vertretene Gerechtigkeitsverständnis lässt sich durch folgende Eckpunkte charakterisieren:

- intra- und intergenerative Gerechtigkeit werden als normativ gleichrangig betrachtet;
- bezüglich der intragenerativen Gerechtigkeit ist ein absoluter Standard zugrunde zu legen, der sich an menschlichen Grundbedürfnissen bzw. Fähigkeiten orientiert, im Sinne der Ansätze von Nussbaum (1993) und Sen (1986);
- bezüglich der intergenerativen Gerechtigkeit ist von einem komparativen (egalitären) Standard auszugehen.

Für das Verständnis von Nachhaltigkeit wird ein integrativer Ansatz als elementar angesehen. Dafür sprechen neben der die verschiedenen Dimensionen (ökologisch, ökonomisch, sozial, kulturell) der Nachhaltigkeit übergreifenden Struktur von Gerechtigkeitsvorstellungen auch pragmatische Gründe (Kopfmüller et al. 2001, Ott/Döring 2004). Eine Beschränkung auf oder Bevorzugung von einzelnen Dimensionen erweist sich als unzureichend, weil damit von vornherein Ziele wichtiger gesellschaftlicher Teilsysteme ausgeblendet oder in ihrer Bedeutung herabgesetzt werden. Um kohärentes Handlungs- und Entscheidungswissen bereitstellen und beurteilen zu können, wird daher eine integrative Perspektive als notwendig angesehen. Zudem ist ein Großteil der sozialen Grundgüter nicht eindeutig einer Nachhaltigkeitsperspektive (im Sinne einer analytischen Kategorisierung z.B. in ökologische, soziale, ökonomische und kulturelle Dimensionen) zuzuordnen. Die Zerlegung von Komplexität in Form von Dimensionen- oder Säulenmodellen (Enquete-Kommission 1998) wird daher grundsätzlich als unzureichend betrachtet. In der Sozial-ökologischen Forschung werden weiterführende Überlegungen zur Integration der Nachhaltigkeitsdimensionen u.a. von Biesecker und Hofmeister (2006) angestellt, die neue Impulse in den Diskurs hineintragen.

Um der Komplexität sozialer Grundgüter (Rechte, Freiheiten, soziale Chancen, Einkommen und Vermögen usw.) gerecht zu werden, müssen diese im Zusammenhang analysiert werden. Dazu finden sich in den beiden vorher erwähnten Ansätzen ähnliche Verfahrensvorschläge, die sich auf den gemeinsamen Nenner eines Mehr-Ebenen-Modells bringen lassen (unterschieden wird zwischen normativer, kontextualer und strategischer Ebene). Jeder Ebene sind argumentative Prozesse zuzuordnen, die mit einer Verknüpfung von Diskussionsprozessen und inhaltlichen Ergebnissen einhergehen. Dabei ist von entscheidender Bedeutung, dass eine Verbindung zwischen den Ebenen nicht auf deduktivem Wege ableitbar ist. Ergebnisse höherer Ebenen sind daher vielmehr als orientierende Vorgaben anzusehen. Gleichwohl lässt sich ein zentrales Problem, nämlich der Umgang mit Zielkonflikten, auf diese Weise nicht ausräumen. Ihnen kann allenfalls durch die Formulierung von (Handlungs-)Anleitungen für eine Abwägung begegnet werden (Kopfmüller et al. 2001).

Nicht zuletzt vor dem Hintergrund seiner eher pragmatisch ausgerichteten Argumentation bietet sich das Integrationskonzept als Grundlegung für das „Sustainable University"-Projekt an, das ein multiperspektivisches Vorgehen ermöglicht. Nach diesem Verständnis wird ein Denken in „Nachhaltigkeits-Dimensionen" für Analysezwecke – je nach spezifischem Kontext – zwar nicht grundsätzlich in Abrede gestellt, gleichwohl erschweren derartige Modelle, komplexe Zusammenhänge und Beziehungen greifbar werden zu lassen.

Herausforderungen für Wissenschaft und Hochschulentwicklung

Der Zusammenhang universitärer Wissensproduktion und Wissensvermittlung wird von Egon Becker wie folgt charakterisiert:

> *„Das gesellschaftliche Wissen soll hier durch Forschung ständig erneuert und verbessert werden; es ist methodisch auf Wahrheit und Richtigkeit zu prüfen, auf gesellschaftliche Probleme zu beziehen und zugleich theoretisch zu ordnen; es ist in eine lehrbare Form zu bringen und soll im Verständnis- und Erfahrungshorizont der Studierenden Resonanzen erzeugen"* (Becker 2005: 20).

Dabei ist im Folgenden allerdings weniger die Frage nach Strukturen oder sozialen, rechtlichen und organisatorischen Formen von Forschung und Lehre als vielmehr der epistemologische Zusammenhang von Nachhaltigkeit und Wissenschaft von Interesse. So lässt sich die Rolle von Wissenschaft im

Horizont einer nachhaltigen Entwicklung in Kurzform anhand folgender Aufgaben charakterisieren:
- Krisensymptome analysieren;
- auf Wechselbeziehungen zwischen verschiedenen Faktoren verweisen;
- Angemessenheit von Problemlösungsstrategien prüfen;
- nach sozialen und institutionellen Erfolgsaussichten von vorgeschlagenen Maßnahmen fragen;
- Diskursfeld beobachten.

Im Grundsatz muss allerdings Wissenschaft im Allgemeinen ebenso wie das Projekt „Sustainable University" im Speziellen die Frage beantworten, ob es legitim ist, in einem wissenschaftlichen Vorhaben von einem bestimmten Verständnis von nachhaltiger Entwicklung auszugehen, das sowohl Defizitanalysen ermöglicht als auch die Entwicklung von Problemlösungsstrategien zulässt. Aus erkenntnistheoretischer Sicht ist die Tatsache nicht ohne Brisanz, da es sich bei der Denkfigur einer nachhaltigen Entwicklung um einen im Kern normativen Ansatz handelt. Jedoch ist relativierend hinzuzufügen, dass nachhaltige Entwicklung zunächst nicht als wissenschaftliches Konzept gemeint ist. Vielmehr handelt es sich um eine regulative Idee, die nicht objektiv gültig oder wahr ist. Sie ist vielmehr als Bestandteil transzendentaler Vernunft zu sehen und nicht objektbestimmend, sondern subjektbedingt und mithin als der Wissenschaft vorgelagert zu begreifen. Da kein grundsätzlicher Gegensatz zwischen Normativität und Theoretizität besteht, sind normative Theorien als „normale Theorien" zu betrachten (Ott/Döring 2004). Nach dieser Logik handelt es sich daher auch bei der Theorie einer nachhaltigen Entwicklung um einen wissenschaftlichen Ansatz, der Normativität nicht als unwissenschaftlich ausschließt.[2]

Vor diesem Hintergrund wird von einer wissenschaftlichen Arbeit, die sich mit Fragen einer nachhaltigen Entwicklung befasst, nicht nur eine zutreffende Problemanalyse erwartet, sondern auch eine Bewertung sowie die Unterstützung gesellschaftlicher Problemlösungsansätze und Handlungsstrategien – eine Herausforderung, der sich das „Sustainable University"-Vorhaben an der Universität Lüneburg explizit gestellt hat. So ist die im Rah-

---

[2] Ergänzend wird auf das Verständnis einer „Nachhaltigen Entwicklung" als politische Theorie und auf die Notwendigkeit einer möglichst breit anzulegenden öffentlichen Debatte im Rahmen diskursiver Verfahren verwiesen.

men des Prozesses grundsätzlich zu klärende Frage die nach der Verortung im Spannungsfeld von Normativität der Nachhaltigkeitsthematik auf der einen und dem wissenschaftlichen Anspruch möglichst weitgehender Wertneutralität bzw. Intersubjektivität auf der anderen Seite.

Wenn davon auszugehen ist, dass Hochschulen nicht-nachhaltige Entwicklungen nicht einfach passiv hinnehmen, sollten sie sich vor dem Hintergrund ihrer normativen Verpflichtung aktiv daran beteiligen, den Wandel in Richtung einer nachhaltigen Zukunft mitzugestalten, wie es an der Universität Lüneburg und den hierzu durchgeführten Projekten geschehen ist. Von Interesse ist in diesem Zusammenhang die Frage, inwiefern die in diesen Projekten gemachten Erfahrungen und gewonnenen Erkenntnisse aus entsprechenden Prozessen im Sinne einer nachhaltigen Entwicklung auf andere Hochschulen zu übertragen sind.

Da es bei der Suche nach einer nachhaltigen Hochschulentwicklung im Kern um Lernprozesse auf verschiedenen Ebenen des Systems geht, spielen gerade auch die vielfältigen Beziehungen und Wechselwirkungen dieser verschiedenen Dimensionen untereinander eine zentrale Rolle. Allgemein wird eine wesentliche Triebkraft für die Strukturentwicklung von Hochschulen in der wachsenden Komplexität der auf sie einwirkenden Einflussfaktoren gesehen. Der britische Hochschulforscher Ronald Barnett spricht in diesem Zusammenhang von einem *„age of super-complexity"* (Barnett 2000). Ähnlich wie die Ergebnisse der im Rahmen des *UNESCO Forum on Higher Education, Research and Knowledge* zusammenarbeitenden Hochschulforscherinnen und Hochschulforscher bezieht sich diese Formulierung darauf, dass Hochschulen sich einem steten Wechselspiel ständig neuer Anforderungen – einschließlich der Globalisierung des Hochschulwesens – ausgesetzt sehen (Brennan et al. 2004, Teichler 2005). Zugleich erscheint die Nachhaltigkeitsidee auch aus organisationaler Sicht anschlussfähig:

> *„Sustainability can, at the institutional level, be viewed as catalyst for systemic institutional and organizational change"* (Wals/Corcoran 2006: 107).

Auf die zentrale Rolle des Ethos für die Selbstvergewisserung ebenso wie für die gesellschaftliche Positionierung von Hochschulen – gerade auch in Zeiten, in denen Universitäten zunehmend unter rein ökonomisch-funktionalistischen Gesichtspunkten betrachtet werden – kann nicht oft genug hingewiesen werden.

Es bleibt festzuhalten, dass eine Vielfalt zunehmend auch global wirkender Kräfte die Strukturentwicklung des Hochschulwesens auf organisationaler ebenso wie auf gesellschaftlicher und politischer Ebene beeinflussen (UNESCO 2003). Doch trotz dieses Trends bestehen Gestaltungsmöglichkeiten – für einzelne Länder der Welt ebenso wie für einzelne Hochschulen (Teichler 2005).

Erkenntnisse aus der Hochschulforschung

Für die folgenden Überlegungen zu nachhaltiger Entwicklung als Strategie und Ziel von Hochschulentwicklung bilden die einzelnen Institutionen (Mikroebene) und das Hochschulsystem als Ganzes (Makroebene) die Referenzpunkte. Diese basieren zum einen auf den Befunden der an der Universität Lüneburg vorliegenden Forschungsergebnisse aus den bisherigen Projekten und der Arbeit in nationalen und internationalen Netzwerken zu diesem Themenbereich. Zum anderen werden diese an Erkenntnissen der Hochschulforschung gespiegelt, die sich mit dem auch für nachhaltigkeitsbezogene Fragestellungen bedeutsamen Verhältnis von Individuum und Institution beschäftigen (ausführlich dazu Adomßent et al. 2007b).

1. Zielführende Ergebnisse lassen sich nur mit Hilfe ganzheitlich-integrativer Projektansätze erlangen, weil systemische hochschulinterne Prozesse nur auf diese Weise nachzuvollziehen sind – und somit die Identifizierung möglicher Barrieren und Erfolgsfaktoren ermöglichen.

Verschiedene organisationstheoretische Ansätze versuchen das im deutschsprachigen Raum lange Zeit dominierende Modell der Gruppenuniversität angemessen zu beschreiben. So lässt sich Hochschule als „lebendiger Organismus" verstehen, innerhalb dessen sich Selbstorganisationsprozesse, Rückkoppelung mit und Anpassung an relevante Umwelten, aber auch Artenvielfalt im Sinne von Diversifizierung finden lassen. Weiterhin lässt sich Hochschule als „symbolisch-kultureller Raum" charakterisieren, dessen kommunikative Konstruktion als Organisation durch die Betonung von Normen, Werten, Überzeugungen und Ritualen ihrer Angehörigen entsteht. Und schließlich wird die Organisation Hochschule auch als „politische Arena" im Sinne interessegeleiteter Interventionen, Aushandlungen und Konflikte gesehen, in der es um Kontrolle, Macht, Einfluss, Prestige und Zugang zu Ressourcen geht (Kehm/Pasternack 2000).

Für transformative Prozesse innerhalb der Organisation Hochschule lassen sich vor dem Hintergrund des Leitbildes nachhaltiger Entwicklung unter systemischer Sichtweise eine ganze Reihe miteinander verwobener Teilsysteme ansprechen. Sterling unterscheidet sieben operative Dimensionen von Bildungsinstitutionen, die es allesamt zu berücksichtigen bzw. zu adressieren gilt: Ethos; Curriculum; Pädagogik, Forschung, Bildung, forschendes Lernen; Organisations-/ Managementstil; Ressourcenverbrauch und -management; materielle Strukturen/Architektur; Verbindungen und Beziehungen zur Gesellschaft (Sterling 2004).

2. Auf Dauer wird sich die nachhaltige Hochschulentwicklung nur dann erfolgreich realisieren lassen, wenn sie als optionales Angebot an die Hochschulen herangetragen wird, da diese für den Umgang mit unerwünschten, top-down verordneten Regularien über effektive Abwehr- und Relativierungsstrategien verfügen.

Wohl lassen sich in Deutschland Beispiele für nationale politische Vorgaben finden, die das gesamte Hochschulwesen betreffen (z.B. die Einführung der Juniorprofessur), doch bleibt die Paradoxie unauflösbar, dass es sich bei Hochschulen (bis auf wenige Ausnahmefälle) um staatliche Einrichtungen mit Autonomiebegünstigung handelt, mithin um „staatliche staatsferne Anstalten" (Pasternack 2006: 156). Gerade bei Steuerungsmodi im Stile hierarchischer Staatsintervention reagiert das Hochschulwesen nicht selten mit Abwehr sowie mit einem hohen Grad an Resilienz (Störungstoleranz). Darin dürfte aber zugleich auch einer der wesentlichen Gründe für seinen Erfolg liegen, denn es darf nicht übersehen werden, dass diese strukturellen Mechanismen Hochschulen dazu befähigen, die Vielfalt der an sie herangetragenen, sich häufig gar widersprechenden Anforderungen nicht nur zu genügen, sondern in produktiver Form aufzugreifen (Krücken et al. 2007).

Vor diesem Hintergrund besteht also das Risiko, die Chance auf eine echte Auseinandersetzung der Hochschulen mit der Nachhaltigkeitsidee zu verspielen, wenn diese „von oben" verordnet wird, zumal Hochschulen nicht losgelöst von gesamtgesellschaftlichen Entwicklungen betrachtet werden können (Brennan et al. 2004). Für einen tiefgreifenden Wandel im Sinne der Verbreitung und Akzeptanz des Nachhaltigkeitsethos erscheint es daher sinnvoll, auf einen wechselseitigen Lernprozess innerhalb der Institution sowie der Gesellschaft zu vertrauen (Sterling 2004). Zugleich lässt sich auf diese Weise die Gefahr umgehen, die Zukunft vorschnell nur mit Hilfe von Fragen und Annahmen aus der Gegenwart fortzuschreiben und so einer kontraproduktiven Engführung zu unterliegen, die möglicherweise wichtige, aber gegenwärtig noch nicht erkennbare Optionen blockiert oder von vornherein ausschließt.

3. Für Hochschulen bietet die Auseinandersetzung mit der Idee nachhaltiger Entwicklung sowohl auf institutionaler wie auch auf organisationaler Ebene eine Möglichkeit zum Verständnis und somit zur Auseinandersetzung mit ihren vielfältigen und komplexen Herausforderungen.

Eine wesentliche Triebkraft für die Strukturentwicklung von Hochschulen wird in der wachsenden Komplexität der auf sie einwirkenden Einflussfaktoren gesehen (Barnett 2000, Brennan et al. 2004, Teichler 2005). Das Konzept nachhaltiger Entwicklung bietet insofern die Möglichkeit für eine produktive Auseinandersetzung mit Komplexität, als sie diese weder negiert noch in unzulässiger Weise reduziert. Zugleich werden mit Aspekten wie Gerechtigkeit, Partizipation oder Interkulturalität Orientierungspunkte für eine grundsätzliche Ausrichtung der Hochschule gesetzt, die sich in Übereinstimmung mit der Zukunftsorientierung für eine gesamtgesellschaftliche Entwicklung im Sinne von Nachhaltigkeit befinden. Wesentlich ist dabei die Ausrichtung auf die Zukunft und die Fähigkeit, als Individuum wie als Organisation, mit ihr umgehen zu können (Neave 2006). Zugleich ist die Nachhaltigkeitsidee auch Auslöser und Motor für organisationale Wandlungsprozesse. Auch wenn sich Hochschulen als Einrichtungen beschreiben lassen, die durch Paradoxien und Widersprüche gekennzeichnet sind, gilt es, diese im Zuge der Bestrebungen nach Veränderungen im Horizont nachhaltiger Entwicklung nicht zu verdrängen, sondern im Sinne konstitutiver Spannungen aktiv in Reformbemühungen einzubeziehen (Kehm/Pasternack 2000). Gerade aufgrund der expliziten Ergebnisoffenheit lassen sich mit Hilfe der vielfältigen Bezüge Felder fruchtbar machen, die durch Reflexivität und Experimentierfreudigkeit gekennzeichnet sind:

> *„A creation of space for transformative learning: „(...) for alternative thinking – to cope with uncertainty, poorly defined situations, and conflicting or at*

least diverging norms, values, interests and reality constructions" (Wals/ Corcoran 2006: 103).

4. *Transferierbare Fallstudienergebnisse zur Integration von Nachhaltigkeit an Hochschulen müssen deren organisationalen Charakteristika widerspiegeln; dazu ist es unerlässlich, Teilergebnisse zu hochschulbezogenen Kernarbeitsfeldern so aufzubereiten, dass sie möglichst viele Anschlussmöglichkeiten aufweisen.*

Zahlreiche Befunde der Hochschulforschung kreisen um den organisationalen Sonderstatus von Hochschulen. Dabei sind die Vielfalt und die Offenheit der Prozesse in der Einheit Hochschule nicht nur negativ zu sehen. Im Gegenteil, für eine wünschenswerte nachhaltige Entwicklung ist es eher unwahrscheinlich, dass diese sich auf Grundlage heutiger Erwartungen und Erkenntnisse formulieren lässt (Scott/Gough 2006). Die Unabhängigkeit einzelner universitärer Teilsysteme lässt sich somit auch als Schutz vor einer Instrumentalisierung deuten, womit sich die Hochschulen als Institutionen über Jahrhunderte erfolgreich bewährt haben.

Auch wenn aus Sicht der Fürsprecher einer nachhaltigen Hochschulentwicklung eine schnellere Umkehr der Hochschulen im Horizont nachhaltiger Entwicklung sicherlich wünschenswert wäre, gilt es, deren eigensinnigen Charakter wahrzunehmen und sich entsprechend darauf einzustellen. In der Konsequenz bedeutet dies für Forschungsvorhaben in diesem Feld, mit entsprechend aufbereiteten Untersuchungsergebnissen und offen gehaltenen Modellen aufzuwarten, die sich von unterschiedlichen Hochschulakteuren an den verschiedenen Stellen ihrer Organisation ohne größere Probleme adaptieren bzw. mit geringstmöglichem Aufwand modifizieren lassen. So können sich einzelne universitäre Teilbereiche bereits auf den Weg in Richtung Nachhaltigkeit begeben (z.B. Lehre, Administration), während andere Bereiche (noch) in Bewegungslosigkeit verharren (Weick 1982).

5. *Gleichwohl sind hochschulpolitische Anstöße unverzichtbar, um Aktivitäten in Richtung einer Beschäftigung von Hochschulen mit der Nachhaltigkeitsthematik in die Breite wirksam werden zu lassen. Dazu leisten Deklarationen mit der Eröffnung optionaler Selbstverpflichtungsgrade einen wichtigen Beitrag.*

Die mögliche Wirksamkeit (supra-)nationaler hochschulpolitischer Erklärungen lässt sich für den europäischen Raum sicherlich am besten durch den

Bologna-Prozess veranschaulichen. Dieser stellt einen „der am schnellsten voranschreitenden und umfassendsten Prozesse von Studienstruktur-Reformen in Europa" dar (Kehm 2004), wobei es kein bindender Vertrag, sondern eine bloße Absichtserklärung der europäischen Minister ist (Witt 2006).

Es existiert bereits eine Vielzahl von Erklärungen und Verlautbarungen für Nachhaltigkeit und Hochschulen (Adomßent 2006), die in ähnlich formuliertem Wortlaut die besondere (moralische) Verpflichtung von Hochschulen für gesellschaftlichen Wandel herausstellen (Wright 2004). Angesichts der Tatsache, dass diese Dokumente von vielen hundert Hochschulen unterzeichnet wurden, scheint Optimismus angebracht. So lässt sich anhand der für den europäischen Hochschulraum relevanten COPERNICUS-Charta zeigen, dass, auch wenn sicherlich nicht alle der mittlerweile mehr als 300 zeichnenden Hochschulen als aktive Mitglieder zu charakterisieren sind, sich doch ein nennenswerter, stetig wachsender Teil der Hochschulen in Richtung Nachhaltigkeit bewegt. Im deutschsprachigen Raum ist auf das Memorandum „Hochschule neu denken" (Gruppe 2004) oder die „Lübecker Erklärung: Hochschule und Nachhaltigkeit" zu verweisen; beide unterstreichen den einzuschlagenden Weg von Hochschulen im Sinne nachhaltiger Entwicklung, wobei der Selbstverpflichtungsgrad eine zentrale Rolle spielt.

6. Bei der Umsetzung von Aspekten nachhaltiger Entwicklung in Hochschulen spielen intermediäre Instanzen eine wichtige Rolle.

Nicht zuletzt wegen seiner föderalen Zuständigkeitsstruktur fehlen im deutschen Hochschulwesen, anders als in vielen anderen Ländern, zwischen Staat und Hochschulen angesiedelte Gremien (Witt 2006). Darin ist eine wesentliche Ursache für die Verschiebung von der Prozess- zur Outputkontrolle und damit einhergehender Probleme auf institutioneller und legislativer Ebene zu sehen (Kehm/Pasternack 2000).

Das Fehlen eines derartigen Bindeglieds wirkt sich auch für den Bereich nachhaltigkeitsorientierter Hochschulen negativ aus. So herrscht auf der Akteursebene bislang die Situation isolierten Einzelkämpfertums vor, während nachhaltigkeitsorientierte Initiativen von Vertretungsorganen wie Hochschulrektorenkonferenz, Deutscher Forschungsgemeinschaft oder Wissenschaftsrat bislang keine nennenswerte politische Unterstützung erfahren haben. Um von diesen, aber auch anderen Organen und Institutionen größere Unterstützung zu erhalten, haben sich drei Initiativen zusammengefunden, deren Ziel darin besteht, die im Kontext nachhaltiger Entwicklung aktiven Hochschulen zu einem effektiven Netzwerk zu bündeln und so zu einem Transmissionsriemen in Richtung Hochschulpolitik und -verwaltung wirken zu lassen (Adomßent/Michelsen 2006). Vorbild ist die Arbeitsweise des niederländischen Netzwerks für nachhaltige Entwicklung in der Hochschulbildung DHO *(Duurzam Hoge Onderwijs),* in dem viele Mitglieder in Personalunion in beiden vorgenannten Ebenen wirken (nicht selten bis in die Ministerien hinein) und so eine stärkere Einflussnahme auf Gesetzgebungen oder in Vorbereitung befindliche Forschungsprogramme sicherstellen.

Die Erkenntnisse aus der Hochschulforschung lassen sich wie folgt zusammenfassen:

- Forschungsbemühungen müssen integrativ und transdisziplinär sein.
- Anstöße für eine nachhaltige Hochschulentwicklung müssen von innen heraus kommen.
- Nachhaltige Hochschulentwicklung erfordert organisationale Wandlungs- und Lernprozesse.
- Eine Entwicklung allgemeingültiger Rezepte für die Implementierung von Nachhaltigkeit ist nicht möglich; es bedarf offener anschlussfähiger Konzepte.
- Hochschulpolitische Rahmenbedingungen können unterstützend wirken.
- Netzwerkbildung von Akteurinnen und Akteuren in diesem Feld ist förderlich.

Diese thesenartig verdichteten Einsichten bilden den Referenzrahmen der Lüneburger Forschungsbemühungen und dienen als roter Faden für die Darstellung der Ergebnisse. Die einzelnen Abschnitte greifen diese Aspekte der Hochschulentwicklung auf und zeigen, wie das „Sustainable University"-Projekt mit diesen Herausforderungen umgegangen ist.

Maik Adomßent, Jasmin Godemann und Gerd Michelsen

Ein Blick zurück und nach vorn: Die Universität Lüneburg und die Herausforderung einer nachhaltigen Entwicklung

Die Universität Lüneburg beschäftigt sich bereits seit Ende der 1980er Jahre systematisch mit umweltbezogenen Fragestellungen in Forschung und Lehre. Dem Bedeutungszuwachs von Umwelt- und Nachhaltigkeitsfragen in der Gesellschaft folgend, richtete sie 1996 den Fachbereich Umweltwissenschaften ein, in dem natur- und sozialwissenschaftliche Disziplinen gleichrangig vertreten sind. Die Umsetzung des Leitbilds einer nachhaltigen Entwicklung sieht die Universität spätestens seit ihrem Beitritt zur COPERNICUS-Charta im Jahr 1997 als besondere Aufgabe an.

Nach der Bildung einer Senatskommission „Agenda 21" und einer intensiven Auseinandersetzung über Nachhaltigkeitsfragen verabschiedete der Senat im Jahr 2000 Leitlinien zur Nachhaltigkeit. Damit zählt die Universität zu den ersten Hochschulen Europas, die die Zielsetzung Nachhaltigkeit formell in Leitlinien verankerte und sich dem Grundsatz einer nachhaltigen Entwicklung verpflichtet fühlte. Im selben Jahr wurde das Umweltmanagement der Universität nach der europäischen Öko-Audit-Verordnung (EMAS) validiert. Damit positionierte sich die Universität auch in der Ökologisierung ihres Hochschulbetriebs als Vorreiterin im europäischen Vergleich.

In der Konsequenz der verschiedenen Grundsatzbeschlüsse (vgl. Tab. 1) wurde das Projekt „Agenda 21 und Universität Lüneburg" initiiert. Dieses wird im Folgenden kurz dargestellt, um die Ausgangsbasis und die bereits geschaffenen Bedingungen für das Folgeprojekt „Sustainable University" deutlich werden zu lassen.

Tabelle 1: Perspektive Nachhaltigkeit: Entscheidende Schritte an der Universität Lüneburg

1997	Beitritt der Universität zum „University Network for Sustainbility", COPERNICUS Campus
1999	Beginn des Projekts „Agenda 21 und Universität Lüneburg" (1999–2001)
2000	Einrichtung eines Arbeitskreises Umwelt zur Bearbeitung ökologischer Problemstellungen
2000	Verabschiedung von Leitlinien zur Nachhaltigkeit durch den Senat der Universität
2000	Validierung des Campusstandorts Scharnhorststraße nach dem Umweltmanagementsystem EMAS
2001	Verabschiedung der „Lüneburg Declaration" im Rahmen der internationalen Konferenz „Higher Education for Sustainability – Towards the World Summit on Sustainable Development (Rio+10)"
2002	Schaffung der Stelle einer Umweltkoordinatorin
2003	Einrichtung des Arbeitskreises Gesundheitsmanagement
2004	Forschungs- und Entwicklungsprojekt „Sustainable University. Nachhaltige Entwicklung im Kontext universitärer Aufgabenstellungen" (2004–2007)
2005	Verleihung des UNESCO-Chairs „Higher Education for Sustainable Development" an das Institut für Umweltkommunikation
2006	Gründung der Fakultät Umwelt & Technik
2008	Schwerpunkt Nachhaltigkeitsforschung im Zuge des Profilbildungsprozesses; Department Nachhaltigkeitswissenschaften

Eckpfeiler des Vorläuferprojekts

Von Frühjahr 1999 bis Herbst 2001 wurde an der Universität Lüneburg das Vorhaben „Agenda 21 und Universität Lüneburg" durchgeführt. Ziel des Vorhabens war, einen universitären Agendaprozess zu initiieren, um insbesondere die in den Kapiteln 31, 35 und 36 der Agenda 21 gegebenen Anregungen aufzunehmen und auf die konkrete Situation der Universität Lüneburg zu übertragen. Dieses Projekt, das mit finanzieller Unterstützung der Deutschen Bundesstiftung Umwelt durchgeführt wurde, war zum einen ein Entwicklungsprojekt, mit dem Voraussetzungen zu Veränderungen in Richtung nachhaltiger Arbeits-, Lebens- und Wirtschaftsweisen einschließlich gesundheitlicher Aspekte an der Universität geschaffen werden sollten. Es war zum anderen aber auch ein Forschungsprojekt, mit dem die Bedingungen und Möglichkeiten von Innovationen in Hochschulen im Sinne des Konzepts einer nachhaltigen Entwicklung erprobt und evaluiert wurden (Michelsen 2000, Stoltenberg 2000, Fischer/Hahn 2001, Müller et al. 2001, Altner/Michelsen 2001, Stoltenberg/Paulus 2002). Das Projekt war durch folgende Besonderheiten gekennzeichnet:

- interdisziplinärer Arbeitsansatz (Teilprojekte aus unterschiedlichen Fachbereichen);
- partizipative Umsetzung (Integration von Studierenden und Mitarbeiterinnen und Mitarbeitern);
- Beteiligung außeruniversitärer Akteurinnen und Akteure (z.b. die HIS GmbH, die Niedersächsische Energieagentur, eine Unternehmensberatung).

Die im Rahmen des Projekts „Agenda 21 und Universität Lüneburg" durchgeführten Teilvorhaben werden im Folgenden erläutert.

Öko-Audit und Zertifizierung

Im Rahmen dieses Projekts wurde für die gesamte Universität Lüneburg ein Umweltmanagementsystem (UMS) nach EG-Öko-Audit-Verordnung (Verordnung (EWG) Nr. 1836/93, 1993) eingerichtet und validiert. Darüber hinaus wurde das Ziel verfolgt, das UMS kontinuierlich weiterzuentwickeln und die durch die Universität Lüneburg verursachten Umwelteinwirkungen kontinuierlich weiter zu vermindern.

Die Universität Lüneburg wurde im Jahr 2000 als eine der ersten Hochschulen in Europa mit ihrem für die gesamte Universität gültigen UMS in das Standortregister nach der EG-Öko-Audit-Verordnung eingetragen, was sowohl den innovativen Charakter als auch die erfolgreiche Durchführung des Teilprojekts deutlich macht. Darüber hinaus ist auch die als noch schwieriger zu erachtende Herausforderung bewältigt worden, nicht nur ein UMS aufzubauen, sondern es auch dauerhaft in der Institution Hochschule zu verankern und mit den Hochschulangehörigen gemeinsam zu „leben". Die erneute Validierung im Mai 2003 – drei Jahre nach der ersten

Zertifizierung – hat dies gezeigt und offiziell bestätigt. Mit gemeinsamer Anstrengung aller Beteiligten sowohl innerhalb als auch außerhalb der Universität Lüneburg konnte ein kontinuierlicher Verbesserungsprozess im Umweltbereich angestoßen und das UMS erfolgreich implementiert werden.

Durch die bisherigen Aktivitäten wurden wichtige Erfahrungen gesammelt, die für den Aufbau eines Nachhaltigkeitsmanagementsystems an einer Hochschule von großer Bedeutung sind. Zum Beispiel wurden im Zuge des Vorläuferprojekts und der Weiterführung des Umweltmanagementsystems wichtige Strukturen und Prozesse für die kontinuierliche Durchführung eines (Umwelt-)Managementsystems geschaffen und entsprechende Verantwortlichkeiten benannt (z. B. Verantwortlicher für Umweltmanagement, Arbeitskreis Umwelt, Umweltkoordinatorin, Umweltberichtssystem in der Universität usw.). In Ansätzen konnte auch der Arbeits- und Gesundheitsschutz in den Umweltmanagementprozess integriert werden, was als ein erster Schritt hin zu einem integrativen Managementsystem zu sehen ist, auf dem das „Sustainable University"-Vorhaben aufbauen konnte.

Energetische Optimierung der Hochschule

Zentraler Aspekt dieses Teilvorhabens war der effiziente Umgang mit Energieressourcen und der damit verbundene Informations- und Kommunikationsprozess. Zur Erfassung und Visualisierung der Verbrauchsdaten wurde eine EDV-gestützte Datenbank aufgebaut, so dass mittlerweile für alle Gebäude auf dem Universitätsgelände die jeweiligen Daten abgerufen werden können. Dies ermöglicht eine Transparenz der Energieverbräuche der jeweiligen Gebäude und damit auch einen Vergleich der Gebäudeverbrauchsdaten unter Berücksichtigung der spezifischen Nutzung. Damit wurde eine wichtige Grundlage für das Erkennen von Schwachstellen und das Einleiten entsprechender Maßnahmen zur effizienten Ressourcennutzung geschaffen.

Weiterhin wurde untersucht, ob gezielte technische Maßnahmen (Sensoren zur Überwachung der Öffnung der Fenster, gekoppelt mit den Thermostatventilen der Heizungen) einen messbaren Einfluss auf den Energieverbrauch relativ zu den herkömmlichen, in allen Gebäuden der Universität vorhandenen Überwachungsmaßnahmen über die Gebäudeleittechnik (GLT) besitzen. Als Ergebnis konnte eine Reduzierung des Wärmeverbrauchs um ca. 15 % festgestellt werden.

In zwei weiteren Gebäuden, der Universitätsverwaltung und dem Rechenzentrum, wurden Informationskampagnen durchgeführt, die die Mitarbeiterinnen und Mitarbeiter sowie Studierenden zu ressourcenschonendem Verhalten am Arbeitsplatz motivieren sollten. Das veränderte Nutzerverhalten führte zu einem Rückgang des Verbrauchs an Strom und Heizwärme von ca. 5 %. Allerdings stieg der Verbrauch nach dem Ende der Kampagne wieder an und näherte sich dem vorherigen Niveau. Diese Ergebnisse lieferten wichtige Impulse bei der Installierung eines Ressourcenmanagementsystems. Dies betrifft sowohl die Datenanalyse als auch die modellhaft erprobten Interventionsmaßnahmen. Letztere erzielten nach bisherigen Erkenntnissen die anvisierten Verbrauchsreduktionen, doch wurde zugleich deutlich, dass zeitlich befristete Maßnahmen häufig nur zu kurzzeitig wirksamen Effekten führen. An diese Erfahrungen knüpfte das „Sustainable University"-Teilvorhaben „Energie- und Ressourcenmanagement" an, das Ergebnisse erbringen sollte, die auf die Steuerung des Ressourcenverbrauchs von öffentlichen Gebäuden generell übertragbar sind.

Studienprogramm Nachhaltigkeit

Im diesem Teilvorhaben stand die interdisziplinäre Vernetzung verschiedener Fachdisziplinen im Rahmen der universitären Ausbildung im Mittelpunkt. Hierzu wurde ein entsprechendes Studienprogramm entwickelt, erprobt und schließlich von der Interfakultären Koordinationsstelle für Allgemeine Ökologie (IKAÖ) der Universität Bern evaluiert. Die Gutachter plädierten für die Weiterführung des Studienprogramms und gaben konkrete Empfehlungen für die Weiterentwicklung (Defila/Di Giulio 2002). Neben inhaltlichen Aspekten hat sich gezeigt, dass insbesondere auf der Managementebene Entwicklungsbedarf besteht. Generell ist festzustellen, dass Vorbereitungs- und Managementaspekte eines solchen interdisziplinären Lehrangebots im Vergleich zu klassischen, disziplinär ausgerichteten Angeboten eine viel größere Rolle spielen. Dies beginnt bereits in der Planungsphase, in der möglichst viele Vertreterinnen und Vertreter der unterschiedlichen Disziplinen an einen Tisch gebracht werden müssen, und zieht sich durch das gesamte Studienprogramm bis in die Auswertungs- und Reflexionsphase, an der erneut alle Akteurinnen und Akteure beteiligt werden sollen. Zeit- und arbeitsintensiv ist vor allem das Arrangieren interdisziplinärer Arbeitsabläufe. Eine kontinuierliche individuelle Betreuung der Studierenden ist in einem interdisziplinären Lehrangebot deswegen unverzichtbar, weil Verständnis- und Kommunikationsprobleme, die sich aus den unterschiedlichen Sichtweisen der Disziplinen heraus ergeben, aufgegriffen und geklärt werden müssen. Die verschiedenen Empfehlungen der Evaluation flossen in die Überarbeitung im Zuge des Folgeprojekts „Sustainable University" mit ein.

Gestaltung der Lebenswelt Hochschule

Kommunikation und Konsum waren die Schlüsselbegriffe für dieses Teilprojekt. Zur Verständigung über die Art, wie wir leben wollen, für eine kritische Diskussion über Agenda 21-Prozesse wurden Gelegenheiten und Räume gesucht und geschaffen. Dabei wurden die Außenräume und Kommunikationsformen und -möglichkeiten der Universität kritisch untersucht. Es zeigte sich, dass sich auf dem Universitätsgelände Räume schaffen lassen, die eine verstärkte Integration der Nachhaltigkeitsidee ermöglichen, wobei die Breite der Aktivitäten im Verlaufe des Projekts die Einbeziehung verschiedener Gruppen und Personen zuließ. Während des Vorhabens konnten Studierende sowie Mitarbeiterinnen und Mitarbeiter zur Auseinandersetzung mit Fragen der Nachhaltigkeit motiviert werden, die sich bisher wenig damit befasst hatten.

Durch die Vorhaben wurden neue Vernetzungen auf verschiedenen Ebenen hergestellt:

- direkt auf dem Campus (zwischen Studierenden verschiedener Fachbereiche; zwischen studentischen Initiativen und den anderen Studierenden; zwischen den verschiedenen Gruppen; zwischen Wissenschaftlerinnen und Wissenschaftlern zu gemeinsam interessierenden Fragen – auch zwischen den Teilprojekten);
- regional und lokal (zwischen regionalen und lokalen Betrieben und der Universität);
- und im Wissenschaftsbereich (mit anderen COPERNICUS-Hochschulen).

Im Rahmen des Projekts wurden Strukturen angelegt, die als wichtige Ausgangslage für weitere Aktivitäten betrachtet werden können. Zum einen konnten bereits etablierte Räume weiter ausgebaut werden und Möglichkeiten zur Kommunikation geboten werden, zum anderen ließen sich vor dem

Hintergrund der gemachten Erfahrungen neue Kommunikationsformen und -möglichkeiten entwickeln und erproben. Dazu gehören insbesondere die Einrichtung der „Agenda 21-Bibliothek" und des Agenda 21-Cafés „Ventuno".

Information, Öffentlichkeitsarbeit und Transfer

Das Teilvorhaben „Information, Öffentlichkeitsarbeit und Transfer" hatte mit der Initiierung des universitären Agenda-Prozesses und der Notwendigkeit, für diesen Akzeptanz zu schaffen, seinen Schwerpunkt in der internen Kommunikation. Ein wichtiges Instrument dafür war der „Campus Courier", eine Zeitung, die zur Förderung der Transparenz Berichte und Stellungnahmen publizieren konnte. Darüber hinaus wurde der „Campus Courier" auch außerhalb der Universität Lüneburg zur Kenntnis genommen.

Neben den printgestützten Kommunikationsinstrumenten wurde auch die Online-Kommunikation einbezogen. Dieser Ansatz (Internetportal *nane*) war als Informations- und Serviceangebot konzipiert und sollte einen Bogen von der Einweg-Kommunikation zur interaktiven Kommunikation zwischen Projektbeteiligten und Außenstehenden spannen. Es bot sich an, diesen Ansatz weiterzuführen und um innovative Elemente zu erweitern, da sich gezeigt hatte, dass das Potential sowohl vom Gesamtprojekt als auch von den Nutzerinnen und Nutzern noch nicht ausgeschöpft wurde.

Es bleibt festzuhalten, dass die interne Kommunikation in Bezug auf den enormen Innovationsschub, den das Gesamtprojekt mit sich brachte, wohl nicht ohne Kommunikationsprobleme bleiben konnte. Doch derartige Erfahrungen bezüglich inhaltlicher und sprachlicher Verständigungsprobleme sowie emotionaler Vorbehalte gegenüber der Nachhaltigkeitsthematik lassen sich auch als Ansatzpunkte begreifen, die sich für die Entwicklung eines internen Kommunikationskonzepts fruchtbar machen lassen – genau dort setzte das Folgeprojekt „Sustainable University" an.

Nachhaltigkeit und Kunst

In diesem künstlerisch-wissenschaftlichen Teilprojekt wurden Fragen von Nachhaltigkeit im universitären Kontext mit Mitteln der Kunst thematisiert. Es sollte dazu beitragen, die Reflexion und Selbstreflexion zu den ökologischen, sozialen und ökonomischen Implikationen des eigenen Handelns, aber auch des Handelns anderer zu fördern. Es wurde ein „Treibhaus-Projekt" mit dem amerikanischen Künstler Dan Peterman aus Chicago initiiert, um sich interdisziplinär mit jenen „Killerbedingungen ökologischer Nachhaltigkeit" zu beschäftigen, die zum anthropogenen Treibhauseffekt geführt haben. Konkret wurde ein „nomadisches" Treibhaus auf dem Campus der Universität aufgestellt, das in dem Zeitraum von zwei Jahren über den Campus wanderte, um dabei dem jeweiligen Aufstellungsort entsprechende gewandelte Funktionen zu übernehmen.

Das Projekt „Agenda 21 und Universität Lüneburg" hat auf dem Campus der Universität Lüneburg bleibende Zeichen gesetzt. Somit wurden Strukturen geschaffen, die sich als Ausgangsbasis für eine Weiterführung anboten. Um den bis dahin initiierten Prozess nicht abreißen zu lassen und die Motivation aller auf dem Campus Beteiligten aufrechtzuerhalten, sich mit dem Leitbild der Nachhaltigkeit in verschiedenen Bereichen auseinanderzusetzen, wurde das Projekt „Sustainable University" initiiert. Dessen Ergebnisse werden im Folgenden mit Blick auf greifbare Meilensteine für die universitäre Praxis in Lüneburg zusammengefasst.

Meilensteine des Folgeprojekts „Sustainable University"

Das Forschungs- und Entwicklungsvorhaben „Nachhaltige Entwicklung im Kontext universitärer Aufgabenstellungen" führte die begonnenen Arbeiten des Vorläuferprojekts „Agenda 21 und Universität Lüneburg" fort, indem die sich dort ergebenden Fragestellungen aufgegriffen und systematisch weiterentwickelt wurden. Bestand das Ziel des Vorläuferprojekts darin, das Leitbild Nachhaltigkeit in einer Bildungs- und Forschungsinstitution wie der Hochschule im Rahmen eines universitären Agenda-Prozesses zu verankern, so spielte im Rahmen des „Sustainable University"-Vorhabens die Frage eine zentrale Rolle, welche Bedeutung die an der Universität Lüneburg gewonnenen Erkenntnisse und Erfahrungen für die Übertragbarkeit auf andere Hochschulen, aber auch auf außerhochschulische Bereiche haben können. Das Aufgreifen der offenen Fragestellungen und das Anstoßen neuer Entwicklungsvorhaben wurden wiederum mit Hilfe verschiedener Teilprojekte und mit breiter Beteiligung aller Mitglieder und Statusgruppen der Universität realisiert.

Verbesserung der universitären „Nachhaltigkeitsleistung": Nachhaltigkeitsbericht

Der Nachhaltigkeitsbericht der Universität Lüneburg dokumentiert die Aktivitäten zur Umsetzung des Leitbilds der nachhaltigen Entwicklung in der täglichen Arbeit der Universität (Albrecht/Schaltegger 2007). Hierzu wird der Stand der Jahre 2005 und 2006 erläutert und um den Blick auf künftige Handlungsfelder und noch bestehende Herausforderungen ergänzt.

Der Bericht wendet sich an Studierende und Beschäftigte der Universität sowie an Kooperations- und Geschäftspartnerinnen und -partner. Auch mögliche Stifter und Forschungsförderer sollen auf nachhaltige Aktivitäten der Universität aufmerksam gemacht werden. Insgesamt soll der Bericht allen am Thema Interessierten ermöglichen, sich ein Bild darüber zu machen, wie die Universität mit Nachhaltigkeit umgeht.

Mit dem Bericht werden folgende Ziele verfolgt:

- Transparenz schaffen und damit einen offenen Dialog über die gesellschaftliche Verantwortung der Universität fördern.
- Die „Nachhaltigkeitsleistung" der Universität weiter verbessern, indem bestehende sowie zukünftig mögliche Ausrichtungen von Aktivitäten an Bedingungen für nachhaltiges Handeln aufgezeigt werden.
- Eine leicht erschließbare Informationsplattform schaffen, die Aktivitäten mit Bezug zur Nachhaltigkeit überschaubar darstellt und durch die vorbildliche Projekte stärker als Elemente einer nachhaltigen Universität sichtbar werden.

Der Nachhaltigkeitsbericht sucht nach Verbesserungsmöglichkeiten und neuen Schwerpunkten für die zukünftige Entwicklung der Universität. Er betrachtet sowohl die betriebliche Seite der Hochschule als auch die Kernaufgaben der Hochschule in Forschung, Lehre und Transfer. Abbildung 1 verdeutlicht die einzelnen Aspekte, die für die Universität mit der Vision einer nachhaltigen Universität verbunden sind und mit denen diese einen Beitrag zur gesellschaftlichen Entwicklung leisten kann.

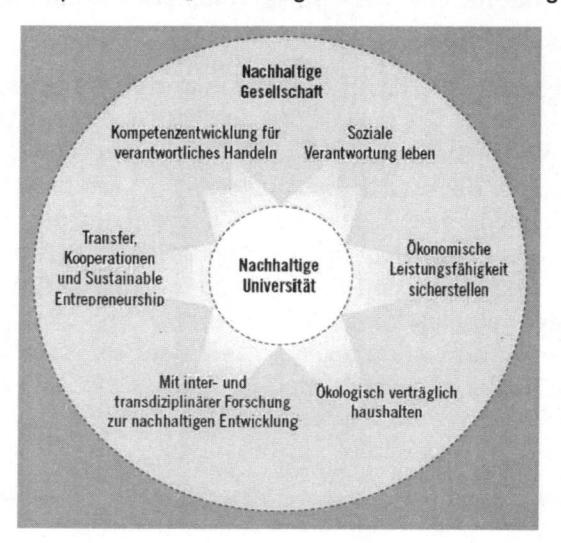

Abbildung 1: Aspekte einer „Nachhaltigen Universität Lüneburg"

Nachhaltige Universität im Zentrum, umgeben von:
- Nachhaltige Gesellschaft
- Kompetenzentwicklung für verantwortliches Handeln
- Soziale Verantwortung leben
- Transfer, Kooperationen und Sustainable Entrepreneurship
- Ökonomische Leistungsfähigkeit sicherstellen
- Mit inter- und transdiziplinärer Forschung zur nachhaltigen Entwicklung
- Ökologisch verträglich haushalten

Das Nachhaltigkeitsengagement der Universität beginnt bei der Gestaltung ihres Betriebsablaufs. Dabei liegt der Fokus auf Faktoren, die den Erfolg der Hochschule in ihren Kernaufgabenstellungen in Forschung, Lehre und Transfer ermöglichen. Angesprochen werden u. a. Aspekte wie eine effiziente Hochschulverwaltung und das universitäre sowie ehrenamtliche außeruniversitäre Engagement der Professorinnen und Professoren, Beschäftigten und Studierenden. Diese betrieblichen Aspekte werden unter Orientierung am Indikatorenkatalog der Global Reporting Initiative (GRI) aus sozialer, ökonomischer und ökologischer Sicht dargestellt.

Gleichzeitig stellt sich die Herausforderung, die Teilaspekte auf das Gesamtziel einer nachhaltigen Entwicklung zu beziehen und Querverbindungen herauszustellen. Im Rahmen dieses Berichts erfolgt dies, indem jeweils auf wichtige allgemeine politische Erklärungen aus dem Nachhaltigkeitskontext hingewiesen wird.

Das Leistungspotential und die Kreativität der Hochschulmitglieder bilden die Basis für den Erfolg der Hochschule und damit auch für ihre Fähigkeit, sich für gesellschaftliche Ziele einzusetzen und soziale Verantwortung zu übernehmen. Für die Entfaltung dieser Potentiale spielt die Förderung der Gesundheit der Hochschulmitglieder eine wichtige Rolle. Außerdem werden die Vielfältigkeit der Zusammensetzung der Beschäftigten und Studierenden und das Bemühen der Universität darum aufbereitet. Dies erscheint aus Gerechtigkeitsüberlegungen geboten (z.b. Chancengleichheit beim Hochschulzugang) und stellt zudem eine Vielfalt unterschiedlicher Ansichten und Perspektiven sicher, die das Hochschulleben bereichern. Weiterhin wird über die Beteiligung der Hochschulmitglieder an universitären Prozessen sowie außeruniversitäres Engagement berichtet.

Die weit reichenden ökonomischen Wirkungen der Hochschule auf die Region werden zum einen über die direkten finanziellen Folgen (z.B. von Lohn- und Gehaltszahlungen an die Hochschulbeschäftigten), zum anderen auch über indirekte Wirkungen (z.b. durch die Bereitstellung von Infrastrukturangeboten wie einer öffentlich nutzbaren Bibliothek) dargestellt.

Hinsichtlich eines ökologisch verträglichen Haushaltens werden im Bericht die Maßnahmen der Universität zur Reduktion ihres Ressourcenverbrauchs und ihrer Schadstoffemissionen aufgezeigt. Wichtige Handlungsfelder sind hier Ressourcenverbrauch (Papier, Wasser, Energie) und Mobilität. Mit Blick auf den Klimawandel wird über die durch den Universitätsbetrieb erzeugten Treibhausgasemissionen und Minderungsmaßnahmen berichtet.

Was eine nachhaltige Hochschule ausmacht, ist bislang noch nicht abschließend geklärt. Der Nachhaltigkeitsbericht der Universität Lüneburg kombiniert in seiner Darstellung auf Basis der theoretischen Vorarbeiten drei Eckpunkte, mit denen das Themenfeld Nachhaltigkeit umfassend abgedeckt werden kann. Diese orientieren sich an den Strukturen von Nachhaltigkeitsberichten aus der Wirtschaft und passen diese an die speziellen Gegebenheiten einer Universität an:

- Orientierung an internationalen Standards: Der Berichterstattungsleitfaden der GRI wurde als Ausgangspunkt für die Sammlung von Inhalten des Nachhaltigkeitsberichts verwendet. Der Leitfaden ist international anerkannt und beginnt, sich als Standard für Nachhaltigkeitsberichterstattung zu etablieren. Er stellt einen umfassenden Kriterienkatalog für die transparente Darstellung von Nachhaltigkeitswirkungen von Organisationen bereit und kann an die Bedingungen von Universitäten angepasst werden. Zudem bietet er Möglichkeiten für zukünftige Vergleiche mit anderen Hochschulen.

- Rückgriff auf Expertenwissen zur nachhaltigen Hochschule: Ergänzend zum GRI-Leitfaden haben die Expertinnen und Experten des „Sustainable University"-Projekts wichtige hochschulspezifische Themen identifiziert und die Relevanz möglicher Berichtsaspekte beurteilt. Damit wurden Aspekte des GRI-Leitfadens ergänzt und in Bezug auf ihre Bedeutung für Hochschulen beurteilt.
- Organisation von Stakeholder-Dialogen: Durchführung der begleitenden Dialogforen mit Universitätsmitgliedern und Akteuren aus dem unmittelbaren Umfeld der Universität, um Einbezug von Stakeholder-Meinungen sicherzustellen.

Das gewählte Vorgehen stellt sicher, dass nur Themen aufgegriffen werden, die eine besondere Bedeutung für Hochschulen haben und relativiert so den Indikatorenkatalog der Global Reporting Initiative bezogen auf die Anwendung im Hochschulkontext. Damit wird auch ein methodischer Beitrag zur Weiterentwicklung der Nachhaltigkeitsberichterstattung von Hochschulen geleistet.

Sorgfältiger Umgang mit Ressourcen: Energiesparkampagne

Im Wintersemester 2006/07 wurde eine universitätsweite Energiesparkampagne konzipiert und durchgeführt, durch die freiwillige Verhaltensänderungen bei allen Universitätsangehörigen erreicht werden sollten. Vor dem Hintergrund der Erkenntnisse aus dem Vorgängerprojekt, nach dem Energieeinsparungen durch Verhaltensänderungen möglich sind, und der Vorgabe, dass gemeinsame Ziele das „Commitment" erhöhen und motivierend wirken, wurde eine Einsparung von 6% als Kampagnenziel innerhalb des Winterhalbjahres 2006/2007 festgelegt. Es kann davon ausgegangen werden, dass bei den Zielgruppen in dieser Zeit eine höhere Sensibilität für das Ziel der Kampagne existiert.

Grundsätzlich wurden der Kampagne verschiedene Theorien bzw. Verhaltensmodelle zugrunde gelegt, um entsprechende Interventionen zu entwickeln, wobei die Kombination von mehreren Interventionen in der Regel mit größerem Erfolg verbunden ist (Abrahamse et al. 2005). Die Interventionen wurden in Kommunikationsmaßnahmen einer Social Marketing-Kampagne eingebettet. Für die Entwicklung der Interventionen und der Kampagne wurde eine Situations- und Ressourcenanalyse durchgeführt, wobei auf Erkenntnisse einer hochschulweiten Umfrage zurückgegriffen werden konnte und ergänzend eine eigene Befragung durchgeführt wurde.

Basierend auf der Situationsanalyse und der theoretischen Ableitung wurden Interventionsziele und Erfolgsfaktoren festgelegt:[3]

- Erfassung von Rückmeldungen der Nutzer zum Nutzungsverhalten, gesellschaftliche Rückmeldung;
- Bereitstellung glaubwürdiger Hintergrundinformationen und Empfehlung sinnvoller Handlungsoptionen;
- Entwicklung eines (dauerhaften) Anreizsystems;
- Einbeziehung von Multiplikatoren;
- Förderung sozialen Verhaltens;
- partizipative Maßnahmenplanung;
- Steigerung des Commitments durch Hervorhebung eines gemeinsamen Ziels;
- Nutzung von Synergieeffekten durch Kombination mehrerer Interventionen.

Um die Kampagne leicht und griffig kommunizieren zu können, wurde der Titel „nix-verschwenden" gewählt und die entsprechende Domain www.nix-verschwenden.de eingerichtet. Diese Internetseite („Energieserver") hielt für die Angehörigen der Universität zentrale Informationen, Hintergrundwissen, detailliertes Feedback und Handlungsoptionen (Energiespartipps) vor und bot zugleich Möglichkeiten zur Partizipation und zum Feedback. Die Webseite wurde in jeder Kommunikationsmaßnahme beworben und enthielt folgende interaktive Elemente der Kampagne:

- Anmeldung und Informationen zu Gebäudepatenschaften (s.u.);
- Rückmeldemöglichkeit über ein Feedbackformular („Energie-Detektiv"): Dies bezeichnet die Möglichkeit, akute Fehler und Probleme, die im Zusammenhang mit dem Energieverbrauch in der Universität bemerkt wurden, zu melden, damit diese an die entsprechenden Stellen weitergeleitet werden konnten. Zusätzlich sollte das interaktive

---

[3] Die Reihenfolge bezieht sich nicht auf eine inhaltliche Rangfolge der einzelnen Punkte.

Element dazu beitragen, das kreative Potential aller Angehörigen der Universität zu nutzen, indem eigene Ideen, Kommentare und Meinungen möglichst unkompliziert einzubringen sein sollten.
- Detaillierte Abfragen des Energieverbrauchs einzelner Gebäude mit speziellen Vergleichsmöglichkeiten.

Als zentrale Intervention und als (permanentes) Feedback zum Nutzerverhalten wurden die Energieverbrauchsdaten aufbereitet und in einer öffentlichen Projektion täglich aktualisiert. Folgende Inhalte wurden visualisiert: Gesamtvergleich zum Vorjahreszeitraum, Gesamtkosten der Energie seit Kampagnenstart und CO_2-Ausstoß, Anteile Heiz- und elektrische Energie am Gesamtenergieverbrauch, Erklärungen und eine Einladung zum Mitmachen. Kombiniert wurden die Inhalte mit diversen „Eye-Catchern" (z. B. Mitteilungen des Präsidiums, AStA etc.), um die Aufmerksamkeit zu erhöhen.

Für das Anreizsystem wurde in Kooperation mit der Universitätsverwaltung ein 50/50-Modell vereinbart, d.h. die Hälfte des eingesparten Geldes aufgrund verringerten Energieverbrauchs konnte für allgemeine universitäre Anschaffungen verwendet werden. Darauf basierend wurden zwei Belohnungsmodelle entwickelt:

- Bei Erreichen des gemeinsamen Einsparziels (von 6%) soll die „Allgemeinheit" positiv belohnt werden durch Anschaffungen, die allen bzw. vielen zu Gute kommen.
- Zur Erhöhung des „Commitments" sollte es auch die Möglichkeit geben, als einzelne Person direkt belohnt zu werden. Dafür wurde für die Übernahme von Gebäudepatenschaften geworben: Alle Universitätsangehörigen hatten die Möglichkeit, sich über die Webseite der Kampagne für ein oder zwei Gebäude der Universität als Gebäudepatin oder -pate registrieren zu lassen. Damit waren keine zwingenden Tätigkeiten verbunden, sondern lediglich die Selbstverpflichtung, auf die Energieverbräuche der einzelnen Gebäude zu achten. Unter den Patinnen und Paten des Gebäudes, welches im Kampagnenzeitraum (relativ) am meisten Energie eingespart hatte, wurden Preise verlost. Zudem hatten die Patinnen und Paten die Möglichkeit, Vorschläge zur Verwendung des aus dem 50/50-Modell zu Verfügung stehenden Geldes einzubringen.

Um Studierende des ersten Semesters zu erreichen, wurde im Rahmen der Einführungswoche zusammen mit der Umweltkoordinatorin zu Beginn des Wintersemesters 2006/07 ein Informationsstand realisiert. Weitere Kommunikationsmaßnahmen für die Social Marketing-Kampagne waren universitätsweit verbreitete Plakate (Abbildung 2), die als Eye-Catcher oder mit konkreten Energiespartipps und ergänzenden Texten auf die Aktion aufmerksam machen sollten. Hier war auch der Hinweis auf den Wettbewerb, die Internetseite und die Möglichkeit zur Anmeldung für die Patenschaft zu finden. Zudem wurden zentrale Emailverteiler, Universitätszeitungen und -webseiten sowie das Lokalradio für die Kampagne genutzt.

Abbildung 2: Poster der Energiesparkampagne „nix-verschwenden.de"

Die Zusammenarbeit mit verschiedenen Akteurinnen und Akteuren der Universität trug wesentlich zum Gelingen der Kampagne bei: Verwaltung, technische Leitung, Umweltkoordinatorin und Studierende (z.B. Mitglieder des Öko-Referats des AStA) haben die Aktion unterstützt. Dadurch konnten im Wintersemester 2006/07 ca. 10% an Energie eingespart werden (verglichen mit dem gleichen Vorjahreszeitraum und witterungsbereinigt).

Im Anschluss an die Kampagne wurden Überlegungen zur Weiterführung der Kampagne mit der Umweltkoordination, der Verwaltung und dem technischen Leiter der Universität angestellt, wobei Weiterentwicklungsbedarf vor allem bei der Webpräsenz besteht,[4] die nicht alle kommunikativen Ziele

---

[4] Ideen hierfür werden bereits in einem Seminar entwickelt.

erreichen konnte. Zudem sollte bei den Zielgruppen stärker auf die Einbindung von Lehrenden der Universität geachtet werden, die Vorbild- und Multiplikatorfunktion haben können.

Insgesamt ist die Kampagne als Erfolg zu werten; sie hat sich positiv auf das Nutzerverhalten und demnach auch auf den Energieverbrauch der Universität ausgewirkt. Zudem hatte sie positiven Einfluss auf die Revalidierung des Umweltmanagementsystems.

Nachhaltigkeit in der Lehre

Dieses Projekt hatte zum Ziel, das Studienprogramm aus dem Vorläuferprojekt weiter zu entwickeln. Der entwickelte Ansatz zeichnet sich durch zwei Hauptmerkmale aus (Barth/Godemann 2006):

- Interdisziplinäre Bearbeitung von Problemstellungen in Bezug auf die Zusammensetzung der Lernenden sowie die Gruppe der Lehrenden.
- Unterstützung des Lernprozess durch den Aufbau einer alternativen Lernumgebung (blended learning), bei der sich Präsenz- und Online-Lernphasen abwechselten.

Das „Studienprogramm Nachhaltigkeit" bot Studierenden über zwei Semester die Möglichkeit, mit Blick auf Politik, Wirtschaft, Kultur und Soziales im interdisziplinären Dialog gesellschaftliche Problemlagen und globale Trends zu identifizieren. Offen für Studierende aller Fachbereiche ab dem dritten Semester fand das interdisziplinäre „Studienprogramm Nachhaltigkeit" der Universität Lüneburg bislang als ein zusätzliches Studienangebot zum Regelstudium statt. Den Studierenden bot sich damit ein Rahmen, gemeinsam an einem gesellschaftlich relevanten Problemfall konkrete Lösungen zu erarbeiten. In didaktischer Hinsicht wurde angestrebt, mit Hilfe des Einsatzes vielfältiger Methoden und des wechselnden Einsatzes von Gruppen- und Individuallernphasen sowie reflexiven Elementen erweiterte Sozial- und Methodenkompetenzen zu vermitteln (Barth et al. 2007).

In diesem Studienprogramm wirkten Wissenschaftlerinnen und Wissenschaftler verschiedener Disziplinen der Universität ebenso wie externe Expertinnen und Experten aus Wissenschaft und Praxis mit. Damit wurde zugleich transdisziplinär gearbeitet und die Grenzen der Wissenschaft überschritten.

Die Wissensbestände der beteiligten Fächer und Akteure, die unterschiedlichen Herangehensweisen an ein Problem und die disziplinspezifischen Methoden wurden reflektiert und in das Studienprogramm integriert. Mit dem Studienprogramm wurden auch auf methodischer Ebene neue Wege beschritten, die einen adäquaten Zugang zu dieser Thematik ermöglichen. Für die Auswahl geeigneter Methoden wurde ein Rückbezug auf die transdisziplinäre Nachhaltigkeitsforschung als lohnend erachtet, da mittlerweile Erkenntnisse vorliegen, wie entsprechende Lehr- und Lernprozesse gestaltet werden können. Im Studienprogramm wurde auf der analytischen Ebene vor allem der „Syndromansatz" des WBGU (1996) herangezogen. Die Auswahl des konkreten Falles und die Projektarbeit der Studierenden stützte sich auf die Analyse der ausgewählten Fallregion und die dort auszumachenden Bedürfnisse der Akteure. Die tatsächliche Fallbearbeitung war angelehnt an die Vorgehensweisen der Transdisziplinären Fallstudie (Scholz/Tietje 2002). Der für das Studienprogramm gewählte methodische Ansatz gliedert sich in sechs Phasen (Barth et al. 2007):

Auswahl eines gesellschaftlich relevanten Problemfeldes

Zur Vorbereitung des Studienprogramms wird als Rahmenthema ein gesellschaftlich relevantes Problemfeld ausgewählt und damit ein lebensweltlicher Bezug hergestellt. So stand das Studienprogramm im ersten Durchgang unter dem Motto: „Besser essen – nur eine Frage von Produktion und Konsum?" und im zweiten Durchlauf unter dem Motto „Urbane Räume – blühende Stadtlandschaften".

Systematische Analyse mit dem Syndromansatz

Eine Beschäftigung mit nachhaltigkeitsrelevanten gesellschaftlichen Problemfeldern bedarf einer vernetzten Betrachtungsweise. Eine solche systematische Analyse wird mit dem bereits angesprochenen Syndromansatz ermöglicht, mit dessen Hilfe sich Einflussfaktoren und Wechselwirkungen innerhalb des komplexen Gesamtsystems analysieren lassen.

Konkretisierung an einem Fallbeispiel

Syndrome als typische, funktionale Muster problematischer Mensch-Umwelt-Interaktionen sind übertragbar auf verschiedene Regionen und können an einem konkreten Fallbeispiel abgearbeitet werden. Zur detaillierten Analyse wird eine kollaborative Wissensbasis aufgebaut, die durch eine Lernplattform unterstützt wird.

Entwicklung von Szenarien

Ausgehend von einem so geschaffenen tieferen Verständnis für die spezifischen Eigenheiten des Fallgebietes werden Szenarien und positive Entwicklungspfade formuliert. Dazu werden die in der Syndromanalyse identifizierten Einflussfaktoren auf eine zukünftige Entwicklung hin überprüft und zueinander in Beziehung gesetzt. Die Beurteilung der Einflussfaktoren durch die Studierenden ist diskursiv angelegt.

Formulierung von Projekten

Nach der Identifizierung möglicher Entwicklungspfade entwickeln die Studierenden konkrete Projekte, die an den erarbeiteten Kerngrößen ansetzen und diese beeinflussen. Damit wird eine wissenschaftlich fundierte und reflektierte Vorgehensweise gefördert, die die Handlungskompetenz der Studierenden stärkt. Zudem wird durch die Offenheit der Projekte und deren konkrete Ausgestaltung die Kreativität der Studierenden gefördert.

Synthese

Mit der Einbettung der gewählten Problematik in die Syndromanalyse wird deren Vernetzung und Komplexität dargelegt und deutlich gemacht, dass am Kern eines Syndroms angesetzt werden muss, um es in seiner Entwicklung beeinflussen zu können. Die Projektarbeiten der Studierenden müssen sich als solche „Stellschrauben" charakterisieren und in das Gesamtsyndrom einbetten lassen.

Das „Studienprogramm Nachhaltigkeit" konnte nach zwei erfolgreichen Durchgängen in die neue Struktur der Universität eingegliedert werden. Dazu wurde es modifiziert und an die Kriterien eines Minors der Bachelor-Struktur der Universität Lüneburg angepasst (Minor Nachhaltige Entwicklung).

Nachhaltigkeit in der Lebenswelt Hochschule erfahren und gestalten: „Campus Global" als informeller Lernkontext

In der Lebenswelt Hochschule und damit in „informellen Settings" können Möglichkeiten geschaffen werden, sich mit globalen Prozessen auseinanderzusetzen, Stellung zu beziehen und selbst gestaltend zu wirken. Die Lebenswelt Hochschule bietet Orte und Gelegenheiten für die Einflussnahme von Studierenden (sowie anderen Hochschulangehörigen) und für eigene Beiträge zu einer global nachhaltigen Entwicklung.

Angesichts der fehlenden Thematisierung von globalen (Nachhaltigkeits-)Fragen an Hochschulen und der bisher nur wenig beachteten Bedeutung von informellen Settings für Bildung für eine nachhaltige Entwicklung an Hochschulen stellt sich die Frage, wie in der Lebenswelt Hochschule globale Zusammenhänge sichtbar sowie der Reflexion der Hochschulangehörigen zugänglich gemacht werden können. Außerdem galt es zu untersuchen, wie Gestaltungsmöglichkeiten eröffnet werden können, mit denen Beiträge zu einer global nachhaltigen Entwicklung geleistet werden. Vor diesem Hintergrund hat das Teilvorhaben „Lebenswelt Hochschule" einen Aktionstag „Campus Global" an der Universität Lüneburg initiiert.

Mit dem Motto „Campus Global" ist es gelungen, in die Vorbereitung und Durchführung des Aktionstags rund zwanzig universitäre und außeruniversitäre Akteurinnen und Akteure sowie Initiativen einzubinden. Vorrangiges Ziel des Aktionstags „Campus Global" war es, weltweite Wirkungszusammenhänge in der Lebenswelt Hochschule sichtbar und erfahrbar zu machen, dort Möglichkeiten zur Gestaltung globaler Entwicklungen aufzuzeigen und die damit verbundene Verantwortung von Hochschulen anzusprechen. Zudem ging es aber auch um die Vernetzung der Initiativen und Akteurinnen und Akteure an der Universität Lüneburg und in der Region, die sich mit solchen Fragen befassen, und um die Darstellung der vorhandenen unterschiedlichen Zugänge zu Fragen von Globalität und nachhaltiger Entwicklung.

Entsprechend der Vielfältigkeit der beteiligten Gruppen und Personen war auch das Programm des Aktionstages sehr vielseitig: Informationsstände der beteiligten Akteurinnen und Akteure; Workshops zu Interkulturellem Vertrauen und Anti-Globalisierungsprotesten; verschiedene Ausstellungen (u.a. zu einem Indienprojekt); internationale Gerichte in den Cafés auf dem Campus; eine „faire" Torwandmeisterschaft; Sprachen-Schnupperkurse sowie (Kurz-)Filme und Musik. Zudem hat der regionale Sender „Radio ZuSa" das Geschehen live vom „Campus Global" übertragen. Zentrales Element des Programms war ein partizipativer Ansatz. Es wurden vielfältige Beteiligungsmöglichkeiten geschaffen und auch längerfristige Beteiligungsmöglichkeiten angestoßen. Um die Durchführung von „Campus Global" und dessen Wirkungen im Detail zu evaluieren, wurden zum einen während des Aktionstags Personen befragt, die sich auf dem Campus aufgehalten haben, zum anderen wurde zwei Wochen nach dem Aktionstag eine Gruppendiskussion mit einer Auswahl der beteiligten Personen durchgeführt.

Der Aktionstag „Campus Global" an der Universität Lüneburg hat im Sinne einer Messe Akteurinnen und Akteure sowie Initiativen zusammengeführt, die sich für Nachhaltigkeit und globale Gerechtigkeit engagieren. Es konnten verschiedene informelle Settings – Orte und Gelegenheiten – sichtbar gemacht werden, die an der Universität Lüneburg Globales Lernen – und Handeln – ermöglichen. Es wurden Settings erkennbar, die auch sonst bestehen, aber längst nicht allen Angehörigen der Hochschule bekannt sind (z.B. die studentischen Initiativen); und durch den Aktionstag selbst mit allen seinen Aktivitäten (inkl. des Vorbereitungsprozesses) wurden informelle Räume für Globales Lernen eröffnet: z.B. internationales Essen in den Cafés, Torschießen mit fairen Fußbällen oder Sprachen-Schnupperkurse. Mit diesen und anderen Aktivitäten konnte beispielhaft gezeigt werden, welche Potentiale informelle Lernräume an Hochschulen, also die Lebenswelt Hochschule, neben der (formalen) Lehre für Bildungsprozesse im Sinne einer nachhaltigen Entwicklung bieten. Diese Potentiale sind bisher noch völlig unzureichend untersucht worden, da in Bezug auf Bildungsinstitutionen vorrangig die formalen Lernprozesse in den Blick genommen werden.

Kommunikation, Partizipation und Wissenstransfer in gedruckter und virtueller Form

Die systematische Auseinandersetzung mit universitären Kommunikationsprozessen, die einerseits für die Verbreitung der Nachhaltigkeitsidee elementar sind und andererseits auch auf die kritische Reflexion des Konzeptes abzielen, stellte eine zentrale Integrationsebene für das Gesamtprojekt dar. Der Schwerpunkt der Aktivitäten lag zunächst im Aufbau der Strukturen und Instrumente für die regelmäßige interne und externe Kommunikation. Voraussetzung war die Erarbeitung einer Corporate Identity. Auf dieser Grundlage wurde die Zeitung „Campus Courier" weiterentwickelt, die als zentrales Instrument der internen Kommunikation diente. Da die Idee der Projektzeitung vom Vorläuferprojekt übernommen wurde, konnte eine Stärken-Schwächen-Analyse des Vorläufers auf der Basis von Experteninterviews durchgeführt werden. Die Ergebnisse führten zur Überarbeitung des bisherigen Konzepts, wobei weniger Wert auf Selbstdarstellung gelegt und das Leseangebot diversifiziert wurde, damit die unterschiedlichen Zielgruppen auf ihrem Niveau etwas Interessantes und Ansprechendes finden konnten.

Daneben rückte die externe Kommunikation stärker in den Blickpunkt. Diese wollte neben der klassischen Einwegkommunikation (Bekanntmachung des Projekts auf lokaler und nationaler Ebene, kontinuierliche Berichterstattung für die interessierte Öffentlichkeit usw.) Möglichkeiten des Internets zur Entwicklung einer internetgestützten Plattform ausloten, die den dialogischen Austausch zwischen Wissenschaft und Gesellschaft in beide Richtungen befördert. Es wurde ein Informations- und Kommunikationsportal „Sustainable University Online" konzipiert, das folgende Ziele verfolgt:

- Förderung des wechselseitigen, dialogischen Austauschs zwischen Gesellschaft und Wissenschaft;
- Vernetzung und Austausch unterschiedlicher Akteure sowohl aus der Praxis als auch aus der Wissenschaft (inter- und transdiszplinäre Kommunikation);
- Einbezug von Praxisakteuren nicht nur durch den Transfer von Ergebnissen sondern vielmehr bereits in der Generierung von Fragestellungen und der Wissensproduktion;
- Aufbau eines „Expertensystems" zu Fragen der Nachhaltigkeit.

Nachhaltigkeit ist dabei nicht nur ein Thema der Forschung (und der Lehre), vielmehr wird auch die Hochschule als Organisation selbst in den Blick genommen. Mit diesem Vorgehen ist auch ein neuer Blick auf „die Gesellschaft" als Ansprechgruppe verbunden, da bereits die Hochschulangehörigen als Mitglieder der Hochschule und relevante Praxisakteure zum Adressatenkreis gehören. Es wird so eine Zusammenfassung von Nachhaltigkeits-Informationen aus Projekten, Initiativen und von Partnern innerhalb und außerhalb der Universität Lüneburg sowie von Anreizen zum interaktiven Dialog für die universitätsinterne und die allgemeine Öffentlichkeit geschaffen.

Für das Projekt „Sustainable University Online" ist die Zusammenarbeit unterschiedlicher Akteure erforderlich, um dem Anspruch eines dauerhaften und dezentralen Angebots bereits nach einer relativ kurzen Anlaufzeit gerecht zu werden. Hierzu wurden in den Aufbau der Plattform Projektpartner auf allen Ebenen der identifizierten Zielgruppen einbezogen. Aus dieser Zusammenarbeit entstand eine erste Version der Nachhaltigkeits-Plattform[5], die zunächst die nachhaltigkeitsrelevanten Informationen an der Universität Lüneburg bündelt und zielgruppengerecht aufbereitet. Eine wichtige Rolle spielt dabei die Unterstützung des Nachhaltigkeitsberichts, für den Hintergrundinformationen und Kommunikationsangebote bereitgestellt werden. In der Perspektive sollen die Kommunikations- und Kollaborationsangebote ausgebaut, auf einem virtuellen Testserver erprobt und schrittweise in das bestehende Informationsangebot integriert werden.

Die Abkehr vom Einbahnstraßenprinzip der Kommunikation und der damit verbundenen Dezentralität in der Pflege des Portals bringt ein hohes Verstetigungspotential mit sich. Erfahrungen mit Projekten des „Social Web" zeigen, dass eine geglückte Community-Bildung und ein aktiver Einbezug der Nutzer in die Erstellung von Inhalten des Portals eine zentrale Betreuung weitgehend obsolet machen. Die Entwicklung und Umsetzung des Portals erfolgt zudem als Open Source-Projekt, so dass alle Entwicklungsschritte und die gesamte zum Betrieb notwendige Software für interessierte Nachahmer zur Verfügung steht. Das Portal weist damit Modellcharakter mit hohem Innovationsgrad auf.

---

[5] Internet http://www.leuphana.de/sustainability

Wandel einleiten und organisieren

Nachhaltige Entwicklung auf Hochschulebene umzusetzen, erfordert ein Lernen auf allen Ebenen. Die Organisation Hochschule steht damit in ihrer Gesamtheit im Blickpunkt und organisationaler Wandel wird notwendig.
Hochschulen sind in ihrer Struktur immer noch stark versäult, d.h. das Verhältnis zu anderen Bildungsinstitutionen sowie die Organisation der Forschung ist weniger auf Kooperation und Institutionen übergreifende Zusammenarbeit ausgerichtet. Ähnliches gilt auch für die Struktur der Organisation, die meist hierarchisch ausgeprägt ist. Der Schritt zu einer stärker horizontalen Struktur sowie dichteren Vernetzungen der Zusammenarbeit vollzieht sich über Veränderungsprozesse, die der Logik des organisationalen Lernens folgen.

Hochschulen können als soziale Organisationen im Sinne lose gekoppelter Systeme (Weick 1976) begriffen werden. Auch wenn für das Entscheidungsverhalten von Universitäten der Begriff der „organisierten Anarchie" (Cohen et.al. 1972) geprägt worden ist, weil sie durch Unklarheit, Mehrdeutigkeit und einen geringen Selbstreflexionsgrad gekennzeichnet sind und Entscheidungen häufig eher zufällig getroffen werden, sollte daraus nicht geschlossen werden, lediglich eine Stärkung der Managementebene könnte alle Probleme lösen. Gerade die „anarchische" Form der Entscheidungsfindung hat auch positive Seiten, enthält sie doch einen hohen Grad an Flexibilität und hemmt den Veränderungswillen der Mitglieder weniger als Top down-Ansätze.

Jede soziale Organisation wird über die Ebene der Kultur zusammengehalten. Kultur meint dabei einen symbolischen Bereich von Überzeugungen und Einstellungen, die von den Mitgliedern der Organisation geteilt werden. Die Entwicklung dieser Kulturen ist beeinflusst durch unterschiedliche Faktoren, z.B. Disziplinen, Werte und Normen. Hochschulen haben spezifische Kulturen entwickelt, insgesamt nehmen Überzeugungen, Ideen, Normen und Symbole einen hohen Stellenwert ein (Pellert 1999).

Veränderungen lassen sich demnach eher erreichen, wenn die beiden Ebenen – die rein strukturelle wie auch die kulturelle – in den Wandlungsprozess einbezogen werden. Veränderungen in Hochschulen sind nicht durch Macht und Zwang, starke Manager oder staatliche Eingriffe zu erreichen (Mintzberg 1983). Nach Booth (1993) und Pellert (1999) sind Ansätze vielversprechender, die auf Lernen setzen und durch die sich Organisation und Individuen lernend verändern können. Am erfolgreichsten erscheint ein Wandel, wenn die Organisationsmitglieder die Möglichkeit zum Aufbau neuer Einstellungen durch vorgelebte Beispiele – Übersetzungen in die Organisationsrealität, unterstützt durch Kommunikationsprozesse und mit dem Ansatz des Lernens kombiniert – erleben und auf eine sanfte Weise in den Veränderungsprozess eingebunden werden.

Während das erste Vorhaben „Agenda 21 und Universität Lüneburg" die Notwendigkeit eines organisationalen Wandels erst nach und nach erkannt hatte, hat sich das Projekt „Sustainable University" genau auf diesen Weg begeben. Wie nachhaltige Entwicklung sich im universitären Alltag ausbuchstabieren lässt, wurde mit dem ersten Agenda-Projekt angestoßen und mit dem „Sustainable University"-Projekt systematisch fortgeführt. In unterschiedlichen Teilbereichen der Universität konnte ein Wandlungsprozess durch konkrete Maßnahmen initiiert werden, in dem vielfältige methodische Vorgehensweisen erforderlich waren.

Maik Adomßent, Jasmin Godemann und Gerd Michelsen

Integrativ forschen: Methodisches Design der transformativen Fallstudie „Universität Lüneburg"

Das zugrunde liegende Erkenntnisinteresse des Forschungs- und Entwicklungsprojekts „Sustainable University" lässt sich in folgender Fragestellung konkretisieren:

> *Wie können Hochschulen den mit dem Paradigma einer nachhaltigen Entwicklung verbundenen Herausforderungen aktiv begegnen und inwieweit können zielgerichtete Strukturänderungen einen Beitrag zur Wandlung der Hochschulen im Sinne der Nachhaltigkeit leisten?*

Zur Bearbeitung dieser übergreifenden Fragstellung wurde das Projekt in sechs verschiedene Teilvorhaben aufgefächert, die drei zentralen Dimensionen zuzuordnen sind (siehe Abb. 3).

Die Hauptfragestellung untergliedert sich in verschiedene Teilfragen:

1. Wie lässt sich interdisziplinäres Arbeiten in der Lehre umsetzen und inwieweit gehören interdisziplinäre Studienangebote zur „Grundausstattung" einer an Nachhaltigkeit orientierten Hochschule?
2. Wie muss die Lebenswelt Hochschule gestaltet sein, damit sie als Erfahrungsraum Bildungsmöglichkeiten für eine nachhaltige Entwicklung und als Gestaltungsraum Potentiale für Strukturveränderungen im Sinne einer nachhaltigen Entwicklung eröffnet?
3. Wie sollte ein integratives Nachhaltigkeitsmanagement für Hochschulen ausgestaltet sein und welchen Beitrag kann Nachhaltigkeitsberichterstattung als Instrument dazu leisten?
4. Welche Besonderheiten herrschen im Umgang mit Energie und anderen Ressourcen an Hochschulen und mit welchen Mitteln kann ein nachhaltigkeitsorientiertes Verhalten in Bezug auf die Handlungsfelder Energie und Mobilität erreicht werden?
5. Wie lässt sich das Leitbild Nachhaltigkeit im universitären Wissenschaftsbetrieb kommunizieren und wie kann eine Perspektiverweiterung durch entwicklungs- und kulturtheoretische Diskurse erreicht werden?

Die ersten beiden Fragen sind dem Bereich *Lern- und Lebenswelt* zuzuordnen und machen darauf aufmerksam, dass die Neuausrichtung dieser Kernaufgaben zur Veränderung der Gesamtorganisation Hochschule gehört. Die Fragen zu *Nachhaltigkeitsmanagement und Ressourcennutzung* zeigen, dass in der gezielten Verbesserung ihrer Nachhaltigkeitsleistung eine der zentralen Managementaufgaben von Hochschulen liegt. Die systematische Auseinandersetzung mit universitären *Kommunikationsprozessen*, die für die Verbreitung der Nachhaltigkeitsidee elementar sind und auf die *kritische Reflexion* des Konzeptes insgesamt abzielen, stellt einen weiteren Schwerpunkt im Vorhaben dar. Kommunikation und Partizipation nehmen im Projekt eine Schlüsselstellung für die Implementierung des Nachhaltigkeitsgedankens ein; es galt, den Entwicklungsprozess hin zu einer nachhaltigen Hochschule zu thematisieren, zur Diskussion zu stellen und Realisierungsschritte gemeinsam zu entwickeln.

Abbildung 3: Teilprojekte und inhaltliche Dimensionen des Projekts „Sustainable University"

TP 1	Nachhaltigkeitsaudit und -controlling	Organisation Hochschule und ihre Mitglieder	Energie- und Ressourcenmanagement	TP 2
TP 4	Lebenswelt Hochschule	Hochschule als Lehr-, Lern- und Lebenswelt	Reflexion und Kommunikation von Nachhaltigkeit	Kommunikation und Wissenstransfer	TP 5
TP 3	Interdisziplinarität in der Lehre		Kultur und Nachhaltige Entwicklung	TP 6

Das Besondere dabei ist, dass unterschiedliche Ergebnisse von Beginn an zusammenführend ausgewertet wurden. Diese Teilprojekte (siehe Kap. „Ein Blick zurück und nach vorn") sind durch ihren individuellen Fokus an jeweils unterschiedlichen Orten des Spannungsfeldes zwischen wissenschaftlicher Wissensbildung und institutioneller Organisation von Wissenschaft zu lokalisieren.

Mit der im Projekt „Sustainable University" entfalteten Forschungsfrage und der Fokussierung auf die Gestaltung des Wandels von Hochschulen im Sinne der Nachhaltigkeit lässt sich das Vorhaben als akteurs- und problembezogenes und disziplinenübergreifendes Projekt beschreiben. Konsequenterweise waren in das Vorhaben Wissenschaftlerinnen und Wissenschaftler aus allen an der Universität vertretenen Fakultäten eingebunden. Ebenso wurden Mitarbeiterinnen und Mitarbeiter aus dem technischen und Verwaltungsbereich einbezogen. Die Studierenden waren vor allem im Rahmen von Lehrveranstaltungen und Projekten beteiligt. Darüber hinaus arbeiteten die Teilvorhaben auch mit Hochschulen aus dem In- und Ausland außeruniversitären Akteurinnen und Akteuren sowie Einrichtungen zusammen.

Im Gesamtvorhaben kam eine Vielzahl quantitativer und qualitativer Forschungsmethoden zum Einsatz (siehe Tab. 2). Die Rückbindung der Teilprojekte an die übergreifende Fragestellung zielte darauf ab, die Übertragbarkeit der in Lüneburg erzielten Forschungsergebnisse auf andere Einrichtungen zu ermöglichen. Das Vorhaben weist also einen explizit interventionistischen Charakter auf, da es in aktuelle Auseinandersetzungen und Diskurse um Hochschulen und nachhaltige Entwicklung eingreift. Damit lässt sich das Projekt generell der Nachhaltigkeitsforschung zuordnen, die sich mit Fragestellungen befasst, die die langfristige Sicherung der gesellschaftlichen Entwicklungsbedingungen betreffen.

Tabelle 2: Methodenvielfalt im Projekt „Sustainable University"

Gesamtprojekt		
Ziele	Methoden	Ergebnisse (Auswahl)
Identifikation zielgerichteter Strukturänderungen zur Wandlung von Hochschulen im Sinne der Nachhaltigen Enwicklung – auf Institutions- und Systemebene	Hochschulweite Onlinebefragung „Universität in Bewegung"; Clusteranalyse	Datengrundlage für Hypothesen und Interventionen der Teilprojekte (vgl. Adomßent et al. 2007)
	Entwicklung nachhaltigkeitsrelevanter Hochschulszenarien (s. Text)	„Hochschullandschaft 2035"
Teilprojekt Nachhaltigkeitsmanagement		
Konzeption und Erprobung einer Nachhaltigkeitsberichterstattung für Hochschulen; Nutzung dieses Prozesses zur Stakeholder-Beteiligung und zur Initiierung eines Nachhaltigkeitsmanagementsystems	Leitbildanalyse; Stakeholder-Dialogforen	Nachhaltigkeitsbericht
Teilprojekt Energie- und Ressourcenmanagement		
Entwicklung eines effektiven Ressourcenmanagements mit Fokus auf das Nutzerverhalten	Methoden der Diffusions- und Interventionsforschung; umweltpsychologische Befragung; Logfile-Analyse; Gruppendiskussion	Energiesparkampagne „nix verschwenden.de"
Interdisziplinarität in der Lehre		
Erprobung eines interdisziplinären Studienmodells zur BNE an Hochschulen;	Lernprotokolle; Gruppendiskussion; problemzentrierte Interviews; Logfile-Analyse	Studienprogramm Nachhaltigkeit I + II
Lebenswelt Hochschule		
Erforschung und Entwicklung der Universität als Erfahrungs- und Gestaltungsraum für Nachhaltige Entwicklung (Fokus: Gesundheit, Konsum, Raum und Raumnutzung)	„Lebenswelt-Tagebücher" von Studierenden; Gruppendiskussion	Aktionstag „Campus Global"; diverse weitere Aktionen
Kommunikation und Wissenstransfer		
Entwicklung einer Kommunikationskultur zur Nachhaltigen Entwicklung	Sekundäranalyse universitärer Befragungsaktionen; Interviews; Methoden der Rezeptionsforschung („Reader Scan" und „Lautes Denken")	Zeitung „Campus Courier"; Kommunikationsplattform „Sustainable University online"
Kultur und „Nachhaltige Entwicklung"		
Kritische Reflexion von Diskursen zu Nachhaltiger Entwicklung auf kultur- und sozialtheoretischer Grundlage sowie aus der Perspektive von zeitgenössischer Kunst	Diskursanalyse	Diverse Ausstellungsprojekte im In- und Ausland

Das methodische Vorgehen, das die einzelnen Schritte in einen logischen Zusammenhang setzt, aufeinander bezieht und insgesamt zur Beantwortung der übergeordneten Fragestellung beiträgt, wird im Folgenden vorgestellt.

Fallstudien in der Nachhaltigkeitsforschung

Für die methodische Erarbeitung des Forschungs- und Entwicklungsprojekts „Sustainable University" bietet sich das Untersuchungsdesign „Fallstudie" an: Ihre Verwendung basiert auf theoretischen Annahmen, die die Datensammlung und -analyse leiten. Sie erfordert eine umfassende Forschungsstrategie, die qualitative und quantitative Aspekte mit einschließt und beruht nicht zuletzt auf multiplen Quellen der Erkenntnis und Datenauswertung (Yin 1984). Mit Hilfe eines mehrperspektivischen und mehrstufigen Ansatzes lässt sich während des gesamten Analyseprozesses der Rückgriff auf den Fall in seiner Gesamtheit und Komplexität erhalten und Einflussfaktoren und Rahmenbedingungen detailliert analysieren (Kyburz-Graber 1999, Mayring 1996).

Im Bereich der nachhaltigen Hochschulentwicklung finden sich eine Reihe von Fallstudien, die an die Tradition der überwiegend eher deskriptiven Ansätze aus der Hochschulbildung und -entwicklung anknüpfen.[6] Kritisch anzumerken ist dabei, dass sie oftmals über ein reines „Storytelling" nicht hinausgehen und eine analytische Tiefe fehlt (Corcoran et al. 2004). Fien stellt in diesem Zusammenhang fest: *„Few studies have thought to go beyond description to include a critical and theoretical analysis of findings or to ground explanations in social or organisational theory."* (Fien 2002)

Somit erscheint der Fallstudienansatz grundsätzlich geeignet, nachhaltige Hochschulentwicklung in den Blick zu nehmen, allerdings ist hier für das „Sustainable University"-Projekt eine Weiterentwicklung bestehender Ansätze vonnöten, um die analytischen Herausforderungen aufzugreifen und dem komplexen Problemfeld gerecht zu werden.

---

[6] Eine Vielzahl von Beispielen findet sich in Leal Filho (2000), Corcoran/Wals (2004) sowie verschiedenen Ausgaben der Zeitschrift „International Journal for Sustainability in Higher Education".

Anforderungen an die Fallstudie „Sustainable University"

Für die aufgeworfene Forschungsfrage des „Sustainable University"-Projekts lässt sich eine Reihe von konkreten Anforderungen festmachen, denen eine solche Weiterentwicklung des Fallstudienansatzes entsprechen muss.

Der transdisziplinäre Charakter des Projekts bedarf eines *übergreifenden Ansatzes und einer integrativen Perspektive*, die sich in der Projektstruktur und in der methodischen Herangehensweise widerspiegeln. Die Frage nach zielgerichteten Strukturänderungen muss sich sowohl mit Blick auf themenspezifische Teilaspekte der Hochschule beantworten lassen als auch hinsichtlich der Hochschule als Gesamtkonstrukt. Die Berücksichtigung dieser beiden Ebenen muss bereits in der Projektstruktur mit angelegt sein.

Mit dem *Entwicklungsansatz* wird zudem der Anspruch erhoben, den Wandel des Falls nicht nur zu beschreiben und zu analysieren, sondern diesen Wandel auch zu gestalten. Damit wird die Interaktion der Forschenden mit dem Forschungsgegenstand selbst Gegenstand der Betrachtung. Auf zwei unterschiedlichen Ebenen sind hierbei relevante Transformationsprozesse zu analysieren: (1) die Veränderung des Untersuchungsgegenstandes über die Zeitachse (vertikal), insbesondere beeinflusst durch Interventionen und (2) die Frage der räumlichen Übertragbarkeit der Ergebnisse aus der Untersuchung des spezifischen Forschungsgegenstandes (horizontal).

Analyseschritte und Charakteristika der Transformativen Fallstudie „Sustainable University"

Ziel der im Folgenden vorgestellten Transformativen Fallstudie „Sustainable University" ist es, den genannten Herausforderungen zu begegnen, indem über eine Deskription des Falls hinaus dessen Dynamik in den Blick genommen wird. Hierzu wurde zunächst die grundsätzliche Herangehensweise der Embedded Case Study nach Scholz und Tietje – konzipiert als Transdisziplinäre Fallstudie – aufgegriffen, die eine Fallanalyse in drei Teilschritten vollzieht (Mieg/Scholz 1999, Scholz et al. 1995, Scholz/Tietje 2002). Hauptanwendungsgebiet für die Embedded Case Study sind so genannte *ill-defined problems*, also Problemstellungen wie bspw. nachhaltigkeitsbezogene Probleme, die sich nicht genau abgrenzen lassen, bei denen es weder Sicherheit über den Zielzustand gibt, noch darüber, welche Hürden auf dem Weg warten – geschweige denn, wie diese sich überwinden lassen (Scholz/Tietje 2002). Die Transformative Fallstudie „Sustainable University" geht über diesen Ansatz hinaus, indem sie die Wandelbarkeit des Falles explizit mitberücksichtigt und drei aufeinander aufbauende Analyseschritte vorsieht:

1. Den Fall verstehen

Der erste Schritt entspricht dem deskriptiven Vorgehen einer Fallstudie. Der Fall wird definiert und in seiner Gesamtheit detailliert beschrieben. Ziel ist es dabei, den Ist-Zustand mit allen relevanten Kontextbedingungen zu erfassen, beteiligte und betroffene Akteurinnen und Akteure zu identifizieren und das gesammelte Wissen in der Rückkopplung mit den Betroffenen zu validieren, um so zu einem umfassenden Verständnis des Falles zu gelangen.

2. Das System begreifen

In einem zweiten Schritt gilt es, sich in explorativer Weise dem Systemcharakter des Falles zu nähern. Ziel ist es, durch die Konzeptionalisierung des Systems sowohl Wirkungszusammenhänge als auch dem Fall innewohnende Strukturen nicht nur zu erkennen, sondern diese auch erklären zu können. Damit soll ein Modellverständnis des Falles gewonnen werden, das relevante Einflussfaktoren ebenso zu beschreiben vermag wie mögliche Grenzen des Systems.

3. Die Erkenntnisse transformieren

Mit dem dritten Schritt wird die Übertragbarkeit des Falles in doppelter Hinsicht in den Blick genommen: Die *horizontale Transformation* fragt nach der Übertragbarkeit und Verallgemeinerung des Falles in andere Kontexte. Dabei ist die Berücksichtigung der kontextuellen Einbettung und der Rahmenbedingungen, die die Singularität des Falles ausmachen, integraler Bestandteil der Vorgehensweise. Die zeitliche *(vertikale) Transformation* fokussiert den Wandel des Falles an sich und nimmt diesen durch die Entwicklung von Szenarien voraus.

Diese Aufteilung stellt eine idealtypische Abgrenzung der unterschiedlichen Arbeitsschritte dar, die nur auf der analytischen Ebene einzuhalten ist. In der Praxis greifen die nachfolgenden Untersuchungsschritte ineinander, sie bedingen und beeinflussen sich gegenseitig.

Verständnis von Transdisziplinarität

Transdisziplinäre Forschung bezieht sich auf Problemfelder gesellschaftlicher Praxis, die nur durch die Zusammenarbeit von Wissenschaffenden mit Praxisakteurinnen und -akteuren gelöst werden können. Im Projekt „Sustainable University" bedarf es einer Spezifizierung dieses Verständnisses von Transdisziplinarität, denn die Trennung in zwei klar voneinander abgrenzbare Systeme „Wissenschaft" und „Gesellschaftliche Praxis" ist in diesem Fall nicht möglich, da die Universität selbst Forschungsgegenstand ist. Die Akteurinnen und Akteure dieses Systems sind zum einen die Wissenschaftlerinnen und Wissenschaftler, die in den Forschungs- und Entwicklungsprozess eingebunden und zum anderen zugleich auch ihre eigenen Praxispartnerinnen und -partner sind, bspw. als Lehrende der Universität. Sie haben zugleich die Rolle als Forschende und Beforschte inne.

Im Rahmen transdisziplinärer Forschung ist die Gegenüberstellung unterschiedlicher fachlicher sowie praktischer Problemperspektiven für die Entwicklung neuer Theorien zentral. Komplexe Problemzusammenhänge werden durch disziplin- und wissenschaftsübergreifende Analysen umfassender lösbar und entsprechende Handlungsempfehlungen konsistenter. Diese Mehrperspektivität muss daher trotz der „Doppelrolle", die die Wissenschaftlerinnen und Wissenschaftler einnehmen, gewährleistet sein. Für das Projekt wird daher klar zwischen dem professionellen Handeln der Wissenschaftlerinnen und Wissenschaftler als Forschende und Lehrende und ihrer Rolle als „Lebensweltakteurinnen und -akteure" auf dem Campus unterschieden. Sie haben in ihrer Rolle als Beforschte eine Problemsicht von Betroffenen, von Akteuren im universitären Umfeld. Sie verfügen über wertvolles Kontextwissen zu spezifischen Bedürfnislagen und Akzeptanzspielräumen „der Angehörigen einer Universität", die sich im Transformationsprozess zu einer nachhaltigen Hochschule befindet.

Vor dem Hintergrund dieser Besonderheit wird von den Prämissen transdisziplinärer Forschung ausgegangen und der Versuch unternommen, lebensweltliche Probleme aus dem Studien- und Arbeitsalltag an der Hochschule mit wissenschaftlichen Fragestellungen zusammenzuführen und mit entsprechenden Methoden zu bearbeiten.

Integrationsleistungen

Der Ansatz des „Sustainable University"- Projekt zeichnet sich dadurch aus, dass der Prozess der Wissensintegration auf unterschiedlichen Ebenen stattfindet. Die einzelnen Phasen der Fallbeschreibung, der Systemanalyse und der Entwicklung einer Transformationsfähigkeit werden zum einen in Bezug auf die Gesamtfragestellung bearbeitet und zum anderen aus Sicht der einzelnen Teilprojektfragestellungen. Darüber hinaus werden die jeweiligen Ergebnisse des Gesamtprojekts und der Teilprojekte wechselseitig aufeinander bezogen.

Hierzu wurden zum einen die sechs Teilprojekte in den drei zentralen Dimensionen „Organisation Hochschule und ihre Mitglieder", „Hochschule als Lehr-, Lern- und Lebenswelt" sowie „Reflexion und Kommunikation von Nachhaltigkeit" miteinander verknüpft. Zum anderen widmete sich die interdisziplinär zusammengesetzte Arbeitsgruppe über die gesamte Projektlaufzeit hinweg parallel der Bearbeitung der Gesamtfragestellung. Damit konnten bereits im Projektverlauf kontinuierlich Zwischenergebnisse sowie individuelle Erfahrungen aus den Teilprojekten auf die Fragestellung des Gesamtprojekts rückbezogen, aber auch umgekehrt Erfahrungen aus dem Gesamtprojekt in die Teilprojekte integriert werden.

Zwei zentrale Integrationsebenen lassen sich damit unterscheiden, wie Abbildung 4 verdeutlicht.

Abbildung 4: Integrationsformen im Überblick

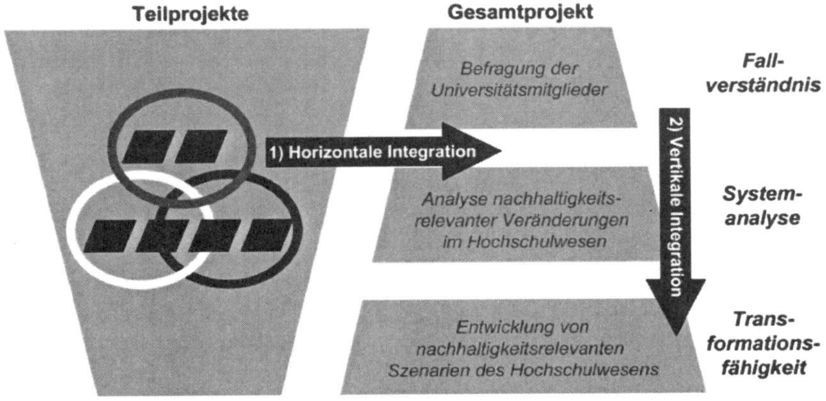

Die *horizontale Integration* der Teilprojektergebnisse im Hinblick auf die Gesamtprojektfragestellung bringt die unterschiedlichen Wissensbestände aus den Teilprojekten in das Gesamtprojekt ein und ermöglicht damit erst die kontinuierliche Arbeit an der übergreifenden Fragestellung. Die *vertikale Integration* zwischen den einzelnen Phasen der Transformativen Fallstudie „Sustainable University" auf Gesamtprojektebene bezieht die einzelnen Phasen der Fallstudie konsequent aufeinander und macht diese anschlussfähig an die jeweiligen Zwischenergebnisse.

Wie Abbildung 4 zudem verdeutlicht, zeichnet sich das Projektvorgehen dadurch aus, dass mit steigendem Abstraktionsgrad neben den Teilprojekten vermehrt das Gesamtprojekt in den Blick genommen wird. Damit wird gewährleistet, dass einerseits die Entwicklungsziele der Teilprojekte erreicht, andererseits aber auch die übergreifende Fragestellung des Gesamtprojekts aus integrativer Sicht hinreichend ausgeleuchtet wurden.

Die folgenden Ausführungen sind hauptsächlich aus dem Fokus der integrativen Gesamtprojektfragestellung dargestellt.

Den Fall verstehen: Ist-Analyse an der Universität Lüneburg

Ziel

Die erste Phase der Fallstudie kennzeichnet sich durch ein deskriptives Vorgehen aus. Der Fall wird definiert und in seiner Gesamtheit möglichst detailliert beschrieben. Ziel ist es dabei, den Ist-Zustand mit allen relevanten Kontextbedingungen zu erfassen und ein vertieftes Verständnis der beteiligten Akteurinnen und Akteure zu erlangen.

Vorgehen

Den zentralen Schritt zur Bestimmung des Ist-Zustandes und zur Erlangung eines vertieften Verständnisses der inneruniversitären Akteurinnen und Akteure bildete eine als Vollerhebung konzipierte empirische Erhebung zur Themenstellung nachhaltige Hochschule an der Universität Lüneburg. Aus Sicht der jeweiligen Teilprojekte diente diese in deskriptiv-empirischer Hinsicht der Umfeldanalyse und der Vertiefung des Fallverständnisses. Darüber hinaus wurde auch die Gesamtprojektperspektive durch Ergänzung übergreifender Aspekte integriert. Im Einzelnen wurde dabei gefragt nach:

Integrativ forschen

- dem Grad der Zustimmung zu nachhaltigkeitsrelevanten Grundfragen und Problemen;
- der allgemeinen Kenntnis des Begriffs nachhaltige Entwicklung,
- den Kommunikationswegen bzw. Medien, über die der Begriff wahrgenommen wird;
- den Assoziationen, die mit dem Begriff verbunden werden.

Die aus Sicht der Teilprojekte jeweils in die Befragung mit eingebrachten Erkenntnisinteressen und Fragen sowie das Vorgehen und die Ergebnisse werden im Folgenden am Beispiel des Teilprojekts „Nachhaltigkeitsmanagement" verdeutlicht (siehe Textbox). Eine ausführliche Darstellung der Befragung und ihrer Ergebnisse nebst Materialband findet sich in Adomßent et al. (2007).

Um die Ergebnisse der Befragung sowohl für die Teilprojekte als auch für das Gesamtprojekt weiter nutzbar zu machen und um zu vermeiden, jeweils nur Teilausschnitte der Ergebnisse in Betracht zu ziehen, wurden wesentliche Antwortmuster zu Clustern zusammengefasst. Durch diese Zusammenfassung ließ sich eine nachhaltigkeitsbezogene Typologie der Universitätsmitglieder erstellen und damit das Verständnis der beteiligten Akteurinnen und Akteure vertiefen. Ein solches Akteursverständnis bildet z.B. für das Teilprojekt „Kommunikations- und Wissenstransfer" eine entscheidende Grundvoraussetzung für die Erarbeitung einer akteursbezogenen Kommunikationsstrategie.

Textbox S. 63–64: Teilprojekt Nachhaltigkeitsmanagement und -berichterstattung

---

Erkenntnisinteresse
Aus Sicht dieses Teilprojekts wurden das Hochschulverständnis der Universitätsmitglieder sowie deren Einschätzung der Situation der Universität Lüneburg erhoben.

Ergebnisse
Deskriptiv-statistische Auswertung: In den Daten zeigt sich eine Diskrepanz zwischen erwartetem und wahrgenommenem Zustand. So stimmen beispielsweise der Aussage „Hochschulen sollten eine Vorbildfunktion in der Gesellschaft einnehmen" 95,6% der Befragten zumindest teilweise zu. Dagegen sehen nur 46,8% eine solche Rolle durch die Universität Lüne-

burg als erfüllt. In einer offenen Frage zu Stärken und Schwächen konnte die Situationseinschätzung der Universität weiter konkretisiert werden. Als zentrale Stärken zeigten sich mit 49,6% der Nennungen dabei die Vorteile einer auf größere Campus-Standorte verteilten Universität, wie Überschaubarkeit und ansprechende bauliche Gestaltung. Daneben wurden auch positive Aspekte zu Lehr- und Lernzusammenhängen häufig betont (20,3%). Zentrale Schwächen sehen die Hochschulmitglieder dagegen in der Organisation der Arbeitsabläufe und der Kommunikationskultur (28,7%) und einer als unzureichend empfundenen Sachmittel- und Personalausstattung (28,4%).

Akteursverständnis: Die Umsetzung einer nachhaltigen Entwicklung als Leitbild im Hochschulkontext erfordert ein normativ geprägtes Grundverständnis von Hochschule. Dieses beinhaltet, dass Hochschulen eine Vorbildrolle für die Gesellschaft einnehmen und nicht lediglich passiv als Spiegelbild der Gesellschaft wirken. Zudem wird durch das Leitbild impliziert, dass die Persönlichkeitsbildung für alle Akteurinnen und Akteure von hoher Bedeutung ist und damit auch explizit als Aufgabe von Hochschulen verstanden werden sollte. Entsprechend waren die Einstellungen der Hochschulmitglieder zu diesen Fragen für das Teilprojekt von hohem Interesse. Es zeigte sich, dass die Cluster 3 und 4 eine normative Orientierung befürworten, eines solche aber nicht zwingend mit an Nachhaltigkeit orientierten Entwicklungsvorstellungen einhergeht. Während Cluster 3 eine nachhaltige Hochschule vermutlich begrüßen würde, kann Cluster 4 als nachhaltigkeitsskeptisch bezeichnet werden. In Cluster 5 geht dagegen Skepsis gegenüber einer Vorbild- und Persönlichkeitsbildungsfunktion von Hochschulen teils mit einem auf individuelle Entscheidungen (z.B. gesundheitsbewusste Ernährungsentscheidung) bezogenen Nachhaltigkeitsbewusstsein einher.

Im Hinblick auf das konkrete Entwicklungsziel, einen Nachhaltigkeitsbericht für die Universität auf den Weg zu bringen, war damit für das Teilprojekt die Entscheidung nahe liegend, diesen Prozess mit einer umfassenden Beteiligung universitätsinterner und -externer Akteurinnen und Akteure im Rahmen zweier Stakeholder-Dialogforen zu begleiten.

Ergebnisse der Befragung

Deskriptiv-statistische Auswertung

Bei der im Sommer 2005 durchgeführten Online-Befragung konnte mit 2.110 teilnehmenden Universitätsmitgliedern eine Rücklaufquote von gut 19% erreicht werden. Die Fragebögen wurden in einem ersten Schritt nach Methoden der deskriptiven Statistik ausgewertet. Dadurch konnte umfangreiches Datenmaterial generiert werden, mit dem aus Gesamtprojektsicht vor allem ein Überblick darüber gewonnen werden konnte, welche nachhaltigkeitsrelevanten Einstellungen und Verhaltensweisen die Mitglieder der Universität Lüneburg haben. So zeigte sich u.a., dass 86,8% der Befragten schon von dem Begriff „Nachhaltige Entwicklung" gehört hatten. Am häufigsten mit dem Begriff assoziiert wurde dabei „an zukünftige Generationen denken", die „Schonung natürlicher Ressourcen" sowie „verantwortliches Handeln", die von mehr als 75% der mit dem Begriff Vertrauten genannt wurden.

Clusterung

Mit Hilfe clusteranalytischer Verfahren wurden die Fälle in homogene Klassen nach dem Grad ihrer Ähnlichkeit zusammengefasst (Bortz/Döring 2003:).[7] Durch die Clusterung wurde dabei zum einen eine horizontale Integration der in die Befragung eingebrachten Teilprojektfragestellungen auf der Gesamtprojektebene erreicht und zum anderen die Basis für eine weitergehende vertikale Integration auf Gesamtprojektebene gelegt.

Für die Klassifikation wurden Variablen der Themenbereiche nachhaltige Entwicklung, Ernährungsverhalten, Partizipationsverhalten, Hochschulverständnis sowie nachhaltigkeitsbezogenes Interdisziplinaritätsverständnis einbezogen.

Inhaltliche Darstellung der Cluster

Mit der Clusteranalyse konnten fünf voneinander unterscheidbare Cluster identifiziert werden, wobei eines der Cluster von der inhaltlichen Auswertung ausgeschlossen wurde, da hier alle Fälle zusammengefasst wur-

---

[7] Für die Clusteranalyse wurde das Ward-Verfahren verwendet, ein hierarchisches Verfahren zur Konstruktion von Clusterzentren (Backhaus et al. 1987).

den, die frühzeitig die Beantwortung des Fragebogens abgebrochen hatten und mithin inhaltlich kaum zu interpretieren waren. Für die vier übrigen Clustertypen ergibt sich die folgende Übersicht (siehe Tab. 3).[8]

Tabelle 3: Clusterbeschreibung anhand der in die Clusterung eingegangenen Variablen

	Cluster 1 n=354 16,8%	Cluster 3 n=601 28,5%	Cluster 4 n=252 11,9%	Cluster 5 n=702 33,3%
Nachhaltige Entwicklung: Zustimmung zu Grundwerten	teilweise (tw.)	stark	gering	teilweise
Hochschulverständnis: Wichtigkeit der Vorbildfunktion von Hochschulen sowie ihres Beitrags zur Persönlichkeitsbildung	wichtig	sehr wichtig	wichtig	eher unwichtig
Nachhaltigkeitsbezogenes Interdisziplinaritätsverständnis: Grad der Anschlussfähigkeit	durchschnittlich	hoch	gering	hoch
Ernährungsverhalten: Bedeutung von Gesundheitsförderlichkeit u. Lebensmittelherkunft	unwichtig	wichtig	unwichtig	50% wichtig, 50% unwichtig
Partizipationsverhalten: Engagement innerhalb u. außerhalb der Universität	inner- u. außerhalb (freizeitorientiert)	inner- u. außerhalb	keines	30% nicht, 44% tw., 26% inner- u. außerhalb

Diese Verdichtung der empirischen Ergebnisse führte zur „Sichtbarmachung" von Nachhaltigkeitstypen, die den Teilprojekten eine adäquate Formulierung von Arbeitshypothesen bzw. zielgerichteter Interventionen ermöglichte. Dabei ist das Teilprojekt „Kommunikation und Wissenstransfer" besonders hervorzuheben, da die fokussierte Ansprache von Zielgruppen hier eine unverzichtbare Arbeitsgrundlage darstellt und die identifizierten Nach-

---

[8] Die Cluster unterscheiden sich bezüglich wesentlicher Parameter der Sozialdaten teils erheblich. Insbesondere bzgl. der Fachbereichszugehörigkeit zeigen sich deutliche Unterschiede. So ist z.B. der Anteil von Umweltwissenschaftlerinnen und -wissenschaftlern in Cluster 1 am geringsten (6,8% statt 11,5%) und in Cluster 3 (16,1% statt 11,5%) am höchsten. Für die Wirtschafts- und Sozialwissenschaftlerinnen und -wissenschaftler zeigt sich ein umgekehrtes Bild (33,6% statt 22,1% in Cluster 1; 15,8% statt 22,1% in Cluster 3).

haltigkeitstypen die Grundlage für eine im weiteren Projektverlauf erarbeitete Kommunikationsstrategie bildeten (Franz-Balsen 2006).

Integrationsleistung

Die Befragung setzte sich aus Erkenntnisinteressen der Teilprojekte und des Gesamtprojekts zusammen. Durch dieses Vorgehen konnte aus Gesamtprojektsicht sichergestellt werden, dass das Gesamtsystem nachhaltige Hochschule nicht nur ein auf Teilfragestellungen zurückgehender partieller Ausschnitt in den Blick genommen wurde. Den zentralen Schritt zur Integration von Teilprojektaspekten auf der Gesamtprojektebene bildete die auf Basis der Ergebnisse der Vollerhebung zu Nachhaltigkeit und Hochschule durchgeführte Clusteranalyse.

Darüber hinaus fließen die Erkenntnisse der Clusteranalyse in abstrahierter Form auch in die weiteren Ebenen der Systemanalyse und der Transformation der Fallstudie ein. Mit der Aufarbeitung vorhandener Daten in den Teilprojekten einerseits und einer umfangreichen Ist-Analyse im Rahmen der Vollerhebung des Gesamtprojekts andererseits konnte somit ein umfassender Überblick über die relevanten Faktoren des untersuchten Falles gewonnen und insbesondere das Verständnis der relevanten Akteurinnen und Akteure vertieft werden.

Das System begreifen: Systemanalyse des Hochschulwesens

Ziel

In dem zweiten Schritt der Transformativen Fallstudie „Sustainable University" erfolgt auf Gesamtprojektebene eine explorative Annäherung an den Systemcharakter des Falles. Wirkungszusammenhänge und Strukturen werden identifiziert und erklärt, um ein Modellverständnis der relevanten Einflussfaktoren des Falles zu gewinnen und mögliche Grenzen des Systems auszuloten.

Vorgehen

Für eine systemische Betrachtungsweise in der Fallstudie erschien es zunächst notwendig, die engen Grenzen des Falles zu verlassen und das System Hochschule in Verbindung mit seinem Umfeld zu betrachten und zu analysieren. Wie für in der Nachhaltigkeitsforschung auftretende Problemstellungen („ill-defined-problems" in Scholz/Tietje 2002) typisch, lassen sich für die Fallstudie keine genauen Aussagen über den Zielzustand treffen, der erreicht werden soll bzw. über mögliche Hürden, die auf dem Wege dorthin auftreten mögen. Eine Analyse, die auf verallgemeinerbare Aussagen über den Fall hinaus abzielt, bedarf daher der Berücksichtigung von Wirkungszusammenhängen innerhalb des Hochschulwesens und von Wechselwirkungen mit dessen Umfeld.

Die Herausforderung für das skizzierte Problem umfasste damit im Wesentlichen:

- die Analyse relevanter Einflussfaktoren;
- die Berücksichtigung des Umfelds;
- die Identifikation von Interdependenzen und Wirkungszusammenhängen und dazu;
- die Synthese unterschiedlicher Wissensbestände im interdisziplinär zusammengesetzten Forschungsteam.

Im Kontext der Nachhaltigkeitsforschung wurden für die Bewältigung derartiger komplexer, inter- und transdisziplinär zu bearbeitender Problemstellungen verschiedene Ansätze entwickelt. Das Projekt „Sustainable University" hat nach Prüfung möglicher Optionen die Logik des vom WBGU (1996) entwickelten Syndromansatzes auf das spezifische Problemfeld übertragen. [9]

Der Syndromansatz des WBGU beschreibt typische nicht-nachhaltige Ursache-Wirkungs-Muster des globalen Wandels mit Auswirkungen auf die Umwelt und die gesellschaftliche Entwicklung. Ein neun Sphären umfassendes Analyseraster bietet Orientierung dabei, relevante Einflussfaktoren und Trends (bzw. in der Terminologie des Syndromansatzes „Symptome"[10]) zu identifizieren und in Beziehung zu setzen. Aus diesen heraus wurden

---

[9] Weitere Ansätze der Nachhaltigkeitsforschung, die in einer Voruntersuchung ebenfalls als Optionen geprüft wurden, sind unter anderem die Transdisziplinäre Fallstudie (Scholz/Tietje 2002), der Bedürfnisfeldansatz, ausgeführt in der Heuristik „Optionen & Restriktionen" (Hirsch Hadorn/Maier 2002, Mogalle 2000) sowie der Aktivitätsfelderansatz (Klann/Nitsch 1999), der auch im HGF-Konzept berücksichtigt wird (Kopfmüller et al. 2001).

[10] Im Syndromansatz bezeichnen Symptome die verursachenden und beeinflussenden Faktoren komplexer Prozesse, ohne sie detailliert aufzulösen (Schellnhuber 2000, WBGU 1996).

Integrativ forschen

durch den WBGU (1996) 16 übergeordnete Megatrends (Syndrome) identifiziert und beschrieben.

In Analogie zum Syndromansatz lässt sich für die Problemstellung des zweiten Schritts der Transformativen Fallstudie „Sustainable University" festhalten:

Veränderungsprozesse im Hochschulwesen lassen sich in ihrer Dynamik auf eine überschaubare Zahl von Kausalmustern in der Beziehung von Hochschule und Gesellschaft zurückführen. Diese dynamischen Muster und ihre nachhaltigkeitsrelevanten Auswirkungen sind Gegenstand des Lüneburger Analyse-Ansatzes.

Die Analyse dieser Muster vollzieht sich im Wesentlichen in drei Schritten:

1. Sammlung relevanter Trends im Hochschulwesen;
2. Überprüfung und Modifikation dieser Trends zur Identifikation der wichtigsten Einflussfaktoren sowie
3. Identifikation der Kausalmuster zwischen diesen Faktoren.

Zunächst wurde auf Basis einer umfassenden Sekundäranalyse aktueller Studien sowie theoretischer Auseinandersetzungen zum Hochschulwesen induktiv eine große Anzahl relevanter Symptome ermittelt, die einen Einfluss auf unterschiedliche Veränderungsprozesse haben.[11] Diese wurden als Orientierungshilfe in ein Analyseraster übertragen, das unterschiedliche Bereiche der Hochschule und ihres Umfeldes kategorisiert.

Die einzelnen Trends wurden dann in einem weiteren Arbeitsschritt genauer analysiert, empirisch und theoretisch abgesichert sowie gegebenenfalls modifiziert oder aggregiert.[12] In diesem Zuge wurde als kollaborative Wissensbasis aller am Vorhaben beteiligten Wissenschaftlerinnen und Wissenschaftler eine Datenbasis der Einflussfaktoren und Trends des Systems in Form eines Wikis aufgebaut und genutzt.[13]

---

[11] Ein deduktives Vorgehen, bei dem die einzelnen Faktoren theoriegeleitet entwickelt werden, wurde bewusst verworfen, da für die analysierten Veränderungsprozesse zwar relevante Theorien bspw. aus der Organisationssoziologie (Hasse/Krücken 2005) vorliegen, diese jedoch immer nur Teilbereiche in den Blick nehmen.
[12] Um dem Vorwurf der Beliebigkeit beim induktiven Vorgehen in der Auswahl relevanter Einflussfaktoren präventiv entgegenzuwirken, wurde die Auswahl zudem von Expertinnen und Experten aus dem Bereich der Hochschulforschung kritisch reflektiert.

Die Identifikation der relevanten Kausalzusammenhänge zwischen den Einflussfaktoren erfolgte anhand von Megatrends, die als Bündel von Einflussfaktoren Veränderungsprozesse des deutschen Hochschulwesens zusammenfassen. Einige dieser Megatrends wurden exemplarisch herausgearbeitet, indem mit Hilfe erprobter Methoden zur Komplexitätsreduktion, wie Einflussmatrix und Systemgrid, die bspw. in den Embedded Case Studies (Scholz/Tietje 2002) angewendet werden, eine systematische Beurteilung der Bedeutung der einzelnen Faktoren vorgenommen wurde.

Ergebnisse

Mit der Analyse des gesamten Hochschulwesens konnte in einem ersten Schritt somit eine umfassende Wissensbasis mit über 60 relevanten Einflussfaktoren und Trends im Hochschulwesen und dessen Umfeld aufgebaut werden. Abbildung 5 zeigt eine Auflistung der in diesem Prozess identifizierten relevanten Trends. Die Integration von Wissensbeständen aus den beteiligten Disziplinen und die methodisch abgesicherte Sammlung, Überprüfung und Modifikation der wesentlichen Trends gewährleistete dabei eine hohe Qualität bei der Analyse von Einflussfaktoren in der Hochschule sowie im beeinflussenden Umfeld.

Als einer der zentralen übergeordneten nachhaltigkeitsrelevanten Veränderungsprozesse wurde die *zunehmende Wettbewerbsorientierung* im Hochschulbereich identifiziert und aufgrund seiner Bedeutung intensiver bearbeitet. Daher wurde exemplarisch für diesen Megatrend die Liste der relevanten Trends auf die Fragestellung hin überprüft und diskursiv auf 20 Schlüsselfaktoren reduziert und verdichtet. Die Schritte der Identifikation der Kernfaktoren und der Bewertung der Wirkungszusammenhänge erfolgte wiederum methodengeleitet mittels einer Einflussmatrix und einer MicMac-Analyse im Gesamtteam, wobei die kollaborative Wissensbasis als Entscheidungs-

---

[13] Bei einem Wiki, dessen Bezeichnung auf den hawaiianischen Ausdruck „wikiwiki" für „schnell" zurückgeht, handelt es sich um eine Sammlung von Seiten, die nicht nur von jeder Nutzerin und jedem Nutzer gelesen, sondern auch schnell und einfach zu ändern und zu erweitern sind. Das bekannteste und wohl auch größte Wiki ist das Online-Nachschlagewerk Wikipedia. Der Einsatz eines Wiki für das Wissensmanagement bietet eine Reihe von Vorteilen: Da Inhalt und Diskussion miteinander verbunden dargestellt werden und alle Versionen einer Seite gespeichert und jederzeit wieder herstellbar sind, werden vier wesentliche Prozessbereiche des Wissensmanagements angesprochen (Reinmann-Rothmeier 2001): Das Wiki fungiert als Informationssammlung, in dem auch neue Wissensbestände generiert werden, sie werden direkt in Beziehung zueinander gesetzt und damit nutzbar gemacht und zudem kommuniziert.

Integrativ forschen

Abbildung 5: Liste der identifizierten Einflussfaktoren und Trends des Hochschulwesens

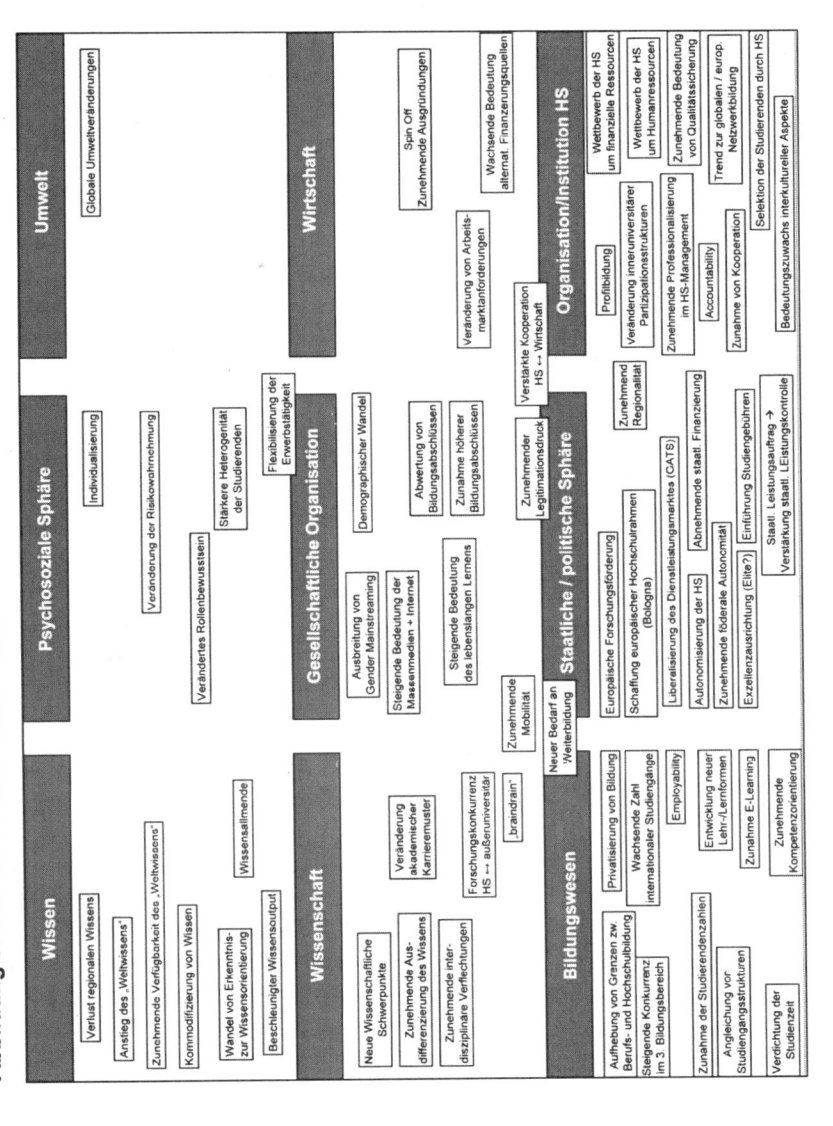

Wissen
- Verlust regionalen Wissens
- Anstieg des „Weltwissens"
- Zunehmende Verfügbarkeit des „Weltwissens"
- Kommodifizierung von Wissen
- Wandel von Erkenntnis- zur Wissensorientierung
- Beschleunigter Wissensoutput
- Wissensallmende

Umwelt
- Globale Umweltveränderungen

Psychosoziale Sphäre
- Individualisierung
- Veränderung der Risikowahrnehmung
- Verändertes Rollenbewusstsein
- Stärkere Heterogenität der Studierenden
- Flexibilisierung der Erwerbstätigkeit

Wissenschaft
- Neue Wissenschaftliche Schwerpunkte
- Zunehmende Ausdifferenzierung des Wissens
- Zunehmende interdisziplinäre Verflechtungen
- Veränderung akademischer Karrieremuster
- Forschungskonkurrenz HS ↔ außeruniversitär
- „braindrain"

Gesellschaftliche Organisation
- Ausbreitung von Gender Mainstreaming
- Demographischer Wandel
- Steigende Bedeutung der Massenmedien + Internet
- Abwertung von Bildungsabschlüssen
- Steigende Bedeutung des lebenslangen Lernens
- Zunahme höherer Bildungsabschlüsse
- Zunehmende Mobilität
- Zunehmender Legitimationsdruck

Wirtschaft
- Spin Off
- Zunehmende Ausgründungen
- Veränderung von Arbeitsmarktanforderungen
- Wachsende Bedeutung alternat. Finanzierungsquellen
- Verstärkte Kooperation HS ↔ Wirtschaft

Bildungswesen
- Neuer Bedarf an Weiterbildung
- Aufhebung von Grenzen zw. Berufs- und Hochschulbildung
- Privatisierung von Bildung
- Steigende Konkurrenz im 3. Bildungsbereich
- Wachsende Zahl internationaler Studiengänge
- Zunahme der Studierendenzahlen
- Employability
- Angleichung von Studiengangsstrukturen
- Entwicklung neuer Lehr-/Lernformen
- Verdichtung der Studienzeit
- Zunahme E-Learning
- Zunehmende Kompetenzorientierung

Staatliche / politische Sphäre
- Europäische Forschungsförderung
- Schaffung europäischer Hochschulrahmen (Bologna)
- Liberalisierung des Dienstleistungsmarktes (GATS)
- Autonomisierung der HS
- Abnehmende staatl. Finanzierung
- Zunehmende föderale Autonomität
- Exzellenzausrichtung (Elite?)
- Einführung Studiengebühren
- Staatl. Leistungsauftrag → Verstärkung staatl. LEistungskontrolle
- Zunehmend Regionalität

Organisation/Institution HS
- Wettbewerb der HS um finanzielle Ressourcen
- Wettbewerb der HS um Humanressourcen
- Zunehmende Bedeutung von Qualitätssicherung
- Profilbildung
- Veränderung innenuniversitärer Partizipationsstrukturen
- Zunehmende Professionalisierung im HS-Management
- Accountability
- Zunahme von Kooperation
- Trend zur globalen / europ. Netzwerkbildung
- Selektion der Studierenden durch HS
- Bedeutungszuwachs interkultureller Aspekte

grundlage und Hilfestellung diente. Durch die Überprüfung der Wirkungszusammenhänge zwischen diesen Schlüsselfaktoren lassen sich die Eigendynamik dieses Megatrends und seine relevanten Schlüsselfaktoren modellieren (vgl. Abb. 6).

Mit der exemplarischen Bearbeitung des Megatrends der *zunehmenden Wettbewerbsorientierung* konnte die prinzipielle Eignung des Ansatzes zur systematischen und methodengeleiteten Analyse des Falles und zur Erarbeitung eines Systemverständnisses bestätigt werden. Zentral war hierbei wiederum die Nutzung der oben beschriebenen kollaborativen Wissensbasis, mit der die Vielzahl der unterschiedlichen und teils widersprüchlichen Trends zueinander in Beziehung gesetzt werden konnten.

Für eine erschöpfende Analyse aller Megatrends, die für die unterschiedlichen Entwicklungen Stellschrauben im System aufzeigen können, an denen mit verschiedenen Maßnahmen angesetzt werden kann, ist in einem nächsten Schritt analog zur Bearbeitung des Megatrends *zunehmende Wettbewerbsorientierung* eine Detailanalyse der einzelnen Megatrends notwendig. Dies konnte im Rahmen des Projekts nicht abgeschlossen werden. Gleichwohl ließ sich mit der exemplarischen Bearbeitung eines Megatrends ein prinzipielles Systemverständnis gewinnen. Zudem stellt die übergreifende Wissensbasis eine wichtige Grundlage für den folgenden Schritt der zeitlichen Transformation dar.

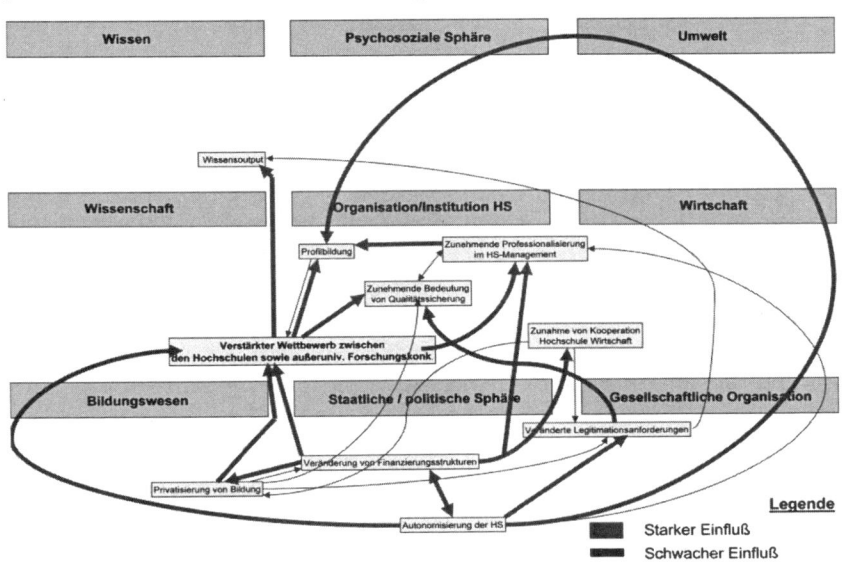

Abbildung 6: Schlüsselfaktoren und Wechselwirkungen des Kernsyndroms „Zunehmende Wettbewerbsorientierung"

Integrationsleistung

Zur Erfassung der relevanten Einflussfaktoren ist die Synthese unterschiedlicher Sichtweisen und Wissensbestände notwendig. Während im ersten Schritt mit der Beschreibung des Falles die Integration der spezifischen Perspektiven der Teilprojekte deutlich gemacht werden konnte, gewährleistete die interdisziplinäre Zusammenarbeit des Teams im gesamten Prozess der Wissensgenerierung eine umfassende und multiperspektivische Sichtweise. Durch das Ausweisen von Kompetenzfeldern, die der thematischen Ausrichtung der einzelnen Teilprojekte folgten und durch diese verantwortlich bearbeitet wurden, konnte das jeweilige teilprojektspezifische Fachwissen mit eingebracht und vertieft werden. Darüber hinaus erfolgte ein diskursiver Abgleich zwischen den Teilprojekten. Damit ließen sich die für den Prozess der Wissensintegration notwendigen iterativen Schritte der interdisziplinären Synthese und der disziplinären Bewertung nach Thompson Klein (1996) in den Prozess der Wissensgenese integrieren.

Die Integrationsleistung, die in diesem Schritt der Fallstudie erbracht wurde, lässt sich damit im Wesentlichen durch die Zusammenarbeit an der Gesamtfragestellung an sich charakterisieren. Mit der Analyse des Systems durch das interdisziplinäre Team und seinen unterschiedlichen Schwerpunkten und Kompetenzfeldern durch den regelmäßigen Austausch bei der Bewertung relevanter Faktoren konnte im Systembild ein Mehrwert geschaffen werden, der über eine reine Addition von einzelnen identifizierten Faktoren bzw. singulär ermittelten Megatrends hinausgeht. Die qualitativen und quantitativen Daten konnten so dargestellt, nutzbar gemacht und kommuniziert werden. Indem implizites Wissen expliziert und in neue Zusammenhänge gestellt und mit anderen Wissensbeständen verknüpft wurde, konnte letztendlich auch neues Wissen geschaffen werden. Die Wissensbasis stellte dabei wesentliche Basis und Ergebnis einer integrativen Zusammenarbeit der Teilprojekte dar.

Die Erkenntnisse transformieren: Szenarienentwicklung zur zukünftigen Hochschullandschaft

Ziel

Im zweiten Schritt der Transformativen Fallstudie „Sustainable University" erfolgte eine umfassende Analyse nachhaltigkeitsrelevanter Trends für Hochschulen. Die dabei gewonnene Momentaufnahme ermöglichte bereits ein vertieftes Verständnis des Gesamtsystems „Hochschulwesen", erlaubt jedoch noch keine Aussagen darüber, vor welchen Herausforderungen die Hochschulen auf lange Frist stehen könnten und welche Chancen und Probleme sich zukünftig durch eine Ausrichtung auf nachhaltige Entwicklung ergeben könnten. Im dritten Schritt der transformativen Fallstudie wird deshalb der Blick in die Zukunft gerichtet (vertikale Transformation).

Vorgehen

Aus dem Anspruch, zukünftige Entwicklungen und damit verbundene Transformationsmöglichkeiten aufzuzeigen, ergeben sich mehrere Anforderungen an die Forschungsmethode. Diese muss einerseits die Komplexität des Untersuchungsfeldes bestmöglich abbilden und andererseits die Systemdynamik im Untersuchungsfeld und in dessen Umfeld so integrieren können, dass Aussagen über zu erwartende zukünftige Entwicklungen möglich sind. Prognosen auf Basis einer Extrapolation der Entwicklungen der Vergangenheit in die Zukunft reichen hier nicht aus, da sie die Dynamik und die Wechselwirkungen denkbarer Entwicklungen nicht berücksichtigen. Auch ein Backcasting-Verfahren, also das Ermitteln plausibler Entwicklungspfade ausgehend von angenommenen Zukunftsszenarien, erscheint vor dem Hintergrund der Komplexität des Hochschulwesens nicht vielversprechend.

Erforderlich erscheint vielmehr ein offener Umgang mit Unsicherheiten und Komplexität sowie vernetztes und zukunftsoffenes Denken. Dazu wurden die 60 identifizierten Trends durch eine formative Szenarioanalyse bezüglich der Fragestellung „Wie kann sich das Hochschulwesen bis zum Jahre 2035 entwickelt haben?" bearbeitet. Die hierfür erforderlichen Schritte sowie die Ergebnisse werden im Kapitel „Den Wandel begreifen" beschrieben.

Ergebnisse

Die Szenarioanalyse brachte acht unterschiedliche konsistente Szenarien hervor. Bei der inhaltlichen Analyse konnten die acht Szenarien in drei übergeordnete, in sich homogene Gruppen eingeteilt werden. Jede dieser Gruppen besteht aus mehreren unterschiedlichen Szenarien, die sich jedoch durch eine Reihe von Gemeinsamkeiten auszeichnen. Dabei konnten die instrumentellen, gesellschaftsnahen und gesellschaftsfernen Hochschultypen in Verbindung mit ihrem Umfeld identifiziert werden. Eine ausführliche inhaltliche Darstellung der einzelnen Szenarien erfolgt ebenfalls im Kapitel „Den Wandel begreifen".

Integrationsleistung

Im dritten Schritt der Fallstudie wurde der Blick in die Zukunft gerichtet (vertikale Transformation). Die dafür herangezogene Methode der Szenarioentwicklung ist für die transdisziplinäre Integration von Wissen als besonders geeignet anzusehen (Keil 2005). In der zweiten und dritten Ebene der trandisziplinären Fallstudie kam es zu einer zunehmend höheren Gewichtung der Gesamtprojektebene. Die direkte, horizontale Integration von Teilprojektwissen war damit in der dritten Ebene nur von untergeordneter

Bedeutung. Vielmehr wurde die Fragestellung der Gesamtprojektebene auf dieser Ebene als übergreifendes, integrativ wirkendes Element einer vertikalen Systemtransformation ins Zentrum gerückt. Integriert wurden deshalb insbesondere die auf Gesamtprojektebene gewonnenen Erkenntnisse, z.B. das Systemverständnis oder auch spezifische Besonderheiten, die exemplarisch bei der Fallbeschreibung deutlich wurden. Ebenso wurde die gesamte erarbeitete Wissensbasis in den Forschungsprozess eingespeist.

Die aus der Szenarioanalyse gewonnenen Ergebnisse sind dabei sowohl für die einzelnen Teilprojekte als auf für die Gesamtprojektebene interpretierbar und nutzbar. Beispielsweise sind die identifizierten Megatrends in einzelnen Szenarien wiederzufinden und ermöglichen so eine integrierte Zukunftsbetrachtung des Hochschulwesens, in dessen Rahmen der konkrete Fall Universität Lüneburg wieder eingebettet werden kann. Darüber hinaus haben die erzielten Ergebnisse allgemeingültigen Charakter und können auch außerhalb des Projekts Anwendung finden.

Beitrag zur Nachhaltigkeitsforschung

Mit der Einführung der Transformativen Fallstudie „Sustainable University" war der Versuch verbunden, der komplexen Fragestellung und des damit einhergehenden inter- und transdisziplinären Projektkontextes mit einem adäquaten methodischen Ansatz zu begegnen. Die Herangehensweise erwies sich dabei als grundsätzlich geeignet, einen Beitrag zur Klärung der übergeordneten Projektfragestellung zu leisten, indem der vorliegende Fall nicht nur detailliert beschrieben wurde, sondern wesentliche Wirkungszusammenhänge und wechselseitige Einflussfaktoren systematisch analysiert werden konnten und darüber hinaus die Transformation des Falles explizit mit in den Blick genommen wurde.

Zwei wesentliche Herausforderungen wurden dazu für das empirische Design benannt: (1) die Notwendigkeit eines übergreifenden Ansatzes und einer integrativen Perspektive sowie (2) der Entwicklungsansatz, der es notwendig macht, die Interaktion der Forschenden mit dem Forschungsgegenstand selbst zum Gegenstand der Betrachtung zu machen und hierbei relevante Transformationsprozesse zeitlicher und räumlicher Art zu berücksichtigen. Beide Anforderungen wurden durch die Transformative Fallstudie „Sustainable University" aufgegriffen, indem ein Gesamtrahmen geschaffen wurde, der durch die einzelnen Teilschritte eine methodengeleitete schrittweise Bearbeitung unterstützte.

Ein besonderes Augenmerk lag dabei von Beginn an auf der Frage nach Möglichkeiten der Integration unterschiedlicher Perspektiven und Wissensbestände, damit diese nicht zu isolierten Satellitensystemen mutieren, sondern im Austausch stehen und zur Lösung des Gesamtproblems beitragen. Diese Herausforderung der Integration ist ein Charakteristikum transdisziplinärer Nachhaltigkeitsforschung (Defila et al. 2006). In einem idealtypischen Prozess der transdisziplinären Nachhaltigkeitsforschung führt dies über die Schritte der Strukturschaffung, der Projektdurchführung und der In-Wert-Setzung zu einer Integration, in der neue Wissensbestände angemessen zusammengeführt (Integration 1) und zudem auch in Wissenschaft und Praxis eingebracht werden (Integration 2). Ausgehend von einer konkreten Fragestellung kommt es dabei zunächst zu einer Auffächerung in unterschiedliche Teilfragen, die aus verschiedenen Perspektiven und mit den jeweils geeigneten Methoden bearbeitet und dann in einem Prozess der transdisziplinären Integration zusammengeführt werden (Bergmann et al. 2005). Mit der Transformativen Fallstudie „Sustainable University" wurde darüber hinaus eine Herangehensweise gewählt, die die Frage nach der Integration der durch die Teilprojektstruktur angelegten Entstehung unterschiedlicher Perspektiven von Beginn an mit berücksichtigt. Neben der Bearbeitung der unterschiedlichen Teilprojektfragestellungen wurde kontinuierlich auch im Gesamtteam an Aspekten gearbeitet, die sich direkt auf die übergeordnete Fragestellung bezogen. Eine kontinuierliche Integration der erzielten Ergebnisse fand dazu sowohl horizontal (durch die Integration der unterschiedlichen Wissensbestände aus den Teilprojekten in das Gesamtprojekt) statt als auch vertikal (zwischen den einzelnen Phasen der Transformativen Fallstudie „Sustainable University"), um die einzelnen Phasen konsequent aufeinander zu beziehen und anschlussfähig an die jeweiligen Zwischenergebnisse zu machen.

Ein solches Vorgehen stellt einen hohen Anspruch an die inter- und transdisziplinäre Zusammenarbeit. Der systematische und kontinuierliche Rückbezug der Ergebnisse aufeinander gewährleistet dafür eine höhere Legitimation der erzielten Ergebnisse. Der Vorteil des gewählten Vorgehens lag in den explizit berücksichtigten Zwischenschritten zur kontinuierlichen Integration, die Probleme im Zusammenhang mit der Zusammenführung der einzelnen Ergebnisse zum Ende des Projekts mindern konnten. Der Nachteil liegt sicher in einem erhöhten Koordinationsbedarf und dem höheren personellen Aufwand, den eine gleichzeitige Arbeit in den Teilprojekten und an der übergeordneten Fragestellung mit sich bringt.

Mit der Transformativen Fallstudie „Sustainable University" konnte damit ein methodischer Ansatz entwickelt und erprobt werden, der als Weiterentwicklung der klassischen Fallstudie die Kritikpunkte in der Diskussion um Fallstudien in der Nachhaltigkeitsforschung insbesondere im Bereich der Hochschulentwicklung konstruktiv aufgreift (Corcoran et al. 2004, Fien 2002). Mit der dreigliedrigen Systematik in der Fallbearbeitung werden Lösungswege angeboten, die über die deskriptive Darstellung des Falls hinausgehen und methodengeleitet eine Analyse der Wirkungszusammenhänge und der Entwicklungspotentiale erlauben.

Ein eigenständiger Beitrag wird zudem für die in der transdisziplinären Nachhaltigkeitsforschung relevante Frage der Integration unterschiedlicher Perspektiven und Wissensbestände entwickelt. Durch die spezifische Projektstruktur wird einer kontinuierlichen Integrationsleistung über die unterschiedlichen Ebenen der Fallstudie von Beginn an mit berücksichtigt. Mit diesem Vorgehen wird zwar einerseits über den Projektverlauf ein höherer Koordinationsaufwand notwendig, andererseits kann damit das Problem der Integrationsleistung als letzter zu leistender Schritt eines Projekts umgangen werden.

Der methodische Ansatz der Transformativen Fallstudie „Sustainable University" konnte anhand des Falles der Universität Lüneburg erprobt werden. Er scheint besonders dann geeignet, wenn eine Problemstellung sehr konkret aus einem spezifischen Fall heraus entwickelt wird. Die Frage der generellen Übertragbarkeit wird sich in weiteren Anwendungen in anderen Kontexten beweisen müssen.

Patrick Albrecht, Matthias Barth und Simon Burandt

Nachhaltigkeit auf dem Campus kommunizieren: Professionelle Herausforderungen zwischen Wissenschaft und Praxis

Voraussetzung für einen Nachhaltigkeitsprozess an einer Hochschule ist die Kommunikation über Nachhaltigkeit auf allen möglichen Ebenen und in vielfältiger Form – von singulären oder spontanen Kommunikationsimpulsen bis hin zum professionellen Management langfristig angelegter Konsultationsprozesse und anderer partizipativer Interaktionen. Im Idealfall erwächst die Vorstellung von einer nachhaltigen Universität aus einem vielseitigen Kommunikationsprozess und wird auch auf diese Weise kontinuierlich weiter ausformuliert. Die Kommunikation fungiert als Katalysator für strukturelle Veränderungen und kollektive wie individuelle Entwicklungen.

> *„Finding the right way to tell someone about sustainable development, and relating it to their experience has been crucial in engaging universities and colleges with the sustainable development agenda. Good communication can influence people's behaviour, create dialogue, foster understanding and open up dialogue between groups. Without listening and responding to those around you, it is difficult to provide useful educational services or encourage different behaviour"* (Forum for the Future/HEPS 2004: 15).

Im Rahmen des „Sustainable University"-Projekts wurde Nachhaltigkeitskommunikation zum einen aus einer disziplinenübergreifenden Forschungsperspektive behandelt mit der Absicht, empirische Daten und theoretische Folgerungen über Nachhaltigkeitskommunikation auf einem Hochschulcampus (und darüber hinaus) zu gewinnen. Zum anderen wurde Nachhaltigkeitskommunikation aus einer Entwicklungsperspektive mit der Zielsetzung betrachtet, ein umfassendes Konzept für professionelles Kommunikationsmanagement an der Universität Lüneburg zu erarbeiten und umzusetzen, welches auf einem systemischen Verständnis des universitären Nachhaltigkeitsprozesses aufbaut.

Nachhaltigkeitskommunikation auf dem Campus

Die Zahl der Publikationen, die sich ausschließlich oder ausgiebig mit den Kommunikations- und Diffusionsprozessen eines universitären Nachhaltigkeitsprozesses beschäftigen, ist relativ gering (Bogun 2004, Moore 2005b, Pittman 2004, Roorda 2001, Sharp 2002, Stoltenberg 2000). Daneben gibt es Handreichungen für die Praxis. Diese sind jedoch stark darauf ausgerichtet, den Nachhaltigkeitsgedanken auf dem Campus zu verbreiten und basieren in erster Linie auf den Ansätzen Social Marketing und Event-Marketing (Forum for the Future/HEPS 2004). Kampagnen sind in der Tat ein wichtiges Mittel, um Aufmerksamkeit für die Thematik zu gewinnen. Allerdings wird in diesen Aktionshandbüchern auch auf den besonderen Charakter von Nachhaltigkeitskommunikation hingewiesen, d.h. auf die besondere „Kommunikationskultur", die Nachhaltigkeitskommunikation von konventionellen Kommunikationsstrategien unterscheidet: „listens to public, nurtures relationships with stakeholders" (Forum for the Future/HEPS 2004: 17). Die Möglichkeiten des Social Marketing reichen für solche partizipativen Ansätze nicht aus.

Sharp (2002) veröffentlichte die Resultate einer umfangreichen Untersuchung von mehr als 30 Universitäten. Mit Blick auf Kommunikationsstrategien empfiehlt sie: „maximize face-to-face communication – dialogue is the most effective means of progressing with the change process, learn the language of other people, active listening skills are essential" (Sharp 2002: 131). Barlett und Chase (2004) kommen zu ähnlichen Ergebnissen: „personal relationships are critical" (ebd.: 17).

Corcoran und Wals sprechen das Konfliktpotential an, welches der normative Charakter des Nachhaltigkeitskonzepts in sich birgt. Sie stellen heraus, dass für diese im universitären Kontext heiklen und kontrovers diskutierten Fragen eine offene Auseinandersetzung, die eine Vielfalt von individuellen Positionen zulässt, essentiell ist:

> *„The conflicts that emerge in the exploration of sustainable development (…) are prerequisites rather than barriers to higher learning. Universities in particular have a responsibility in creating space for alternative thinking. They have a profound role to play in developing students' so-called dynamic qualities or competencies. They will need these qualities to cope with un-*

certainty, poorly defined situations and conflicting or at least diverging norms, values, interests and reality constructions" (Corcoran/Wals 2004: 1)

Vor dem Hintergrund der schwedischen Top-Down-Strategie in Form einer staatlichen Richtlinie zur Implementierung von Nachhaltigkeitsbildung an Hochschulen untersuchte Wickenberg deren Chancen mittels einer normanalytischen Studie:

> „We know from experience that requirements and rules have little or no long-term effect on the development of sustainability work, and do not serve to create any self-generating driving force. Whenever new ideas and activities, such as the new sustainability theme, are introduced in higher education, extra committed individuals – called 'dedicated key actors' or 'dedicated individuals' – play a decisive role" (Wickenberg 2006: 116).

Die besondere Bedeutung von überdurchschnittlich engagierten Personen als „Change Agents" betonen verschiedene Autoren (Bogun 2004, Clugston/Calder 1999, Lidgren 2004, Lotz-Sisitka 2004, Orr 2004, Sharp 2002). Wickenberg sieht darüber hinaus jedoch „norm-supporting structures" wie etwa die Identifikation der Führungsebene mit dem Leitbild oder partizipative Strukturen oder weitere soziale Arenen als notwendig an, um den Nachhaltigkeitsprozess zu stabilisieren.

Abgesehen von den die Nachhaltigkeit fördernden Strukturen wurden auch die Barrieren, die der Implementierung von Nachhaltigkeit an Hochschulen entgegenstehen, untersucht. In ihrer umfassenden Literaturanalyse haben Velasquez et al. (2005) mangelnde Aufmerksamkeit und das Fehlen von Interesse und Engagement als häufiges, wenn auch banales Hindernis ausgemacht. Eine regelrechte Resistenz gegenüber Veränderung tritt in Gruppen auf, die verhindern möchten, dass ihre Befugnisse und Interessen von anderen geteilt werden. Beide Barrieren stellen große Herausforderungen für das Management von Nachhaltigkeitskommunikation dar.

Fasst man diese Befunde zusammen, so lässt sich feststellen, dass der „Human Factor" ganz entscheidend für den Erfolg von Nachhaltigkeitskommunikation auf dem Campus ist. Zielgruppenforschung ist eine Möglichkeit, diese Gegebenheiten adäquat zu berücksichtigen. Vor allem den potentiellen Reaktionen der Universitätsmitglieder auf den normativen

Anspruch von Nachhaltigkeit sollte im Kommunikationsmanagement besondere Aufmerksamkeit gelten. Ein weiterer Punkt, den es zu berücksichtigen gilt, ist die Allgegenwärtigkeit der neuen Medien auf dem Campus. Ein vergleichendes „Screening" aller potentiell nutzbaren Kommunikationskanäle, einschließlich der elektronischen, ist somit ein Desiderat.

Die Prioritätenliste für offene Themen der Forschung zu Hochschulen und Nachhaltigkeit, die im Rahmen der Halifax Konsultation (Wright 2005, 2006) identifiziert wurden, nennt mit an oberster Stelle den Bereich Kommunikation als fundamentales Element und Ausdruck von institutioneller Kultur (Wright 2005). Was in diesem Zusammenhang allerdings häufig fehlt, ist die Frage nach dem Einfluss von Fachkulturen. Empirische Daten belegen, dass Disziplinen die Vorstellungswelt *(mental models)* und den professionellen Habitus der Universitätsmitglieder prägen (Multrus 2004). Ein anderes Forschungsdesiderat, welches das Halifax-Delphi aufzeigt, ist Partizipation: Das Einbeziehen aller Gruppen und deren Artikulationsmöglichkeiten sind zu unterscheiden *(inclusiveness and voice in SD)*. Gender und Diversity werden in der Liste ebenfalls erwähnt, jedoch nur als generelles Forschungsthema, es wird kein spezieller Bezug zum Hochschulbetrieb hergestellt. Interessant ist aber gerade die Verquickung von Disziplin- und Gender-Aspekten im akademischen Umfeld (Dudeck/Jansen-Schulz 2006). Solche Fragen und Themen sind aus der Perspektive der Nachhaltigkeitskommunikation an Hochschulen äußerst relevant.

Das eigentliche Forschungsdefizit, die Frage nach Kommunikationsmanagement für Nachhaltigkeit auf dem Campus, taucht erst zum Ende der Halifax-Prioritätenliste in einer Aufreihung diverser Einzelaspekte auf. „Examining the nature of systemic change and how to stimulate and guide it (rather than control it) within the institution" sowie „Does social marketing for sustainability on campus work?" (Wright 2005), so lauten die zwei Formulierungen, in denen der Begriff Kommunikation zwar nicht explizit auftaucht, aber doch im Vordergrund steht. Insgesamt bestätigt das Halifax-Delphi den Eindruck, dass es im Vergleich zu anderen Themen sehr wenige empirische Untersuchungen zu Fragen der Kommunikation von Nachhaltigkeit an Hochschulen gibt.

Theoretischer Referenzrahmen

Nachhaltigkeitskommunikation wird von verschiedenen wissenschaftlichen Disziplinen beeinflusst. Im Folgenden sollen die wichtigsten Bezugswissenschaften, ihre Theorien und ihre Bedeutung für die wissenschaftliche Fundierung wie auch für die Implementierung eines Kommunikationsmanagements für Nachhaltigkeit auf dem Campus skizziert werden.

Organisationstheorie

Die Terminologie und die Erkenntnisse der Organisationstheorie werden von Wissenschaftlerinnen und Wissenschaftlern, die Hochschul(entwicklungs)forschung betreiben (Hanft 2000, Pellert 1999, Krücken 2004) oder Nachhaltigkeitsprozesse an Hochschulen untersuchen (Bogun 2004, Cortese 1999, Clugston/Calder 1999, Leal Filho 1999, Orr 1994, Pittman 2004), häufig als Referenz genutzt. Theorien über das Menschenbild innerhalb einer Organisation (McGregor 1960, Schreyögg 1996) und seine Fortentwicklung durch den Gender- und Diversity-Ansatz, über Organisationskultur, die Lernende Organisation und Change Management – all dies ist für die professionelle Nachhaltigkeitskommunikation an Hochschulen von größter Bedeutung. Nachhaltigkeitskommunikation soll Veränderungen initiieren, sie ist aber auch auf strukturellen Wandel angewiesen. Die Frage, ob Prozesse Bottom-up oder Top-down organisiert sein sollen, ist hier ebenfalls angesiedelt. Es ist der Organisationstheorie zu verdanken, dass heute systemische Sichtweisen auf universitäre Entwicklungsprozesse überwiegen (Pittman 2004, Senge 2000, Sharp 2002, Sterling 2004, Corcoran/Wals 2006).

Die sogenannte „postmoderne Organisationstheorie" (Schreyögg 1999, Schmidt 2004) ist in diesem Zusammenhang noch kaum erwähnt worden, obwohl es zahlreiche Gemeinsamkeiten zwischen ihr und den Nachhaltigkeitsdiskursen gibt. Die postmoderne Organisationstheorie unterscheidet sich von der modernen insofern, als sie durch Skeptizismus charakterisiert ist, der sich gegen etablierte Konzepte richtet. Unsicherheit überwiegt gegenüber früheren Gewissheiten und wird ertragen (Schreyögg 1999). Ein neuer Schlüsselbegriff ist die „heterarchische Organisation", das heißt, eine Organisation, die nicht hierarchisch aufgebaut ist und gesteuert wird, sondern mit allen Konsequenzen in offene Prozesse geht.

Ein weiteres bemerkenswertes Phänomen in den aktuellen Diskursen ist die Wiederkehr einer ethisch-moralischen Perspektive in bestimmten Strömungen der Organisationstheorie (z.B. Corporate Social Responsibility). Mit Blick auf die Herausforderung, Nachhaltigkeit in Hochschulen zu integrieren, stützen die erwähnten Ansätze der Organisationstheorie die zentrale Rolle von Kommunikation.

Kommunikationsmanagement

Die professionelle Planung von Kommunikation stammt aus dem Marketing (Novelli 1984) und dem Public Relations-Bereich (Bernays 1928), etablierte sich aber im Unternehmens- und Organisationsbereich auch als Routine für interne Beratungs- und Interaktionsprozesse wie auch für die externe Kommunikation von Unternehmen und Organisationen. Professionelles Handeln in diesem Kontext bedeutet, dass nach einer gründlichen Situationsanalyse Ziele oder Zielmarken definiert werden, welche dann um eine Strategie, wie diese Ziele erreicht werden könnten, zu ergänzen sind. Systematisch geplante, langfristig angelegte Konzepte, die gemeinsam entwickelt werden, lösen kurzfristige Entscheidungen von Einzelpersonen ab. Zentrale Elemente solcher Prozesse sind:

- Berücksichtigung von Absichten und Aktionen Dritter in dem Feld;
- Einschätzung der Personalressourcen;
- umfassende Analysen;
- kollaborative Planung;
- langfristig angelegte Projekte anstelle von kurzfristigem Taktieren;
- Evaluation (White/Mazur 1994, Mast 2005).

Public Relations und ganz besonders das Social Marketing (Kotler/Zaltman 1971) sind hilfreiche Theoriegebäude für das Management von Nachhaltigkeitskommunikation. Das ist der Grund, weshalb die ersten Handreichungen für Nachhaltigkeitskommunikation an Hochschulen auf diesen Ansätzen aufbauen (Forum for the Future/HEPS 2004, UNEP/Futerra 2005). Sie beschreiben vor allem, wie Einweg-Kommunikation organisiert werden kann, was jedoch dem speziellen Charakter von Nachhaltigkeitskommunikation nicht entspricht. Denn, basierend auf den normativen Implikationen des Nachhaltigkeitskonzepts, hat Nachhaltigkeitskommunikation bestimmte Ansprüche zu erfüllen, die sie von Marketing und PR unterscheiden: Primär handelt es sich um die Verpflichtung, dass Nachhaltigkeitskommunikation Dialog und Partizipation zu ermöglichen und zu fördern hat. In diesem Zusammenhang entstehen spezifische Formen des Social Marketing, zum Beispiel die „Empowerment Strategy" (Singh/Tit 1995) oder das „Community-based Social Marketing" (McKenzie-Mohr/Smith 1999). Das Menschenbild, das aus diesen Ansätzen spricht, ist das des kompetenten Bürgers, der Verantwortung in der Zivilgesellschaft übernehmen kann.

Basierend auf Erkenntnissen von einer noch weitaus größeren Anzahl von Disziplinen als bislang erwähnt (zum Beispiel Soziologie, Politologie, Umweltpsychologie, Pädagogik, Ethik), entwickelt sich das Theoriegebäude der Nachhaltigkeitskommunikation als ein interdisziplinärer theoretischer Rahmen (Michelsen 2005) für die Arbeit professioneller Kommunikatorinnen und Kommunikatoren. Letzterer offeriert Modelle und Instrumente – etwa die Lebensstilanalyse, Online-Diskurse oder partizipative Verfahren – für die Planung kontext-sensitiver und damit effektiver Interventionen. Da das Konzept nachhaltiger Entwicklung aufgrund der Vieldimensionalität, der vielfältigen Vernetzungen sowie der Globalität und Zukunftsorientierung sehr komplex ist, sind interaktive Prozesse essentieller Bestandteil von Nachhaltigkeitskommunikation. Partizipation ist notwendig, um die Vielfalt an Wissensdomänen, Interessen und Werten für die Such-, Lern- und Gestaltungsprozesse auf dem Weg zur Nachhaltigkeit nutzbar zu machen. Aktuelle Konzepte und Methoden der Partizipationsforschung und der Wissenskommunikation stellen eine konstruktive Grundlage für dialogische Nachhaltigkeitskommmunikation dar (Heinrichs 2005, Kropp et al. 2007). Diese noch in Ausformung begriffenen Ansätze im Kontext von Hochschulbildung für Nachhaltigkeit zur Anwendung zu bringen, ist ein nächster Schritt.

Es lässt sich feststellen, dass zum einen ein reichhaltiger theoretischer Fundus existiert, welcher der Nachhaltigkeitskommunikation auf dem Campus viel Inspiration liefern kann, zum anderen gibt es praktische Handreichungen, die als Strukturierungshilfen für die Umsetzung konkreter Maßnahmen dienen können. Was jedoch fehlt, sind empirische Studien, die überprüfen, inwieweit die theoretischen Modelle und die praktischen Vorgaben den Besonderheiten des universitären Mikrokosmos entsprechen.

Ziel des Schwerpunktes Kommunikation und Partizipation im Rahmen des „Sustainable University"-Projekts war deshalb der exemplarische Entwurf eines kontext-sensitiven Kommunikationsmanagement-Konzepts für Nachhaltigkeit, welches die erwähnten Theoriegebäude und weitere nutzt, auf empirischen Daten beruht und – last not least – den normativen Ansprüchen des Nachhaltigkeitskonzepts entspricht. Das Forschungsinteresse ging allerdings noch darüber hinaus, denn mit Blick auf die übergreifende Fragestellung des „Sustainable University"-Projekts ging es um die Frage: Gibt es eine Korrelation zwischen universitären Routinen beziehungsweise (Infra-)Strukturen und einer spezifischen Kommunikationskultur? Könnten beispielsweise mittels Kommunikation Klüfte zwischen Fachbereichen und Anspruchsgruppen überwunden werden? Und falls Nachhaltigkeitskommunikation dazu beitragen kann, Strukturen in den Hochschulen zu verändern, haben dann auch strukturelle Veränderungen Auswirkungen auf die Kommunikationskultur in Einrichtungen der Hochschulbildung?

Untersuchungen zur Kommunikationskultur

Am Beginn des „Sustainable University"-Projekts stand die systematische Untersuchung bestehender und möglicher Kommunikationskanäle zur Förderung nachhaltiger Entwicklung. Eine Reihe unterschiedlicher Kommunikationsinstrumente und -strategien zur Verbreitung der Nachhaltigkeitsidee und zur Förderung der Partizipation der verschiedenen Universitätsgruppen und ihrer Mitglieder wurden getestet. Visualisierung von (Nicht-)Nachhaltigkeit und von Bemühungen, nachhaltig zu handeln, wurden als besonders relevant erachtet. Dies steht in Einklang mit der insbesondere in Deutschland als großes Problem diskutierten Herausforderung der Nachhaltigkeitskommunikation: kreative Antworten auf die mangelnde Visualität von Nachhaltigkeit zu finden (Sustainable Development Commission 2001, Rat für Nachhaltigkeit 2004). Darüber hinaus ging es um die Identifikation von Erwartungen und Wünschen der Hochschulangehörigen bezüglich Nachhaltigkeit auf dem Campus, um Beteiligung zu stimulieren und zu unterstützen.

Zwei klassische Kanäle der Massenmedien wurden zur regelmäßigen einseitigen Kommunikation mit den Universitätsmitgliedern genutzt: eine Zeitung *(Campus Courier)* und ein Umweltradioprogramm. Vortragsreihen und Filmprogramme mit anschließenden Diskussionsrunden waren teilweise interaktiv und im Grenzbereich zwischen Lehre und Freizeit angesiedelt. Besondere Ereignisse, Ausstellungen und Interventionen auf dem Campus wurden genutzt, um Aufmerksamkeit für spezifische Themen zu erzeugen, z.b. für den fairen Handel (siehe Kapitel „Ein Blick zurück und nach vorn"). Studentische Aktivitäten (Studienprojekte, soziales Marketing, Interviews und Beiträge für den Campus Courier, Radio- und Filmproduktionen) gewährleisteten, dass die Studierenden einbezogen und ihre kritischen Kommentare zum Nachhaltigkeitsprozess aufgenommen wurden. Runde Tische mit Stakeholdern, die wünschenswert gewesen wären, um Beteiligung zu ermöglichen und Netzwerkbildung zu fördern, waren aus Zeitgründen nicht aufrechtzuerhalten. Informelle Netzwerkbildung wurde stattdessen intensiv unterstützt. Daraus resultierte eine Vielzahl kollaborativer Aktionen wie z.b. transdisziplinäre Projekte, die eine Brücke zwischen dem Campus und der lokalen Bevölkerung schlugen.

Neben diesen vielfältigen sichtbaren Prozessen und Produkten gab es „unsichtbare" Prozess-Dynamiken (Wissenstransfer, Schneeball-Effekte durch Netzwerke), deren Ergebnisse vom Kommunikationsmanagement berücksichtigt werden sollten. Deshalb war es von zentraler Bedeutung, die Dynamiken und komplexen Kommunikationsprozesse zu analysieren und ihre Effekte zu messen.

Online-Befragung und Medienrezeptionsanalyse

Sowohl für die Nachhaltigkeitskommunikation als auch für das Kommunikationsmanagement allgemein ist Adressatenforschung zentral. In diesem Kapitel konzentrieren wir uns auf zwei wesentliche Herangehensweisen aus dem breiteren Spektrum eingesetzter Datenerhebungsmethoden. Die Einstellungen von Hochschulangehörigen sowie ihre täglichen Routinen wurden durch eine Online-Befragung erfasst. Wie im Kommunikationsmanagement üblich, diente die Erhebung zur Situationsanalyse. Außerdem wurde eine Medienwirkungsstudie durchgeführt. Dabei ging es nicht nur um die Evaluation des „Campus Courier", sondern auch darum, Erkenntnisse über Informationsverhalten, Wissen und Interessen der Hochschulangehörigen zu gewinnen.

Für die differenzierte Situationsanalyse auf dem Campus wurden mehrere empirische Analyseschritte unternommen, z.B. Sekundäranalysen existierender Daten zur Einstellung gegenüber der Universität oder Interviews mit Schlüsselpersonen. Im Zentrum stand die bereits erwähnte *Online-Befragung* aus dem Jahr 2005.

Aus der Perspektive des Kommunikationsmanagements von besonderer Relevanz war im Rahmen dieser Befragung der Anspruch, eine Item-Batterie zu konstruieren, die in Analogie zum Konstrukt „Umweltbewusstsein", das in Umweltbewusstseinsstudien erfragt wird, Repräsentationen zur Nachhaltigkeit erfasst (Kuckartz 2002, 2004, 2006). Die Universität Lüneburg bot zur Zeit der Erhebung interessante Bedingungen für die Erhebung: Vier Campus-Orte mit sehr unterschiedlichen disziplinären Kulturen und unterschiedlichen Graden an Nachhaltigkeitskommunikation und -aktivitäten konnten vergleichend analysiert werden.

Medienrezeptionsforschung liefert Daten über Medien und gleichzeitig über Rezipienten. Der „Campus Courier" ist ein periodisches Printprodukt (eine Ausgabe pro Semester) im Zeitungsformat, herausgegeben vom „Sustainable University"-Projekt. Studierende werden als Reporterinnen und Reporter, Autorinnen und Autoren und Fotografinnen und Fotografen beteiligt. Der Adressatenkreis umfasst die Gesamtheit aller Hochschulangehörigen. Im Campus Courier werden Informationen über den Nachhaltigkeitsprozess der Stadt Lüneburg präsentiert sowie über nationale und internationale Entwicklungen mit einem besonderen Fokus auf Bildung für nachhaltige Entwicklung an Hochschulen. Ausführlich wird über das Projekt „Sustainable University" berichtet. Zudem gibt der „Campus Courier" den Campus-Mitgliedern eine Stimme in Form von Portraits, Interviews, Kommentaren und Artikeln. Aus der Forschungsperspektive dient der „Campus Courier" als Instrument, um herauszufinden, inwieweit journalistisches Schreiben (inklusive visueller Aspekte) hilfreich sein kann, um differenzierte Einblicke in den Zusammenhang von Hochschulinstitutionen und Nachhaltigkeit zu verbreiten. Darüber hinaus ist er ein Beispiel, um zu testen, inwieweit eine Zeitung als Rückkopplungskanal für engagierte Individuen und Gruppen (Fietkau/Kessel 1981) oder als Instrument der Aufmerksamkeitserzeugung angesichts des Aufkommens von neuen Medien in der Campus-Kommunikation überhaupt noch relevant ist.

Für die Medien-Rezeptionsstudie zum „Campus Courier" wurde eine quasi-experimentelle Situation geschaffen, welche gewährleistete, dass die Teilnehmenden zu Beginn nicht wussten, dass das hauptsächliche Forschungsinteresse dem „Campus Courier" galt. Das zentrale Element war die „Reader Scan"-Analyse. Diese ermöglicht eine detaillierte Beobachtung und Dokumentation von Lesegewohnheiten und thematischen Präferenzen. In einem zweiten Schritt („Lautes Denken", Huber/Mandl 1994) wurde den Teilnehmenden die Möglichkeit gegeben, die Artikel zu kommentieren und ihre Reaktionen mitzuteilen.

Ergebnisse

Zahlreiche Universitätsangehörige aus allen Statusgruppen nahmen an der Online-Befragung teil. Eine Auswahl der Ergebnisse, die für die Nachhaltigkeitskommunikation auf dem Campus relevant sind, werden im Folgenden vorgestellt.

Der Anteil derjenigen, die den Begriff Nachhaltigkeit kennen (86,8%) ist im Vergleich zum nationalen Durchschnitt von nur 22% erstaunlich hoch (BMU 2004: 69). Der Anteil variiert jedoch zwischen den vier Campus-Orten. Der Haupt-Campus mit einer Tradition in Aktivitäten zur Agenda 21 erreicht die höchsten Werte. Vorstellungen zur Nachhaltigkeit variieren stark zwischen den Fakultäten. Gründe dafür sind, so ist aus den Daten abzulesen, zum einen unterschiedliche Einschätzungen bezüglich der Relevanz globaler Gerechtigkeit für nachhaltige Entwicklung, zum anderen eine teilweise eindimensionale Vorstellung von Nachhaltigkeit als Umweltprogramm. Die Mitglieder der technisch orientierten Fachbereiche (traditionell männlich dominiert) zeigten die geringste Affinität mit grundlegenden Anforderungen an Nachhaltigkeit; bei dieser Gruppe zeigte sich vielmehr ein hohes Vertrauen in technische Lösungen für globale Probleme. Weibliche Befragte zeigen eine etwas stärkere Befürwortung für Umweltschutzprogramme und ein stärker biozentrisches Verständnis von Naturschutz. Sie sind auch weniger der Ansicht, dass nachhaltige Entwicklung nur ein Schlagwort sei. Insgesamt ist das Konzept der nachhaltigen Entwicklung aber sehr weit auf dem Lüneburger Campus verbreitet.

Beteiligung von Studierenden und Mitarbeiterinnen und Mitarbeitern in Projekten, Initiativen oder Komitees wurde über das verbalisierte Verhalten gemessen. Disziplinäre Kulturen und Geschlechterunterschiede waren auch bei diesem Aspekt relevant. Männliche Studierende tendieren zum Engagement in Langzeit-Initiativen und politischen Komitees, weibliche Studierende bevorzugen Engagement in Events und singulären Projekten, überwiegend in sozialen Bereichen. Studierende der Umweltwissenschaften haben eine höhere Bereitschaft, sich zu engagieren als andere Studierendengruppen. Ähnlich den Hochschulmitarbeiterinnen und -mitarbeitern finden Aktivitäten häufig außerhalb der Universität statt (durchschnittlich 44% aus allen Gruppen). Das Engagement der Hochschulmitarbeiterinnen und -mitarbeiter ist relativ hoch, insbesondere in Komitees und Arbeitsgruppen. Thematisch ist das Engagement oft eng angebunden an die jeweilige Disziplin.

Das Internet, insbesondere die Universitäts-Webseite, ist zu einem wichtigen Kommunikationskanal für über 90% aller Befragten geworden. Jedoch wird die persönliche Kommunikation noch höher bewertet (96%). Campus-Events sind beliebt (64%). Es konnten vier Typen von Mediennutzern identifiziert werden:

- Typ A ist orientiert auf den Campus als Lebenswelt und liest alle Zeitungen, die auf dem Campus verteilt werden, den Campus Courier inklusive.
- Typ B ist orientiert auf lokale Geschehnisse und liest hauptsächliche lokale Zeitungen und Stadtmagazine.
- Typ C ist sozial-orientiert, interessiert an Events und persönlichem Austausch.
- Typ D ist Curriculum-orientiert, nimmt regelmäßig an Vorträgen und Seminaren teil und besucht regelmäßig die Webseite der Universität.

Als Informationsinhalte sind Forschungsprojekte und Zukunftsausblicke sowie internationale Kontakte und Kooperationen für mehr als die Hälfte von großem Interesse. An Themen wie Geschlechtergerechtigkeit, Gesundheit und Umweltschutz ist nur eine Minderheit von 20% interessiert.

Die „Reader-Scan"-Analyse und die Methode „Lautes Denken" lieferten klare Bewertungen und Hinweise zum Medium Zeitung. Der „Campus Courier" steht im Wettbewerb mit anderen Printprodukten und ist weniger beliebt als andere Universitätszeitschriften, die von Studierenden herausgegeben werden. Er wird mit offiziellen Printprodukten der Universität auf eine Ebene gestellt. Das Zeitungsformat als ein Produkt, das nicht in kurzen Abständen erscheint, wird kritisch gesehen. Ein Ergebnis von zentraler Bedeutung ist, dass die Teilnehmenden der Untersuchung übereinstimmend der Meinung sind, dass der „Campus Courier" ein geeignetes Medium sei, um den Zusammenhang zwischen Hochschule und nachhaltiger Entwicklung deutlich zu machen und zu verbreiten. Die Methode des „Lauten Denkens", mittels der die geäußerten Gedanken der Leserinnen und Leser während des Lesens dokumentiert und anschließend ausgewertet werden, zeigte auf, dass einzelne Artikel sehr gut illustrieren können, was Hochschulen machen müssen, um ihre Aufgaben und Funktionen angesichts der Herausforderung der nachhaltigen Entwicklung zu erfüllen. Auf die Gefahr einer Überfrachtung des „Campus Courier" mit dem Thema Nachhaltigkeit wurde hingewiesen.

Perspektiven für eine kontext-sensitive Nachhaltigkeitskommunikation

Insgesamt erbrachte die Adressatenforschung auf dem Campus sehr genaue Hinweise, wie ein kontext-sensitives Kommunikationskonzept für Nachhaltigkeit an der Universität Lüneburg aussehen könnte. Die aus dem Online-Survey hervorgetretenen Gruppen von Hochschulangehörigen charakterisieren diese als „nachhaltigkeitsnah" oder „nachhaltigkeitsfern". Diese Profile stehen in Zusammenhang mit dem Arbeitsgebiet oder Studienfach der Befragten. Die empirischen Daten belegen eindeutig, dass die jeweilige Fachkultur großen Einfluss auf die Einstellung gegenüber dem Nachhaltigkeitskonzept hat. Auf dieser Basis konnten genaue Zielgruppen definiert und deren besondere Bedürfnisse formuliert werden: Diejenigen, die dem Nachhaltigkeitsgedanken schon sehr nahe stehen, sind vermutlich bereit für Herausforderungen wie transdiziplinäre Studien- und Forschungsprojekte, während die „nachhaltigkeitsfernen" Gruppen zunächst grundlegende Informationen benötigen und Motivation erst aufbauen müssen. Teilzielgruppen konnten aus der Variablenkombination Standort, Fachkultur und Geschlecht abgeleitet werden. Auch wenn zu den Themen Campusleben und Hochschulverständnis keine eklatanten Geschlechterdifferenzen hervortraten, so bestätigten die Daten bezüglich der Fachkulturen das Statement von Gough (2004: 153): „there is a gender dimension in all academic activity". Bezüglich der Einstellung zu nachhaltiger Entwicklung zeigten sich deutlichere Genderspezifitäten. So sind weibliche Befragte seltener der Meinung, dass Nachhaltigkeit nur ein Modewort sei, sie tendieren zudem eher zu starker Nachhaltigkeit und setzen weniger auf technische Lösungen für Umwelt- und Nachhaltigkeitsprobleme als die männlichen Befragten. Der Einfluss der Leitbilder für Männlichkeit und Weiblichkeit ist hier sicherlich entscheidend (Franz-Balsen 2005). Für das Kommunikationsmanagement lässt sich daraus ableiten, dass den männlich konnotierten Fachkulturen besondere Aufmerksamkeit gewidmet werden sollte.

Die ganz unterschiedliche Exposition der Hochschulangehörigen an den vier Standorten der Universität Lüneburg zum Nachhaltigkeitsgedanken und zu strukturellen Nachhaltigkeitsprozessen und die außergewöhnlichen Werte, die die Befragten auf dem „Agenda 21-Campus"[14] zeigen, lassen folgende Schlussfolgerung zu: Infrastrukturelle Veränderungen, die Sichtbarkeit von Nachhaltigkeitsbemühungen auf dem Campus in Kombination mit professioneller wie auch eigendynamischer Nachhaltigkeitskommunikation, sind für die Einstellungen und das Engagement der Universitätsmitglieder ausschlaggebend. Offensichtlich ist auf dem „Agenda 21 Campus" schon eine Art „kollektiver Identität" entstanden. Zu fragen ist, ob diese Veränderungen mit einer besonderen Kommunikationskultur einhergehen. Wenn die normativen Implikationen des Nachhaltigkeitskonzeptes ernst genommen werden, dann wird der Kommunikationsstil geprägt vom Respekt vor der Meinung anderer, von Toleranz und Vertrauen, denn das Menschenbild im Nachhaltigkeitskontext ist das des kompetenten und engagierten Individuums. Die Gruppen von „nachhaltigkeitsnahen" Universitätsmitgliedern könnten als Trägerinnen und Träger dieser Kultur angesehen werden. Sie sind sich in ihren Profilen erstaunlich ähnlich.

Die Resultate der Untersuchungen zur Medienrezeption zeigen, dass es gar nicht so schwierig ist, Zusammenhänge zwischen Hochschulbildung und einer gesamtgesellschaftlichen nachhaltigen Entwicklung zu vermitteln, solange es eine Plattform dafür gibt (Zeitung, Internet, Spots). Perspektivisch zeichnet sich eine Verlagerung dieses Teils der Nachhaltigkeitskommunikation auf das Web 2.0 ab, womit gleichzeitig der wünschenswerte Sprung von der Einweg- zur dialogischen Kommunikation bewältigt würde. Trotzdem sollte ein vielfältiger Medien-Mix nicht aufgegeben werden, denn es sollen ja alle „Informationstypen" erreicht werden.

Grundsätzlich ist darauf zu achten, zielgruppenadäquate sprachliche Ebenen zu wählen und bei dem deutlich vorhandenen Interesse anzusetzen, mehr über laufende Forschungsvorhaben und die Internationalisierung der eigenen Universität erfahren zu wollen. Nicht zuletzt hat die Rezeptions-

---

[14] Gemeint ist der Campus Scharnhorststraße, auf den sich die Vorläuferaktivitäten des Projekts „Agenda 21 und Universität Lüneburg" konzentrierten.

studie deutlich gemacht, dass ein Übermaß an Nachhaltigkeitskommunikation kontraproduktiv ist. Den Universitätsmitgliedern hingegen zuzuhören und ihnen eine Stimme zu geben, ist nicht nur mit den Nachhaltigkeitsprämissen kompatibel, sondern erweist sich auch als erfolgreichere Strategie.

Führt man die genannten Befunde zur Medienrezeption zusammen mit den Daten bezüglich der Bereitschaft der Hochschulangehörigen zu Partizipation und Engagement, sind gute Voraussetzungen für ein prozessorientiertes, adaptives Kommunikationsmanagement vorhanden.

Die hier vorgestellten empirischen Befunde sind nur ein Ausschnitt aus einem viel breiter und umfassender angelegten Versuch, den eigenen Fall – die Universität Lüneburg – zu verstehen. Sie müssen als eingebettet in den Kontext der vielfältigen Interventionen, Beobachtungen und Erfahrungen verstanden werden, zu denen auch die Reaktionen auf die Interventionen gehören, die hier keine Erwähnung finden, etwa die zahlreichen studentischen Initiativen zur Nachhaltigkeit, die eigendynamisch und spontan entstanden sind. Sie müssen auch noch ausführlicher in Bezug gesetzt werden zu den oben genannten Theoriegebäuden. Darüber hinaus sind für ein tieferes Systemverständnis (Hochschulsystem) zeitlich parallele Prozesse wie der Bologna-Prozess oder das Gender Mainstreaming in den Blick zu nehmen (Dudeck/Jansen-Schulz 2007). Europas Hochschulen durchlaufen Reformen, die langfristig die Organisationskultur und damit auch die Kommunikationskultur verändern werden.

Konfrontiert mit derartig komplexen Verhältnissen lassen sich folgende Konsequenzen ziehen: Die theoretisch-konzeptionellen Ansätze und empirischen Ergebnisse lassen sich nutzen für die Gestaltung strategischer Nachhaltigkeitskommunikation, die im Einklang sowohl mit der normativen Forderung nach mehr Partizipation als auch mit aktuellen Konzepten der Organisationstheorie (heterarchische Organisation, Gender und Diversität) steht, bei der Vertrauen in individuelle Kompetenzen eine zentrale Rolle spielt. Daraus folgt eine offene Vorgehensweise beim Management der Nachhaltigkeitskommunikation, die anpassungsfähig ist an die Bedürfnisse und die Kreativität der Stakeholder sowie an die übergreifende Situation der Hochschule.

Die gewonnenen Daten zeigen aber auch, dass Kommunikation ihre Grenzen hat. Ohne die strukturellen Veränderungen als Ergebnis langfristiger Prozesse an der Lüneburger Universität würden die Ergebnisse der

Online-Befragung – insbesondere die hohe Affinität zum Thema Nachhaltigkeit – anders aussehen. Nachhaltigkeitskommunikation zielt auf Veränderung, aber der Erfolg ist auch abhängig von strukturellen Entscheidungen, für die die Hochschulleitung verantwortlich ist. Das quasi-experimentelle Fallbeispiel Lüneburg mit seinen unterschiedlichen Campus-Standorten zeigt, dass sich strukturelle Veränderungen und Kommunikation(skulturen) wechselseitig beeinflussen. Diesen Aspekt gilt es, zukünftig weiter zu untersuchen, insbesondere mit Blick auf die Entwicklung von Methoden zur Bewertung „akademischer Kommunikationskultur" im Kontext nachhaltiger Entwicklung.

Angela Franz-Balsen und Harald Heinrichs

Organisationalen Wandel fördern: Interventionen zur Verankerung nachhaltiger Entwicklung in der Hochschule

Die Teilprojekte „Nachhaltigkeitsmanagement" und „Energie- und Ressourcenmanagement" zeigen anhand der Beispiele der Entwicklung eines Nachhaltigkeitsberichts und der Umsetzung einer Energiesparkampagne Möglichkeiten für Hochschulen, nachhaltige Entwicklung in ihrer Organisation zu verankern. Als gemeinsamer theoretischer Bezugspunkt wird hierfür auf den Paradigma des organisationalen Lernens Bezug genommen, wobei entlang der verschiedenen theoretischen Ansätze und Dimensionen erörtert wird, im welchem Umfang und in welcher Art Prozesse organisationalen Lernens angestoßen werden konnten.

Organisationales Lernen im Hochschulkontext

In ihrer Definition zu organisationalem Lernen heben Probst und Büchel (1997) die Fähigkeitder Organisation im Ganzen hervor, Fehler zu entdecken und zu korrigieren und die Wissensbasis und Werte der Organisation so zu verändern, dass neue Fähigkeiten zur Problemlösung und Handlungen erzeugt werden.

Hochschulen stehen im Wandel hin zur Wissensgesellschaft vermehrt in der Verantwortung, mehr jungen Menschen eine akademische Bildung zu ermöglichen. Diese wird zunehmend nicht mehr nur für Schulabgängerinnen und -abgänger, sondern im Rahmen eines lebenslangen Lernens für Studierende aller Altersklassen zu gewährleisten sein. Zudem sollen Hochschulen über Forschung und Transfer zum Wissensfortschritt der Gesellschaft entscheidend beitragen. Um diesen Ansprüchen gerecht zu werden ist es notwendig, das Hochschulen als Organisationen selbst lernfähig sind. Es ist fraglich, ob Hochschulen also als „lernende Organisationen" bezeichnet werden können. Levin und Greenwood konstatieren die Ironie dieses Sachverhalts:

> *"Institutions that claim the position of the premier and most advanced knowledge producers in society frustrate learning and social change in most of their internal processes and in their interaction with surrounding society"* (Levin/Greenwood 2001: 103).

Der Soziologe Helmut Willke (1997) geht so weit, Universitäten als „dumme Organisationen" zu bezeichnen, da sie (obwohl sie aus intelligenten Mitgliedern bestehen) unfähig erscheinen, interne Netzwerke zu etablieren und angemessen auf externe, gesellschaftliche Anforderungen zu reagieren.

Dies könnte erklären, warum bislang nur wenige Hochschulen versuchen, der gesellschaftlichen Herausforderung nach einer nachhaltigen Hochschule nachzukommen. Dieser Überlegung liegt die Annahme zugrunde, dass Hochschulen grundsätzlich in eindeutiger Weise auf Anforderungen ihres Umfelds reagieren können.[15] Weicks (1976) Beschreibung der Hochschulen als nur lose gekoppelte Systeme (Fakultäten, Institute u.ä.) nährt Zweifel daran, ob dies grundsätzlich möglich ist. Auch Brunsson (1989) zweifelt die Koordinationsfähigkeit von Hochschulen an. Er charakterisiert die Hochschule als „political organization", die im Gegensatz zu „action organizations" nicht darauf angewiesen ist, koordinierte Handlungen zu generieren. Ihre Legitimationsbasis sind nicht Handlungen, sondern die Reflexion von (meist inkonsistenten) Normen in der Gesellschaft.

Zunächst gilt es also zu fragen, ob Hochschulen tatsächlich losen gekoppelten Systemen entsprechen. Weick (1988) selbst merkt an, dass Forschungsarbeiten zur Metapher der losen Kopplung inzwischen gezeigt haben, dass Organisationen lose und eng verbundene Systeme zur gleichen Zeit sein können, da sie vielfältig ge- und entkoppelt sind. Ein offensichtliches Beispiel hierfür ist die bedeutend höhere Verknüpfung innerhalb des administrativen Bereichs im Vergleich zum wissenschaftlichen Bereich der Hochschulen. Zudem können auch unter der Bedingung einer losen Kopplung geteilte, übergreifende Zielsetzungen eine Koordinierung des Handelns bewirken. Dies können Ziele wie das Streben nach „Exzellenz", aber auch normative Zielsetzungen, wie das Leisten eines Beitrags zur nachhaltigen Entwicklung der Gesellschaft sein.

Nehmen sich Hochschulen „lebensweltlicher" Problemstellungen an (aufgrund der Komplexität dieser Probleme meist in inter- oder transdisziplinärer Arbeitsweise), sind sie nicht mehr rein politische Organisationen, sondern zumindest teilweise auch handlungsorientierte Organisationen. Damit beginnen sie, ihre Legitimation im Sinne Brunssons (1989) als „action organization" auch aus praktischem Handeln zu beziehen. Insofern kann

---

[15] Zu den folgenden Überlegungen auch Albrecht et al. (2007).

festgehalten werden, dass Hochschulen grundsätzlich lernfähige Organisationen sein bzw. werden können. Eine solche Lernfähigkeit stellt die Grundvoraussetzung dafür dar, auf gesellschaftliche Forderungen angemessen reagieren und einen Beitrag zur nachhaltigen Entwicklung der Gesellschaft erfolgreich leisten zu können.

Dimensionen organisationalen Lernens

Die Rolle organisationalen Lernens für Nachhaltigkeitsprozesse an Hochschulen wurde bislang nur von wenigen Autoren diskutiert. Es existiert kein allgemein akzeptierter Ansatz zur Verknüpfung diesbezüglicher theoretischer Ansätze und empirischer Erkenntnisse. Einige Autoren beziehen Konzepte organisationalen Lernens auf den Anwendungskontext „Hochschule" (Levin/Greenwood 2001, Senge 2000) oder erörtern das Potential organisationaler Lernprozesse, einen Beitrag zu einer nachhaltigen Entwicklung zu leisten (Brentel 2003, Godemann 2002, Jamali 2006, Siebenhüner et al. 2006). Die Aspekte organisationales Lernen, Nachhaltigkeit und Hochschule werden jedoch nur selten aufeinander bezogen. Eine Ausnahme bildet die Analyse der Implementierung einer Nachhaltigkeitspolitik an der University of British Columbia durch Gudz (2004), die Möglichkeiten aufzeigt, im Rahmen des Transformationsprozesses organisationales Lernen zu erreichen.

Zur Darstellung der Forschungsrichtungen des organisationalen Lernens wird hier basierend auf Shrivastava (1983) unterschieden zwischen:

- *Adaptivem Lernen:* Organisationen passen sich an Umweltveränderungen an, indem sie ihre Ziele sowie die Regeln ihrer Umfeldbeobachtung und -suche modifizieren.
- *Teilen von Grundannahmen:* Organisationale „theories-in-use" ergeben sich aus gemeinsamen Grundannahmen. Lernen beinhaltet Veränderungen in diesen Handlungstheorien.
- *Aufbau einer Wissensbasis:* Lernen ist der Prozess, durch den Wissen über Handlungsergebnisse („action-outcome relations") erworben wird.
- *Institutionalisierung von Erfahrungseffekten:* Lernkurveneffekte werden auf Entscheidungsprozesse des Managements übertragen.

Diese Perspektiven basieren auf sehr unterschiedlichen theoretischen Grundannahmen und sollten als komplementär zueinander aufgefasst werden, um ein Verständnis von organisationalem Lernen zu erlangen (Shrivastava 1983). Die Heterogenität dieser theoretischen Ansatzpunkte wird jedoch auch als Ursache für den Mangel an empirischen Untersuchungen zum organisationalen Lernen verantwortlich gemacht (Klimecki et al. 1999) und führt zu Forderungen nach einer „unified theory" zum organisationalen Lernen (Dodgson 1993). Aus diesem Grund wird im Folgenden ein von Klimecki et al. (1999) vorgeschlagener Ansatz zugrunde gelegt. Basis dieses Ansatzes ist die Perspektive, dass eine Entität lernt, wenn sich durch Informationsverarbeitung die Bandbreite ihrer potentiellen Verhaltensweisen verändert (Huber 1991).[16] Klimecki et al. (1999) unterscheiden fünf Dimensionen im Prozess organisationalen Lernens (siehe Abb. 7). Lernträger und Lernmedien bilden dabei kommunikative Charakteristika. Lernauslöser, Lernfaktoren und Lernergebnisse werden als Charakteristika der Informationsverarbeitung identifiziert.

Abbildung 7: Dimensionen organisationalen Lernens (nach Klimecki et al. 1999)

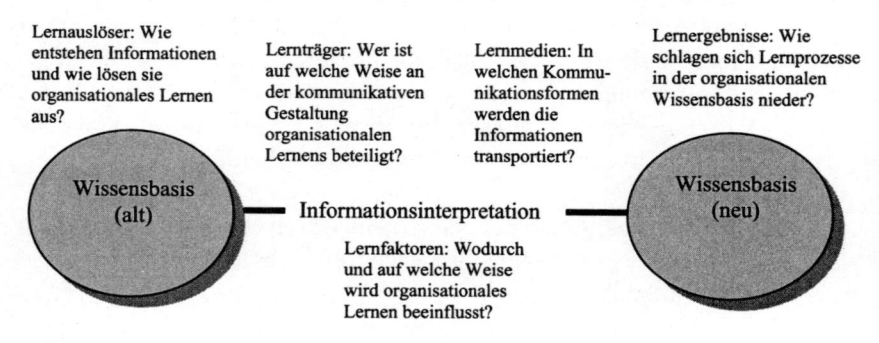

Lernauslöser: Wie entstehen Informationen und wie lösen sie organisationales Lernen aus?

Lernträger: Wer ist auf welche Weise an der kommunikativen Gestaltung organisationalen Lernens beteiligt?

Lernmedien: In welchen Kommunikationsformen werden die Informationen transportiert?

Lernergebnisse: Wie schlagen sich Lernprozesse in der organisationalen Wissensbasis nieder?

Wissensbasis (alt) ▬▬ Informationsinterpretation ▬▬ Wissensbasis (neu)

Lernfaktoren: Wodurch und auf welche Weise wird organisationales Lernen beeinflusst?

---

[16] Nach Huber (1991) besteht Lernen aus dem Wissenserwerb, der organisationsinternen Informationsdistribution, der Interpretation der Informationen (Entwicklung einer oder mehrerer allgemein geteilter Interpretationen) sowie der Speicherung der Informationen für eine spätere Nutzung.

Nachhaltigkeitsbericht und Energiesparkampagne im Kontext der Dimensionen organisationalen Lernens

Im Zuge der Detaillierung des Projektdesigns und bei dessen Umsetzung wurde zunehmend deutlich, dass beide hier diskutierten Teilprojekte des „Sustainable University"-Projekts auf ähnliche Prozesse abzielen, die sich durch einen gemeinsamen Rahmen des organisationalen Lernens beschreiben und analysieren lassen. Beide Projekte verfolgten das Ziel, die Transparenz der Universität nach innen wie nach außen durch eine Verbesserung der Zugänglichkeit von Informationen zu erhöhen. Dabei wurden jeweils die organisationalen Lernprozesse der Informationssammlung, -interpretation und -verteilung durchlaufen. Ziel des Lernprozesses war in beiden Teilprojekten eine Verbesserung der Reaktion der Organisation Hochschule auf Herausforderungen einer nachhaltigen Entwicklung, insbesondere bezüglich der simultanen Berücksichtigung sozialer, ökonomischer und ökologischer Herausforderungen (Schaltegger et al. 2002).

Entlang der Dimensionen organisationalen Lernens (Auslöser, Träger, Medien, Faktoren und Resultate) werden im Folgenden die zentralen Charakteristika der im Rahmen der Teilprojekte ausgelösten Lernprozesse analysiert.

Lernauslöser: Wie entstehen Informationen und wie lösen sie organisationales Lernen aus?

Beide Projekte zielten auf eine Verbesserung der Transparenz nachhaltigkeitsbezogener Informationen für die Universitätsmitglieder und für die interessierte Öffentlichkeit ab. Damit war die Sammlung von Daten in beiden Fällen von großer Bedeutung und ein möglicher Auslöser für organisationale Lernprozesse.

Duncan und Weiss (1979) unterscheiden bezüglich des Potentials der Datensammlung, zum organisationalen Lernen beizutragen, zwischen dem Hinzufügen neuer Informationen zu einer bestehenden Wissensbasis, der Korrektur falscher Informationen und der Bestätigung zutreffender Informationen durch Ergänzung weiterer Details. Lerneffekte sind insbesondere in den ersten beiden Fällen zu erwarten, da diese ein Überdenken der oft nicht hinterfragten, als gültig angenommenen Denkmuster bzw. mentalen Modelle erforderlich machen können.

Der Nachhaltigkeitsbericht lässt sich am besten in der ersten Kategorie fassen, da ein erheblicher Teil der darin dargestellten Informationen zum ersten Mal systematisch erhoben wurden. Dabei lag die größte Herausforderung darin, die in unterschiedlichen Verantwortungsbereichen der Universität bereits vorliegenden Daten zu erfassen, zu verdichten und für den neuen Anwendungskontext aufzubereiten. Im Laufe eines solchen Prozesses wird das von individuellen Akteuren getragene Wissen (und damit aus Sicht der Gesamtorganisation implizite Wissen) transformiert, indem es als relevanter Wissensbestand expliziert und kollektiv zugänglich gemacht wird. Dieser Prozess initiiert eine Wissensspirale, wie sie in allgemeiner Form durch Nonaka und Takeuchi (1995) beschrieben wird: Auf den beschriebenen Prozess der Explizierung impliziten Wissens folgt eine erneute Internalisierung des Wissens auf individueller Ebene, indem die neuen Informationen mit den jeweils vorhandenen eigenen Erfahrungen in Bezug gesetzt werden. Im Rahmen von Sozialisationsprozessen werden diese Interpretationsprozesse wechselseitig abgeglichen, so dass eine Veränderung geteilter Denk- und Interpretationsmuster bzw. mentaler Modelle möglich ist, die als organisationales Lernen charakterisiert werden kann. Ein Durchlaufen der Wissensspirale ist in Reaktion auf die Veröffentlichung des Berichts und dessen Institutionalisierung als Berichterstattungsinstrument anzunehmen.

Im Kontext der Vorbereitung der Energiesparkampagne wurden zunächst die Energiedaten aus der Datenbank der zentralen Gebäudeleittechnik ausgelesen, verfügbar gemacht und somit der Wissensbasis der Universitätsverwaltung neue Daten hinzugefügt. Durch die detaillierte Aufarbeitung aller Informationen konnten neben der Bestätigung von Informationen auch teilweise falsche Informationen korrigiert werden. Zudem wurden die gewonnen Informationen in einen neuen Interpretationskontext gestellt. Bezogen auf die oben beschriebenen Potentiale der Datensammlung für das organisationale Lernen nach Duncan und Weiss lassen sich damit Effekte auf allen drei Ebenen bestätigen.

Lernträger: Wer ist auf welche Weise an der kommunikativen Gestaltung organisationalen Lernens beteiligt?

Lernprozesse von Individuen resultieren nicht zwangsläufig in Gruppenlernen oder organisationalen Lernprozessen. Es kann jedoch beobachtet werden, dass Gruppen innerhalb von Organisationen voneinander lernen, ein Phänomen, das in Studien zum „organizational behaviour" basierend auf kognitionspsychologischen Erkenntnissen als vikarisches Lernen beschrieben wird. Organisations- und Gruppenlernen können somit als eng verbunden betrachtet werden (Manz/Sims 1981). Im Rahmen der beiden hier fokussierten Projekte wurde der Lernprozess von zahlreichen Akteurinnen und Akteuren getragen, die sich an den Projekten und deren Aktivitäten beteiligten und die mit den Projektträgern kommunizierten. Partizipation wird allgemein als wichtiger Schlüsselfaktor für erfolgreiches organisationales Lernen betrachtet (Shrivastava 1983). Für die durch die Projekte ausgelösten organisationalen Lernprozesse wurden insbesondere die folgenden Gruppen als wichtig erachtet:

- *Akteure der Universitätsverwaltung:* Die Energiesparkampagne sowie das Vorhaben der Nachhaltigkeitsberichterstattung waren beide formell in den Verwaltungs- und Managementstrukturen der Universität verankert. So wurde die Nachhaltigkeitsberichterstattung zunächst in die Steuerungsgruppe „Change Management" integriert. Diese bestand aus Mitgliedern von Verwaltung und akademischem Bereich und diente der Begleitung übergreifender Veränderungsprojekte. Nachdem diese Gruppe im Mai 2006 ihre Arbeit einstellte, wurde das Projekt verstärkt in den „Arbeitskreis Umwelt" der Universität eingebettet, in dem es auch vorher schon präsent war. Diese Gruppe, die Mitglieder der Verwaltung mit dem akademischem Bereich und Studierendenvertretenden zusammenbringt, diente auch der Energiesparkampagne als regelmäßiges Forum zur Diskussion neuer Ideen und Aktionen.
- *Umweltkoordination:* In Folge der Etablierung eines Umweltmanagementsystems schuf die Universität 2002 eine neue Position in der Umweltkoordination. Diese vereint administrative Aufgaben mit engen Verbindungen zu Studierenden und Wissenschaftlerinnen und Wissenschaftlern, indem z.B. Projektseminare unterstützt werden. Diese Position war für den Erfolg beider Projekte von hoher Bedeutung, da sie einen stetigen Informationsfluss zwischen den Projekten, der Verwaltung und dem technischen Dienst sicherstellte.
- *Stakeholder-Dialogforen:* Um externes Feedback einzuholen, die Meinungsbildung über Nachhaltigkeitsthemen im Universitätskontext anzuregen und die Wirkung des Projekts zu verstärken wurde als Teil des Prozesses der Nachhaltigkeitsberichterstattung ein Stakeholder-

Dialogforum ins Leben gerufen. Stakeholder wurden basierend auf dem AccountAbility 1000 Stakeholder Engagement Exposure Draft (AccountAbility 2005) identifiziert und zu zwei Treffen eingeladen. Sowohl lokale Stakeholder (z.B. aus NGOs, Verbänden, Schulen u.a.) als auch universitätsinterne Stakeholder aus den verschiedenen sog. Statusgruppen (Studierende, Verwaltung, Wissenschaft) haben sich beteiligt.

Lernmedien: In welchen Kommunikationsformen werden die Informationen transportiert?

Damit neue Informationen die Entwicklung der Universität beeinflussen können, müssen sie in die „Sprache" der Organisation transformiert werden (Klimecki et al. 1999). Dies kann einerseits durch die Integration von neuen Erkenntnissen in formale Strukturen, wie die Unternehmensstrategie, Ziele und Managementsysteme und andererseits durch Integration in das Alltagshandeln im Unternehmen geschehen. Den ersten Fall beschreiben Argyris und Schön (1996) als „espoused theory" – die formale Weltsicht, Werte und beschriebene Praktiken, auf denen das Verhalten einer Organisation basieren sollte. Der zweite Fall bezieht sich auf die „theory-in-use" – die Weltsicht und Werte, die durch das tatsächliche Verhalten der Mitglieder impliziert werden. Beispielsweise könnte eine Hochschule eine Charta für Nachhaltigkeit unterschreiben, ohne dass dies einen Einfluss auf das alltägliche Verhalten der Mitglieder und der Organisation hat. Unterschiede zwischen der espoused theory und der theory-in-use führen zu Spannungen, welche möglicherweise zu Modifikationen der Normen und Werte der Organisation führen können (auf diesen Effekt wird bei der Diskussion von Lernergebnissen zurückgegriffen). Eine Integration neuer Aspekte in formale Strukturen kann somit Änderungen in der Organisationskultur bewirken, genauso wie Änderungen in der Organisationskultur auch Auswirkungen auf die formalen Strukturen haben können. Daher werden im Folgenden die beiden Projekte im Hinblick auf ihren Einfluss auf formale und kulturelle Aspekte beschrieben.

Mit Bezug auf formale Systeme umfasst das Nachhaltigkeitsmanagement die Aspekte des strategischen Managements, des Rechnungswesens und der Berichterstattung, die alle drei eng miteinander verknüpft sind (Schaltegger/Wagner 2006). Das Ziel, Nachhaltigkeit in die Managementstrukturen der

Universität zu integrieren, war ein Kernaspekt bei der Ausgestaltung der Nachhaltigkeitsberichterstattung. Abhängig von der Organisationskultur bieten das strategische Management und die Berichterstattung mögliche Ausgangspunkte für die Umsetzung dieses Ziels (WBCSD 2004). Wie bereits erläutert, sind Hochschulen durch zahlreiche teilautonome Subsysteme gekennzeichnet. Gleichzeitig sind sie fest eingebunden in regionale Kontexte und in die internationale wissenschaftliche Gemeinschaft (Becher/Kogan 1992, Cohen et al. 1972, Baldridge 1978). Daher scheint es für Hochschulen angemessener, über einen partizipativen Prozess und durch Berichterstattung das Ziel zu verfolgen, Nachhaltigkeitsaspekte in das Management zu integrieren. Im konkreten Fall hat bereits die Datensammlung für den Nachhaltigkeitsbericht Möglichkeiten zur Verbesserung bestehender Managementsysteme und zur Integration von Nachhaltigkeitsaspekten aufgezeigt.[17] Zudem wurden zahlreiche neue Daten für den Bericht erhoben, die für die zukünftige Berichterstattung fortgeschrieben werden können (CO_2-Emissionen, Pendlerverkehr, Unfälle, Lehrangebote zum Thema Nachhaltigkeit usw.). Mit der Datensammlung und der Festlegung von Zielen für den Nachhaltigkeitsbericht wurden damit erste grundlegende Schritte in Richtung eines nachhaltigkeitsorientierten Managements gegangen.

Durch Probleme bei der Datensammlung für die Durchführung der Energiesparkampagne sind technische und prozedurale Änderungen zur Erfassung der Energiedaten angestoßen worden.[18] Dies hatte sowohl Auswirkungen auf die Form der Datenerfassung durch die technischen Angestellten der verschiedenen Standorte der Universität, als auch auf die digitale Verarbeitung der Daten. Zudem wurden beispielsweise auch Zählerpositionen verändert, um spezifische Energieverbräuche besser erfassen zu können.

Die zuvor beschriebenen formalen Aspekte wie Strategie, Ziele und Managementsystem müssen nicht unbedingt mit den praktischen theories-in-use übereinstimmen. Daher ist die Forschung zur Organisationskultur an Mustern interessiert, die der gelebten Praxis zu Grunde liegen. Charakteristisch für Organisationskultur sind hinreichend gut funktionierende und kollektiv geteilte Grundannahmen (Schein 1988). Strukturen und Pro-

---

[17] Beispielsweise Aufnahme zusätzlicher Kriterien wie „Nachhaltigkeit", „Interdisziplinarität" und „Partizipation" in einer in Entwicklung befindlichen Forschungsdatenbank.
[18] Es zeigte sich beispielsweise, dass manuell abzulesende Zählerstände „simuliert" wurden oder Zähleranordnungen die unterschiedlichen Verbraucher in Gebäuden nicht mehr angemessen erfassen konnten.

zesse in der Organisation sowie „espoused justifications" (Strategien, Ziele und Philosophien) formen die Oberflächenstruktur der Organisationskultur. Jedoch sind die „ultimate sources of values and action [...] unconscious, taken for granted beliefs, habits of perception, thought and feeling" (ebd.: 10).

Die beiden diskutierten Projekte basieren auf grundlegenden Werten. Erstens beziehen sich beide auf das Konzept der nachhaltigen Entwicklung. Dieses Konzept bildet seit langem einen bedeutsamen Teil der Organisationskultur der Universität, so dass es nicht nur in den Leitlinien der Universität verankert, sondern bereits zu einem Teil des Wertesystems von Akteurinnen und Akteuren wichtiger Bereiche geworden ist. Dies wird deutlich im Management, der Lehre und der Forschung, aber auch in vielen Aspekten der „Lebenswelt Campus" (z.B. ist ein Agenda 21-Café etabliert und die Mensa bietet Bio-Essen an). Zweitens arbeiten beide Projekte unter der Annahme, dass stärkere Transparenz und Rechenschaft bei nachhaltigkeitsrelevanten Aspekten (z.B. Energieverbrauch) einen Teil der gesellschaftlichen Verantwortung von Universitäten ausmachen und dazu beitragen kann, die Performanz der Organisation zu verbessern (beispielsweise durch besser informiertes und verantwortungsvolleres Handeln ihrer Mitglieder). Die Institutionalisierung eines zentralen Informationssystems – wie einer Internetplattform zum Energieverbrauch[19] – erweitertet die Reichweite und den Detaillierungsgrad von verfügbaren Informationen. Daher bestätigen beide Projekte die espoused theory einer „Sustainable University" und tragen zur Stärkung der Werte Transparenz und Rechenschaft bei. Sie haben deutlich zu einer sichtbaren Veränderung des Managementsystems beigetragen. Ihr Einfluss auf die Organisationskultur ist zwar nicht fassbar, kommt aber in steigender Transparenz und vertieften Partizipationsmöglichkeiten zum Ausdruck. Langfristig ist damit von einer Wirkung auf die Organisation an sich und ihre Sprache auszugehen.

---

[19] Während des Projekts wurde eine Webplattform „Energie-Server" entwickelt, in der automatisch die Energiedaten der Universität verarbeitet und für detaillierte (Jahres- und Gebäude-)Abfragen und Vergleiche für Universitätsangehörige und die Allgemeinheit zur Verfügung standen.

Faktoren: Welche Faktoren beeinflussen das organisationale Lernen in welcher Weise?

Während der Informationsverarbeitung können verschiedene Faktoren das Lernen beeinflussen. Bei der Informationssammlung führt die Menge an Informationen samt ihrer Widersprüche zu dem logistischen Problem, zu bestimmen, ob die Informationsmenge ausreichend, überladen oder optimal ist. Zudem existiert das Problem, eine gemeinsam geteilte Interpretation von Informationen zu erreichen (Daft/Huber 1987).

Die beiden vorgestellten Projekte unterscheiden sich in der Menge und Widersprüchlichkeit der verarbeiteten Informationen. Für die Anfertigung des Nachhaltigkeitsberichts der Universität wurde eine große Menge komplexer Informationen zu unterschiedlichen nachhaltigkeitsbezogenen Fragen verarbeitet. Dabei war die Erhebung neuer Daten teilweise nicht erforderlich, weil Informationen bereits über vorhandene Datenerhebungen erfasst waren (z.B. lagen mehrere Studien zum Pendelverhalten der Universitätsmitglieder vor). Die zentrale Herausforderung lag vielmehr im Umgang mit widersprüchlichen Informationen und Deutungen. Solche Probleme treten bei nachhaltigkeitsrelevanten Themen häufig auf, da keine allgemeingültig akzeptierten Interpretationsweisen existieren. Diese Situation birgt das Potential für Lernen auf höchster Ebene, wenn Ereignisse wenig verstanden werden oder eine große Anzahl von zu beurteilenden Ereignissen vorliegt (Daft/Huber 1987). Um dieses Lernpotential freizusetzen, war es wichtig, einen Prozess zur Bildung einer breit angelegten, diskursiven Situationsdeutung zu initiieren. Die Einbettung des Projekts in die universitären Entscheidungsstrukturen und die intensive Einbindung von Stakeholdern (wie unter „Akteuren" beim Punkt Lerndimensionen ausgeführt) war daher äußerst wichtig. Zudem war es nötig, Informationen möglichst weitgehend zu kontextualisieren, beispielsweise durch ein Benchmarking mit anderen Universitäten. So wurde es möglich, den Interpretationshorizont von einer Innensicht (z.B. Vorliegen eines „stabilen Energiebedarfs") über weitergehende Datenanalysen (z.B. „niedriger Verbrauch im Vergleich zu anderen deutschen Universitäten") hin zu Zielen wie dem eines „klimaneutralen Campus" zu erweitern.

Die Energiesparkampagne musste ebenfalls große Mengen an Daten verarbeiten. Durch die klar definierte Reichweite und vergleichsweise verlässliche Rohdaten zum Energiebedarf war die Widersprüchlichkeit bei der Interpretation sehr gering. Auch die bereits erwähnten Probleme bei der Erfassung spezifischer Energieströme wurden von allen relevanten Akteurinnen und Akteuren (Projektmitarbeiter, Umweltmanagement, Technische Leitung) in gleicher Weise wahrgenommen. Somit kann von einer ähnlichen Interpretation der Situation durch die beteiligten Expertinnen und Experten ausgegangen werden. Der größte Lerneffekt in einer Situation mit großen Datenmengen und geringer Widersprüchlichkeit liegt nach Daft und Huber (1987) in der Verbesserung der formalen Sammlung und Verarbeitung der Informationen. Hier muss jedoch ergänzt werden, dass außerhalb des Kreises der Expertinnen und Experten die Energiedaten unterschiedlich interpretiert wurden. Bei der Entwicklung geeigneter Visualisierungsformen des Energieverbrauchs stellte sich heraus, dass beispielsweise bei den Studierenden das nötige Vorwissen über Energie(-versorgung) und Beheizung sehr verschieden und in vielen Fällen nur begrenzt vorhanden war.

Gelingt es, eine gemeinschaftlich getragene Sichtweise herzustellen, so bleibt die zusätzliche Herausforderung der Datenspeicherung und -abfrage in der Organisation. Viele in Organisationen generierte Informationen werden überhaupt nicht oder nur in schwer zugänglicher Form gespeichert. Teilweise gehen auch Daten durch Prozesse des Verlernens verloren, beispielsweise bei Personalwechseln (Huber 1991). Letztendlich kann dies so weit führen, dass „*[as] a result of specialization, differentiation, and departmentalization, organizations frequently do not know what they know*" (ebd.: 106).

Die Projekte „Nachhaltigkeitsbericht" und „Energiesparkampagne" haben Print- und elektronische Medien benutzt, um die Informationen für die Universitätsangehörigen und die interessierte Öffentlichkeit zugänglich zu machen. Damit haben sie zu einer Langzeitspeicherung von Daten beigetragen, die jetzt auch für zukünftige Interpretationen und fundierte strategische Entscheidungen benutzt werden können. In einigen Fällen wurde bei der Datensammlung für den Nachhaltigkeitsbericht festgestellt, dass Daten zu Aktivitäten und Leistungen in der Vergangenheit überhaupt nicht aufgezeichnet wurden. Ausnahme war die Verfügbarkeit von Daten, die für das schon länger etablierte EMAS Umweltmanagementsystem relevant waren. Insbesondere Daten zu nicht umweltbezogenen Aspekten waren aus der Vergangenheit nicht verfügbar oder sehr schwer rekonstruierbar. Daher sind einige Interpretationen (beispielsweise zur Unfallstatistik), die über mehrere Jahre verglichen werden müssen, erst in den folgenden

Berichten möglich. Dies zeigt die hohe Bedeutung formaler Berichte über Umwelt- und Nachhaltigkeitsaspekte für die Wissenssicherung.

Ergebnisse: Wie transformieren Lernprozesse die Wissensbasis einer Organisation?

Erfolgreiche organisationale Lernprozesse transformieren die Wissensbasis der Organisation. Sie gehen über den Lernfaktor der langfristigen Speicherung hinaus, da die kognitiven Strukturen der Organisation im Ganzen sich verändern können (Klimecki et al. 1999). Unter Rückbezug auf die oben genannte Definition des organisationalen Lernens von Probst und Büchel (1997) werden somit neue Fähigkeiten zur Problemlösung und zum Handeln erworben.

Allgemein wird zwischen verschiedenen Stufen des Lernens unterschieden: inkrementelles, fundamentales und Lernen zweiter Ordnung bzw. „Deutero Lernen" (zur Übersicht der unterschiedlichen Klassifikationen siehe Probst/Büchel 1997). Das Lernen zweiter Ordnung wird durch eine Reflexion vergangener (inkrementeller oder fundamentaler) Lernprozesse erreicht. In diesem Zusammenhang wird versucht, Lerneffekte auf den ersten beiden Ebenen zu identifizieren, die durch die beiden beschriebenen Projekte angestoßen wurden. Die Diskussion des „learning of learning" (Bateson 1985) geht über diesen Fokus hinaus.

Die inkrementelle Form des Lernens – in der Terminologie von Argyris und Schön (1996) „single-loop learning"– beschreibt die Reaktion auf einen wahrgenommenen Unterschied zwischen realem und erwartetem Ergebnis einer Aktion. Diese Reaktion korrigiert die Inkonsistenz, jedoch ohne bestehende Normen, moralische Konzepte oder theories-in-use zu hinterfragen. „Single-loop learning"-Effekte sind hauptsächlich in Bereichen wie der Verbesserung der Datensammlung und -verarbeitung (z.B. Positionen von Zählern, gebäudespezifische Energieerfassung, verschiedene Verbesserungen während der Erarbeitung des Nachhaltigkeitsberichts) beobachtet worden.

Unterschiede zwischen den espoused theories und den theories-in-use (siehe auch Lerndimension „Medien") können zu Modifikationen der Normen und Werte einer Organisation führen. Fundamentale bzw. „double-loop learning"-Prozesse resultieren aus der Auseinandersetzung mit Zielen, Regeln, Erwartungen und Strategien der Organisation. Daher ist double-loop learning eng mit den Normen und Werten verknüpft. Die vorgestellten Projekte sind mit Normen und Werten in verschiedenen Situationen in Berührung gekommen. Sie haben sich nicht nur zu dem Konzept der nachhaltigen Entwicklung bekannt, sondern ebenfalls Werte wie gesteigerte Transparenz, Rechenschaftslegung und Partizipation vertreten. Im Bezug auf nachhaltige Entwicklung hat ein „double-loop learning"-Prozess schon früh begonnen, als sich die Universität zu den Nachhaltigkeitsleitlinien bekannt hatte. Die Projekte haben jedoch die Bedeutung dieser Leitprinzipien wieder bestätigt und zur Setzung neuer Ziele beigetragen.

Eine Kultur der Transparenz und Rechenschaft stellt auch Universitäten vor neue Herausforderungen. Die Universität Lüneburg hat beispielsweise bislang noch keinen öffentlich zugänglichen Geschäfts- bzw. Rechenschaftsbericht oder einen umfassenden Forschungsbericht herausgegeben. Der Nachhaltigkeitsbericht und die Veröffentlichung und Visualisierung der Energieverbrauchsdaten können somit als wegweisende Grundsteine für eine Verbesserung der Transparenz und Rechenschaft gesehen werden. Ein weiterer Prozess des „double-loop"-Lernens könnte durch das erfolgreiche partizipative Design ausgelöst worden sein: Der Nachhaltigkeitsbericht hat beispielsweise regionale und universitäre Akteurinnen und Akteure zusammengebracht, die Energiesparkampagne hat Universitätsangehörige eingeladen, Anregungen zu Möglichkeiten der Verbesserung von Einsparungen zu geben und als Change Agents mitzuarbeiten. Die Langzeiteffekte der beiden Teilvorhaben müssen für die Fundierung diesbezüglicher Aussagen jedoch noch weiter beobachtet und vertieft untersucht werden.

Perspektiven

Beide Projekte konnten organisationale Lernprozesse in der Universität initiieren. Das Thema Energie birgt ebenso wie die Nachhaltigkeitsberichterstattung Potentiale, Akteurinnen und Akteure aus allen universitären Gruppen zu mobilisieren. Die Themenstellungen erfordern nicht nur ein Verfeinern bestehender Prozeduren und Prozesse, sondern ermöglichen darüber hinaus auch vielfältige neue Erfahrungen, und erfordern teilweise bisherige Gewissheiten zu hinterfragen. Damit werden sowohl inkrementelle wie auch fundamentale Lernprozesse ausgelöst.

Die an der Universität Lüneburg beobachteten Prozesse organisationalen Lernens können auch für andere Hochschulen gelten. Es sind dort sogar deutlichere und stärkere Lerneffekte zu erwarten, da die Universität Lüneburg schon auf einen längeren Prozess nachhaltigkeitsrelevanter Veränderungen zurückblicken kann. Dies bedingt jedoch auch, dass vergleichbare Veränderungsprojekte an anderen Hochschulen anfänglich größeren Widerstand auslösen können.

Die Analyse verdeutlicht die Bedeutung des Erzeugens von Informationen und der Kommunikation für alle Dimensionen des organisationalen Lernens. Die Diskussion der Lernergebnisse zeigte, dass inkrementelles Lernen hauptsächlich in Bereichen der Datensammlung und -verarbeitung stattfand. Darüber hinausgehendes fundamentales Lernen wurde bei den Kommunikationsprozessen und in der Dateninterpretation beobachtet. Als Hauptantriebskraft für die Lernprozesse erwiesen sich die Ziele der Transparenz, der breiten Partizipation und Rechenschaftslegung gegenüber der Öffentlichkeit. Diese Ziele hatten großen transformativen Einfluss auf (teilweise unbewusste) Aspekte der Organisationskultur und auf formale Prozesse (z.B. die Managementsysteme) und können somit als treibende Kräfte für die Implementierung von Nachhaltigkeit in Hochschulen gelten.

Um weitere Fortschritte in Richtung einer „Sustainable University" möglich zu machen, wird es also notwendig sein, selbstreflexive Formen des organisationalen Lernens zu institutionalisieren. Dies könnte durch Stakeholder-Gruppen geschehen, in denen über die Aufgaben und die Rolle von Hochschulen in der Gesellschaft diskutiert werden kann, durch Veränderungen in den formalen Universitätsstrukturen oder durch weitere noch zu entwickelnde Mittel und Instrumente, damit Hochschulen lernen, zu lernenden Organisationen zu werden.

Patrick Albrecht, Simon Burandt und Stefan Schaltegger

Erwerb von Schlüsselkompetenzen ermöglichen: Nachhaltige Entwicklung in der Hochschulbildung

Für die Beschäftigung mit nachhaltigkeitsrelevanten Wandlungsprozessen der Hochschule gilt es, neben dem organisationalen Wandel und Aspekten der Organisation Hochschule auch die Lehre als eine der originären universitären Kernaufgaben mit in den Blick zu nehmen. Hier stellt sich insbesondere die Frage, wie Aspekte der nachhaltigen Entwicklung systematisch in die Hochschulbildung einzubeziehen sind und wie sich Wege und Orte für die Entwicklung relevanter Schlüsselkompetenzen finden lassen. In den Teilprojekten „Interdisziplinarität in der Lehre" und „Lebenswelt Hochschule" wurde dieser Frage nachgegangen.

Vor dem Hintergrund von Globalisierung und zunehmender Komplexität zielt Hochschulbildung für eine nachhaltige Entwicklung auf die Befähigung von Individuen ab, nicht nur Wissen zu erwerben und zu generieren, sondern auch die Folgewirkungen und die Komplexität von Verhalten und Entscheidungen in einer zukunftsorientierten und globalen Perspektive von Verantwortung zu reflektieren. Hochschulbildung für eine nachhaltige Entwicklung muss in die Diskussion über notwendige Strukturveränderungen im Sinne einer nachhaltigen Entwicklung mit einbezogen werden. Der Erwerb von relevanten Kompetenzen in der und durch die akademische Arbeit kann nicht die Privatangelegenheit der wissenschaftlichen Mitarbeiterinnen und Mitarbeiter sein. Vielmehr ist eine neue, auch strukturell anerkannte Lernkultur erforderlich, die nicht an überkommenen akademischen Traditionen festhält, sondern ihr Potential für eine nachhaltige Zukunft in einem offenen und partizipativen Prozess untersucht. Sie muss dabei einen Bezug zu dem eigenen Erfahrungs- und Gestaltungsraum sowie den eigenen Wünschen von Studierenden und Lehrenden herstellen, schon weil eine nachhaltige Entwicklung nur ein gemeinsames kulturelles Projekt sein kann. Zudem sollte individuelles und gesellschaftliches Lernen zueinander in Beziehung gesetzt werden, schließlich ist nachhaltige Entwicklung als ein gesellschaftlicher Aushandlungsprozess zu verstehen (Stoltenberg 2007).

In diesem Sinne erscheint es besonders wichtig, die Hochschule als Zusammenhang von Lern- und Lebenswelt zu begreifen. Im Allgemeinen werden Hochschulen als formale Bildungsinstitutionen gesehen. Folglich wird in Diskussionen um die Rolle von Hochschulen für Kompetenzentwicklung der Fokus zumeist auf Studienprogramme und Lehrveranstaltungen gerichtet – also auf die formalen Lernsettings. Hochschulen bieten jedoch auch Gelegenheiten für Lernprozesse in informellen Settings, wie z.b. im ehrenamtlichen Engagement in studentischen Initiativen. Das Potential dieser verschiedenen Settings und deren Wechselbeziehungen werden an dieser Stelle theoretisch und mit Bezug auf ihre Bedeutung für die Praxis diskutiert.

Kompetenzen und Schlüsselkompetenzen

Kompetenz ist gegenwärtig ein Leitbegriff – nicht mehr nur in betrieblichen Kontexten oder im Zusammenhang mit Bildungsfragen, sondern längst auch im persönlichen und gesellschaftlichen Alltag. Er gilt als Antwort auf Anforderungen, die vor dem Hintergrund immer schneller voranschreitenden gesellschaftlichen Wandels, der technologischen Entwicklung und der Globalisierung formuliert werden. Zunehmende Individualisierung und wachsende gesellschaftliche Diversität, begleitet von einer sich parallel entwickelnden ökonomischen und kulturellen Uniformität, die Verfügbarkeit einer rasant anwachsenden Menge an Informationen sowie die Notwendigkeit, mit wachsenden Unsicherheiten umzugehen, sind nur einige dieser Herausforderungen (u.a. Rychen 2001).

Der Begriff der Kompetenz wird dabei mit unterschiedlichen Bedeutungszusammenhängen besetzt. Insofern ist Erpenbeck und Heyse (1996: 15) zuzustimmen, die festhalten: „Wer auf *die* Kompetenzdefinition hofft, hofft vergeblich". Problematisch bleibt auch die Frage, welchen Kompetenzen eine besondere Bedeutung zuzuschreiben ist und wie Kompetenzentwicklung in der Hochschullehre gefördert werden kann.

In einer ersten Annäherung lassen sich Kompetenzen als Selbstorganisationsdispositionen charakterisieren, die unterschiedliche psychosoziale Komponenten umfassen, kontextübergreifend bestehen und jeweils kontextspezifisch realisiert werden (Erpenbeck/Heyse 1999). Sie treten in unterschiedlichen Niveaus auf und spiegeln sich in erfolgreichen Handlungen wider.

Mit dem Begriff der Schlüsselkompetenzen erfährt das Konzept eine qualitative Erweiterung, die zunächst auf die besondere Bedeutung bestimmter Kompetenzen hinweist. Schlüsselkompetenzen sind, anders als domänenspezifische Kompetenzen, für verschiedene Lebensbereiche sowie für alle Individuen relevant (Rychen/Salganik 2003).

Für eine praxisrelevante Auslegung des Konzeptes der Schlüsselkompetenzen ist jedoch nicht nur ein konkretes Verständnis der besonderen Rolle und Funktion dieser Kompetenzen vonnöten, vielmehr müssen sich Schlüsselkompetenzen im Kontext gesellschaftlicher Handlungsfelder resp. persönlicher Entwicklungsaufgaben konkret bestimmen lassen. Der Versuch, eine umfassende Übersicht aller möglichen oder notwendigen Schlüsselkompetenzen zu erstellen, ist von vornherein zum Scheitern verurteilt, da eine solche Liste zur Beliebigkeit verkommen muss.[20] Die entscheidende Frage in diesem Zusammenhang muss also lauten, welche Kompetenzen einbezogen bzw. ausgegrenzt werden sollen (Weinert 2001).

Nachhaltige Entwicklung als normativer Rahmen für die Auswahl von Schlüsselkompetenzen

Nachhaltige Entwicklung kann als ein normativer Rahmen für die Auswahl von Schlüsselkompetenzen gelten. Auf internationaler Ebene ist das Konzept der „Bildung für eine nachhaltige Entwicklung" (BNE) unter anderem durch Dokumente der UNESCO kommuniziert worden. Hier wird insbesondere der Erwerb von Lebensfertigkeiten betont und in den Blick genommen. So stellt die UNESCO in ihrem Entwurf für den „International Implementation Scheme" zur UN-Dekade „Bildung für eine nachhaltige Entwicklung" (2004-2014) fest:

> "ESD requires a re-examination of educational policy [...] in order to focus clearly on the development of the knowledge, skills, perspectives and values related to sustainability. This [...] requires a review of recommended and mandated approaches to teaching, learning and assessment so that lifelong learning skills are fostered. These include skills for creative and critical thinking, oral and written communication, collaboration and cooperation, conflict management, decision-making, problem-solving and planning, using appropriate ICTs, and practical citizenship." (UNESCO 2004: 20)

---

[20] Den inflationären Gebrauch dieses Ansatzes verdeutlichen die weit über 600 verschiedenen Schlüsselkompetenzen, die allein in Deutschland im Bereich der Aus- und Weiterbildung vorgeschlagen und eingeführt wurden (Dubs 1996, Weinert 2001).

In Deutschland wird die Entwicklung von „Gestaltungskompetenz" (de Haan 2004) als zentrales Bildungsziel der BNE diskutiert. Gestaltungskompetenz umfasst ein Set von Schlüsselkompetenzen, von denen die Befähigung zu einer aktiven, reflexiven und kooperativen Gestaltung im Sinne einer nachhaltigen Entwicklung erwartet wird. Mit dem Begriff wird das „nach vorne weisende Vermögen" beschrieben, „die Zukunft von Sozietäten, in denen man lebt, in aktiver Teilhabe im Sinne nachhaltiger Entwicklung modifizieren und modellieren zu können" (de Haan/Harenberg 1999: 62). Gestaltungskompetenz umfasst zehn Schlüsselkompetenzen (de Haan 2008):

- weltoffen und neue Perspektiven integrierend Wissen aufbauen
- vorausschauend denken und handeln
- interdisziplinär Erkenntnisse gewinnen und handeln
- gemeinsam mit anderen planen und handeln können
- an Entscheidungsprozessen partizipieren können
- andere motivieren können, aktiv zu werden
- eigene Leitbilder und die anderer reflektieren können
- selbständig planen und handeln können
- Empathie und Solidarität für Benachteiligte zeigen können
- sich motivieren können, aktiv zu werden

Eine nachhaltige Entwicklung macht eine gesellschaftliche Modernisierung erforderlich und kann nur durch die aktive Partizipation aller Bürgerinnen und Bürger erreicht werden; daher zeichnet sich das Konzept der Gestaltungskompetenz insbesondere durch Schlüsselkompetenzen aus, die für eine zukunftsorientierte und auf Verständigung und Aushandlung zielende Beteiligung an der Gestaltung nachhaltiger Entwicklung benötigt werden.

Hochschulbildung und Kompetenzentwicklung

Kompetenzen werden als erlernbar aber nicht lehrbar beschrieben, wobei der Frage, ob und wie sie durch Lernprogramme erworben werden können, eine hohe Bedeutung beigemessen wird (Elsholz 2002, Weinert 2001). Methodische Hinweise zur Kompetenzentwicklung oder zu didaktischen Konzeptionen bleiben zumeist sehr allgemein, was nicht zuletzt einem eher vagen Kompetenzkonzept geschuldet ist (Arnold 1997). Versteht man

Schlüsselkompetenzen – wie hier skizziert – als das Zusammenspiel von kognitiven und nicht-kognitiven Komponenten, so müssen jedoch zumindest diese beiden unterschiedlichen Bestandteile in einem Ansatz des Kompetenzerwerbs berücksichtigt werden. Dazu lassen sich zwei Erklärungsansätze für unterschiedliche Aspekte des Kompetenzerwerbs heranziehen (Barth 2007): Der Aufbau höherer Bewusstseinsgrade als Zeichen einer höheren kognitiven Komplexität und damit erhöhter kognitiver Komponenten lässt sich zum einen anhand des Aufbaus mentaler Modelle nachvollziehen. Die Aneignung nicht-kognitiver Komponenten ist mit dem Konzept der Wertinteriorisation zu erklären. In diesem Sinne kann der Kompetenzerwerb verstanden werden als „Wertlernen" und setzt damit Interiorisationsprozesse voraus: Produktion und Reproduktion, Rezeption und Kommunikation von Werten stehen im Mittelpunkt. Da sich Werte jedoch nicht einfach vermitteln oder erlernen lassen, sondern aktiv angeeignet und verankert werden müssen, ist damit zum anderen auch eine andere Art von Lernen verbunden. Dem Lernenden muss es zunächst ermöglicht werden, sein eigenes Wertesystem zu erkennen, zu analysieren und auf Realitätsangemessenheit zu überprüfen. Für die erfolgreiche Aneignung von Kompetenzen werden verstärkt Methoden notwendig, die eine emotionale Ebene mit einbeziehen, bewährte Handlungsmuster durchbrechen und zu einer neuen Bewertung von Handlungsmöglichkeiten führen.

Hochschulbildung, die den Erwerb relevanter Schlüsselkompetenzen in den Mittelpunkt stellt, bedarf einer *„neuen Lernkultur"*[21], die sich von einem Lernverständnis, das vornehmlich auf dem Prinzip des Belehrens basiert, abwendet und „ermöglichungsorientiert, selbstorganisiert fundiert und kompetenzzentriert" ist (Erpenbeck/Rosenstiel 2003: XIII, Arnold/Schüßler 2001, Arnold/Siebert 1995). Arnold und Lermen sprechen in diesem Zusammenhang auch von der Notwendigkeit der Etablierung einer *„Ermöglichungsdidaktik"* (Arnold/Lermen 2005). Ziel ist damit neben der fachlichen Ausbildung eine Persönlichkeitsbildung, die dazu befähigt, mit

---

[21] „Lernkultur bezeichnet das kognitive, kommunikative und sozialstrukturelle Ausführungsprogramm für alle mit Lernprozessen befasste Sozialisation. Im Zentrum stehen die dafür notwendigen fachlich-methodischen, sozial-kommunikativen, personalen und aktivitätsorientierten Kompetenzen, die sich in einem Lernhandeln herausbilden" (Erpenbeck/Rosenstiel 2003: 8f.).

komplexen Situationen umzugehen, reflektiert zu handeln und entscheiden zu können. Zudem geht es darum, Verantwortung übernehmen, ethische Maßstäbe in das Handeln einbeziehen und Konsequenzen abschätzen zu können. Lernprozesse, die die Anforderungen an eine solche neue Lernkultur berücksichtigen, lassen sich anhand von drei Konsequenzen charakterisieren:

- *Kompetenzorientierung:* Im Mittelpunkt der Lernprozesse steht der Erwerb relevanter Schlüsselkompetenzen. Dies bedarf eines normativen Rahmens zur begründeten Auswahl solcher Kompetenzen und eines darauf bezogenen Bildungskonzepts, das Inhalte zur Kompetenzentwicklung anbietet und Lernanlässe identifizieren hilft.
- *Gesellschaftsorientierung:* Lernen für eine nachhaltige Entwicklung ist immer auch gesellschaftliches Lernen. Lernen findet in Ernstsituationen statt, die gesellschaftliches Zusammenleben in Frage stellen und verändern.
- *Individuumszentrierung:* Das Lernen des Individuums wird als aktive Tätigkeit im sozialen Kontext gesehen. Für formale Lernprozesse bedeutet dies einen Wandel von der Lehrer- zur Lernerzentrierung. Zudem gilt es, auch informelle Lernprozesse mit einzubeziehen, weil Individuen nicht nur in formalen Settings lernen und sich gerade in der Hochschule (im Vergleich zur vorangehenden schulischen Lebenssituation) ein breites Feld informellen Lernens eröffnet, zumal informelles Lernen einen erheblichen Teil (ungefähr 70 %) aller menschlichen Lernprozesse ausmacht (Overwien 2005).

Anforderungen an das Lernen in formalen Settings

Für eine Neuorientierung der Hochschullehre, die den Erwerb von Schlüsselkompetenzen in den Mittelpunkt stellt und sich an den Schlüsselprinzipien der Hochschulbildung für eine nachhaltige Entwicklung orientiert (Barth et. al 2007), lassen sich zumindest zwei zentrale Herausforderungen identifizieren:

1. Stärkung der Eigenverantwortung und der Selbststeuerung im Lernprozess

Um den Erwerb und die Festigung von Kompetenzen in unterschiedlichen Kontexten zu ermöglichen, gilt es, die aktive Mitgestaltung des Lernprozesses durch die Studierenden von Beginn an zu unterstützen und somit die Eigenverantwortlichkeit der Studierenden zu stärken. Die Selbststeuerung bezieht sich dabei auf Lernprozesse ebenso wie auf die Auswahl der geeigneten Methoden, den Umgang mit Informationen und die inhaltliche Konkretisierung des vorgegebenen Rahmenthemas.

Für die Förderung des Prinzips der Selbststeuerung bieten sich zwei unterschiedliche, sich ergänzende Ansätze an: Zum einen durch eine schrittweise Öffnung vom stärker angeleiteten zum selbstgesteuerten Lernen. Damit wird die Möglichkeit gegeben, die Eigenverantwortlichkeit und Selbststeuerung des Lernprozesses schrittweise zu erproben und anzuwenden. Dies ermöglicht auch unerfahrenen Lernenden ein höheres Maß an Autonomie im Lernprozess. Zum anderen kann durch eigenständige Projektarbeit, die in alleiniger Verantwortung der Studierenden steht, eine „Erprobung der Selbststeuerung im Ernstfall" initiiert werden.

Mit einem solchen Vorgehen wird dem Umstand Rechnung getragen, dass für erfolgreiches selbstgesteuertes Lernen in erster Linie Kompetenzen beziehungsweise Persönlichkeitsmerkmale von Nöten sind, die zwar nicht direkt „lehrbar" sind, die jedoch durch die Studierenden in einem Lernprozess, der gezielt unterstützt werden kann, erworben werden können (Barth/Godemann 2007).

2. Interdisziplinäre Ausrichtung

Interdisziplinäre Kooperationen – egal ob im Kontext von Lehre oder Forschung – brauchen neue Formen der Kommunikation und Kooperation. Die Erarbeitung von Lösungen für komplexe Probleme in heterogenen Teams macht es notwendig, dass unterschiedliche Perspektiven eingebracht und verstanden werden, um sie gewinnbringend zusammenführen zu können.

Die Lehre an Hochschulen hingegen ist bislang von disziplinären Strukturen geprägt. Hochschulen sind nach Fachbereichen strukturiert, und die Ausbildung ist an tradierte Disziplinen gebunden, womit eine bestimmte Sozialisation der Hochschulabsolventinnen und Hochschulabsolventen verbunden ist. Es existieren kaum fachübergreifende Angebote, die die geforderten Kompetenzen fördern. Dafür müssten Angebote geschaffen werden, die darauf abzielen,

> *„in der Ausbildung die Disziplinen in ihrem Verhältnis zur Welt, zu den lebensweltlichen Gegenständen und zu den anderen Disziplinen zu reflektieren, ihre gegenseitige Verständlichkeit zu fördern und die zukünftigen Forschenden darauf vorzubereiten, komplexe Fragestellungen umfassend anzugehen und so wieder zu einem integriertem Ganzen zu gelangen"* (Defila/ Di Giulio 1996: 133).

Charakteristika des Lernens in informellen Settings

Informelles Lernen lässt sich zunächst von formaler und non-formaler Bildung unterscheiden. Es findet nicht nur außerhalb von Bildungseinrichtungen, z.b. in der Freizeit, sondern auch innerhalb dieser Institutionen statt, wo Lernen nicht ein Teil des durch das Curriculum intendierten Bildungsprozesses ist (Schugurensky 2000). Informelles Lernen ist also

> *"any activity involving the pursuit of understanding, knowledge or skill which occurs without the presence of externally imposed curricular criteria"* (Livingstone 2001: 4).

Vor diesem Hintergrund lassen sich Hochschulen als Lernumgebungen verstehen, die auch Settings für informelle Lernprozesse eröffnen, wie z.B. Diskussionen und Kooperationen mit Mitstudierenden oder ehrenamtliches Engagement in studentischen Initiativen auf dem Campus, in denen Studierende außerhalb der organisierten universitären Bildungsprozesse Kompetenzen erwerben.

Nach Schugurensky (2000) können drei Formen des informellen Lernens unterschieden werden:

- *selbstgesteuertes Lernen:* individuelle oder kollektive Lernprojekte ohne Begleitung durch einen Lehrenden, sowohl intentional als auch bewusst;
- *inzidentelles und Erfahrungslernen:* keine vorausgehende Lernabsicht, aber im Nachhinein wird der erfolgte Lernprozess bewusst; nicht-intentional, aber bewusst;

- *Sozialisation:* stilles Lernen („tacit learning"); Internalisierung von Werten, Einstellungen, Verhaltensweisen, Fertigkeiten etc. läuft im Alltag ab; keine Lernabsicht, nichtintentional und unbewusst.

Beim Erfahrungslernen werden „sinnliche Eindrücke [...] vergleichend zugeordnet und in bisher entwickelte Erfahrungs- und Vorstellungszusammenhänge eingefügt", und dadurch werden sie „zu ‚Erfahrungen' verdichtet." Es wird „Erfahrungswissen" erworben, das „ein besseres Zurechtkommen in den Umweltbereichen, in denen diese Erfahrungen gemacht wurden", ermöglicht (Dohmen 2001: 28). Für Erfahrungslernen sind die folgenden Elemente charakteristisch (Kolb 1984):

- das Einbeziehen der ganzen Person;
- ein aktives Zurückgreifen auf alle relevanten Lebens- und Lernerfahrungen;
- die Reflexion vorheriger Erfahrungen, so dass eine Weiterentwicklung der Gedanken und ein tieferes Verstehen möglich werden.

Informelles Lernen in all seinen Formen, aber insbesondere Erfahrungslernen, trägt zur Kompetenzentwicklung bei, weil es ins Handeln integriert ist (Dohmen 2001). Erfahrungslernen ermöglicht insbesondere die Entwicklung von Handlungskompetenzen, z.B. im Kontext freiwilligen Engagements (Düx/ Sass 2005). Nach Lipski (2004) hat informelles Lernen eine besondere Bedeutung bei der Entwicklung von „Lebenskompetenz", womit er die Fähigkeit beschreibt, „sowohl alleine als auch gemeinsam mit anderen Projekte zu planen und durchzuführen, die der Realisierung persönlicher und/oder gemeinsamer Lebensziele dienen" (Lipski 2004: 271); hierbei spielt die Fähigkeit zur Selbstorganisation eine wichtige Rolle. Dies heißt für Hochschulen, dass Studierende in Selbstorganisationsprozessen lernen, z.B. im Kontext von Projekten und studentischer Beteiligung und dabei „Lebenskompetenz" entwickeln.

Lernumgebungen sollten deshalb so gestaltet sein, dass sie informelle, teilweise auch unbewusste Lernprozesse ermöglichen (Overwien 2005). Marsick et al. (in: Overwien 2005) stellen fest, dass wichtige Bedingungen für die Förderung informellen Lernens vor allem das Bereitstellen von Zeit und Orten für das Lernen, die Untersuchung der Umgebung in Bezug auf Lernanlässe, das Richten der Aufmerksamkeit auf Lernprozesse, das Stärken der Reflexionsfähigkeit und das Schaffen einer Atmosphäre der Zusammenarbeit und des Vertrauens sind.

Erwerb von Schlüsselkompetenzen für eine nachhaltige Entwicklung in der Hochschule

Die beiden dargestellten Diskussionsstränge des formalen und informellen Lernens bilden die Ausgangslage für die Beantwortung der Frage, wie sich der Erwerb von Schlüsselkompetenzen für eine nachhaltige Entwicklung in der Hochschule verwirklichen lässt. Die theoretischen Überlegungen werden durch empirische Daten ergänzt, die aus der Analyse zweier konkreter Untersuchungsfelder gewonnen werden:

- aus der Betrachtung eines interdisziplinären Studienprogramms unter der Fragestellung, welchen Beitrag interdisziplinäre Studienangebote im Bereich des formellen Lernens leisten.
- aus der Analyse der „Lebenswelt Hochschule" unter der Fragestellung, wie freiwilliges studentisches Engagement auf dem Campus, verstanden als Möglichkeit informellen Lernens an Hochschulen, zur Entwicklung von Schlüsselkompetenzen beitragen kann.

Der Erwerb von Kompetenzen beruht nicht allein auf individuellen Prozessen, sondern vollzieht sich immer in sozialen Kontexten und zumindest in Teilen kollaborativ. Um neben individuellen Lernprozessen solche Gruppenprozesse ebenfalls abbilden zu können, wird ein Zugang benötigt, der geeignet ist, individuenübergreifende Meinungen adäquat abzubilden. Mit der Auswertung von Gruppendiskussionen wird der Überlegung Rechnung getragen, dass subjektive Bedeutungsstrukturen oftmals in soziale Zusammenhänge eingebunden sind, die nur in Gruppensituationen erhoben werden können (Lamnek 1998). Für das vorher erwähnte „Studienprogramm Nachhaltigkeit" wurden im August und September 2005 drei Gruppendiskussionen mit den unterschiedlichen Projektgruppen durchgeführt, die gemeinsam an der Erstellung eines Abschlussberichts arbeiteten. Die Analyse des Kompetenzerwerbs im Rahmen von studentischem ehrenamtlichem Engagement auf dem Campus beruht auf drei Gruppendiskussionen mit Studierenden[22], die im April 2007 stattfanden.

---

[22] Alle studentischen Gruppen und Initiativen, die an der Universität Lüneburg aktiv sind, wurden über die geplanten Gruppendiskussionen informiert. 13 Studierende, die ehrenamtlich in studentischen Initiativen oder dem Allgemeinen Studierendenausschuss (AStA) (vgl. den Abschnitt „Untersuchungsgruppen") arbeiten, haben auf die Anfrage reagiert, an den Gruppendiskussionen teilzunehmen.

Die Durchführung der Gruppendiskussion orientierte sich am Verlaufsmodell nach Morgan (1997). Die Moderation erfolgte jeweils durch zwei an dem Projekt „Sustainable University" beteiligte Wissenschaftlerinnen und Wissenschaftler anhand eines groben thematischen Leitfadens. Der zur Verwendung kommende Leitfaden und die Forschungssituation konnten in einem Pretest erfolgreich erprobt werden. Die Gruppendiskussionen mit einer durchschnittlichen Dauer von 60 bis 90 Minuten wurden digital aufgezeichnet, transkribiert und anonymisiert. Die Daten wurden mit der Software MAXqda ausgewertet.

Untersuchungsgruppen

Für die Gruppendiskussionen wurden zwei Samples ausgewählt, die formale und informelle Lernsettings an der Hochschule repräsentieren:

1. Studienprogramm Nachhaltigkeit

Das formale Lernsetting wird dabei durch eine Kohorte des bereits in Kapitel „Ein Blick zurück und nach vorn" vorgestellten „Studienprogramms Nachhaltigkeit" repräsentiert, das den Versuch darstellt, Hochschulbildung für eine nachhaltige Entwicklung in einem eigenständigen Studienformat umzusetzen. Die empirisch begleitete Gruppe von insgesamt 32 Studierenden bearbeitete vom Wintersemester 2004/05 bis zum Sommersemester 2005 das Themenfeld Ernährung, Landwirtschaft und Konsum unter dem Motto „Besser essen – nur eine Frage von Produktion und Konsum?".

Als interdisziplinäre Studierendengruppe repräsentiert die Kohorte zunächst die an der Universität angebotenen Studiengänge. Die Studierenden sind zwischen 22 und 35 Jahre alt und befanden sich zu Beginn des Studienprogramms im 4. bis 10. Semester. Die Verteilung nach Geschlecht spiegelt mit ca. 60% Studentinnen die Situation an der Universität Lüneburg wider.

2. Studentische Initiativen und Gruppen

Studentisches ehrenamtliches Engagement auf dem Campus kann als ein wichtiges Setting für informelles Lernen an Hochschulen betrachtet werden. Für diese empirische Studie wurden Studierende, die ehrenamtlich in studentischen Gruppen oder dem Allgemeinen Studierendenausschuss (AStA) aktiv sind, als Sample ausgewählt. Die studentischen Initiativen sind im „Dachverband der Studierendeninitiativen Lüneburg" (DSi) organisiert.[23] 25 Initiativen sind Mitglied des DSi, z.B. AIESEC, Amnesty International und das Market Team. Jedes Semester präsentieren die Initiativen ihre Arbeit auf einer Messe auf dem Campus; außerdem organisiert der DSi einmal pro Jahr ein Symposium, das sich mit Fragen einer nachhaltigen Entwicklung befasst. Die Gremien der studentischen Selbstverwaltung, der AStA und das Studierendenparlament, repräsentieren die Interessen der Studierenden in der Universität. Der AStA besteht aus drei Sprecherinnen und Sprecher und den Vertreterinnen und Vertreter von 10 Referaten, wie z.B. das Referat für Öffentlichkeitsarbeit oder das Ökologie-Referat.

Angesprochene Kompetenzen

Die Analyse der Gruppendiskussionen bezieht sich auf die Frage, welche der als wesentlich erachteten Schlüsselkompetenzen sich identifizieren lassen, die in den formalen und informellen Settings angesprochen werden.

Zentral erscheint hierbei die *Kompetenz zur interdisziplinären Zusammenarbeit*. Hier wird die Ansprache unterschiedlicher Teilkompetenzen deutlich, deren Erwerb von den Studierenden auch reflektiert wird. So wird zunächst die Fähigkeit zur Perspektivenübernahme verbunden mit Toleranz und Akzeptanz gegenüber anderen Disziplinen als zentrale personale Kompetenz problematisiert. Die hierfür notwendige Metareflexion führt zu einer Auseinandersetzung damit, wie Vertreterinnen und Vertreter anderer Disziplinen mit eigenen und mit fremden Begriffen umgehen und wie die eigene Anwendung von Begriffen, Methoden und Strategien zur Problemlösung stattfindet. Hier spielt der Aufbau einer gemeinsamen Wissensbasis der Studierenden eine entscheidende Rolle. Das eigene Fachwissen wird auf neue Fragen und Probleme in unterschiedlichen Disziplinzusammensetzungen angewendet und in eine integrative Perspektive eingebracht: *„Ich glaube, dass [die Wissensbasis] dazu ein gutes, fundiertes, auf unsere Bedürfnisse zugeschnittenes ‚Lexikon' darstellt, das zusätzlich den ‚Ser-*

---

[23] http://www.uni-lueneburg.de/dsi/

vice' bietet, dass es zu jedem Thema einen Experten gibt, den man genauer befragen kann" (Spn_20).

Da Interdisziplinarität in sozialen Gruppen stattfindet, sind *sozial-kommunikative Kompetenzen* ein weiteres entscheidendes Kriterium. Notwendig ist hier vor allem die Fähigkeit, eine gemeinsame Wissensbasis abzustimmen, verbunden mit der Fähigkeit, laiengerecht zu kommunizieren, um Außenstehenden den Blick der eigenen Disziplin zu vermitteln.

Durch das ehrenamtliche Engagement, das die befragten Studierenden selbst als Lernsetting wahrnehmen, wird ebenfalls die Ausbildung von Kommunikationsfähigkeiten gefördert: *„Ja, also lernen kann man auf jeden Fall einiges, vor allem auch im Bereich der Kommunikation mit den Leuten, mit denen man zu tun hat – wie man wen anspricht [...]"* (INT 2, TN 3). Zentral ist außerdem auch die Förderung von Organisationsfähigkeiten: *„[...] ich als Person habe konkret davon im Rahmen von methodischen Kompetenzen ein bisschen davon profitiert, dass man irgendwie Veranstaltungen und so organisieren muss"* (INT 2, TN 2).

Daneben werden aber auch Fähigkeiten zur Teamleitung, Übernahme von Verantwortung, Selbstmotivation und Motivation von anderen, Zeitmanagement, Gruppenarbeit und Präsentation gefördert; zudem werden neue Wissensfelder erschlossen, die für die ehrenamtliche Arbeit von Bedeutung sind. Es wird deutlich, dass in beiden Lernsettings unterschiedliche Teilkompetenzen, Dispositionen und Fertigkeiten angesprochen werden.

Neben kognitiven Dispositionen werden insbesondere die für den Kompetenzerwerb von besonderer Bedeutung erscheinenden emotionalen und motivationalen Dispositionen von den Teilnehmenden des Studienprogramms angesprochen: Die unterschiedlichen Sichtweisen und Ausgangsbedingungen werden explizit als Bereicherung wahrgenommen, die enge Zusammenarbeit im Studienprogramm bietet zudem eine Vertrauensbasis, die als entscheidend für qualitativ hochwertige Diskussionen benannt wird und eine vertrautere Zusammenarbeit als in „normalen" Seminaren fördert.

Prozess der Kompetenzentwicklung

Wird der Kompetenzerwerb verstanden als *Entwicklung einer „mental complexity"* (Kegan 1986), dann gilt das Augenmerk der Hochschuldidaktik der Ausbildung mentaler Modelle, die benötigt werden, um neues Wissen zu erwerben, zu strukturieren und zu organisieren. Hier wird der Umgang mit Komplexität als wesentliche Voraussetzung genannt, der sich im Umgang mit unterschiedlichen Wissensbeständen niederschlägt: *„Mit dem Wiki lassen sich auch komplizierte Fragen viel besser strukturieren und man kann auch den Überblick bewahren ohne die Zusammenhänge aus den Augen zu verlieren"* (Spn_18).

Die Arbeit an einer gemeinsamen Wissensbasis, die zugleich die vielfältigen Wechselwirkungen und Einflüsse abzubilden vermag, unterstützt den Aufbau mentaler Modelle und ermöglicht zudem den Abgleich mit den Modellen anderer. Eine solche „Explikation eines mentalen Modells" bringt einen echten Mehrwert für die kollaborative Arbeit mit sich und begünstigt somit den Erwerb von Kompetenzen.

Kompetenzerwerb findet damit nicht zuletzt durch die Restrukturierung von Wissen und das Neuformulieren des eigenen Verständnisses aufgrund neuer Erfahrungen, Sichtweisen und Kontexte statt. Dieser Prozess der De- und Rekonstruktion wird sichtbar und damit nachvollziehbar gemacht, gemeinsam ausgehandelt und bewertet. Die Prozessorientierung in der Arbeit führt zum Hinterfragen der damit verbundenen Werte und Normen, die diskutiert und (re)produziert werden.

Die erfolgreiche Bewältigung konfliktbeladener Entscheidungssituationen als entscheidender Antrieb für die Wertinteriorisation macht Arbeitsweisen notwendig, die die emotionale Ebene mit einbeziehen, bewährte Handlungsmuster durchbrechen und zu neuen Bewertungen von Handlungsmöglichkeiten führen. Dies geschieht auf zweierlei Weise: zum einen durch die explizite Wertdiskussion insbesondere zwischen den unterschiedlichen Disziplinen, zum anderen beim Aufbau der gemeinsamen Wissensbasis.

Der kollaborative Kompetenzerwerb kann zudem als *Lernen in „Communities of Practice"* (Wenger 1998) beschrieben werden. Durch ein „Hineinwachsen" in eine Gemeinschaft werden nicht nur Wissensbestände, sondern auch handlungsleitende Werte erworben. Unterstützt wird dies durch die Fokussierung auf handlungsrelevante Praxiskontexte, die Betonung individuellen und kollaborativen Lernens sowie die Reflexion sozialer Konstruktionen. Die unterschiedlichen Kontexte des Studienprogramms bieten einen Raum, in dem eine schrittweise wachsende Teilnahme und ein „nachholendes" Lernen ermöglicht wird, zugleich können Studierende „Expertinnen und Experten" in einem Thema, zugleich „Laie" in einem anderen sein und auf diese Weise gegenseitig voneinander lernen: *„Ich finde es gut eigentlich, weil ich in den Seminaren selber, wenn ich also anderen Kommilitonen hier gegenüber sitze, mich ungern in Diskussionen einbinde, weil ich immer etwas länger brauche, um mir meine Diskussionspunkte so im Kopf zurecht zu legen. [...] Bei ‚meinem' Thema im Wiki, da konnte ich aber gut diskutieren und argumentieren, da war ich ja dann ‚Expertin'"* (Spn_18).

Der Erwerb von Kompetenzen und Fähigkeiten findet im ehrenamtlichen Engagement als Erfahrungslernen bzw. inzidentelles Lernen statt: Personen beginnen sich zu engagieren und stoßen dabei zunächst auf Eingangshürden. Sie müssen herausfordernden neuen Situationen standhalten können und versuchen, eigenständig Lösungsstrategien zu entwickeln: *„Dann war halt erst mal die Frage, ok, wo kriege ich Kontakte her, wo kriege ich die Leute angesprochen, das habe ich mir halt ausgedacht. [...] Das hat am Anfang auf jeden Fall Überwindung gekostet, [...]...das ist halt schon echt Verantwortung"* (INT 1, TN 1). Hinsichtlich des Erfolgs der angewendeten Strategien besteht zunächst Unsicherheit, und es entstehen Ängste, der Aufgabe nicht gewachsen zu sein.

Werden die Herausforderungen allerdings bewältigt, können dadurch die vorhandenen Ängste abgebaut werden, und man wird gelassener: *„Ängste abbauen, [...] das lernt man, weil man merkt einfach, was man macht, ist in Wirklichkeit gar nicht so schlimm letztendlich"* (INT 1, TN 5). Man ist stolz auf den erreichten Erfolg, traut sich mehr zu und sucht in Folge dieser Selbstwirksamkeitserfahrung nach neuen Herausforderungen.

Im Sinne eines Learning-by-doing können sich die Studierenden ausprobieren, Erfahrungen machen und werden dadurch mit der Zeit nicht nur gelassener, sondern erwerben auch neue Fähigkeiten: *„[...] aber dann, also, das ist einfach, da kann man es mal ausprobieren und da kann man es ausleben und das sind einfach, dadurch wird man, glaube ich, viel ruhiger [...]"* (INT 1, TN 1).

Merkmale des Lernprozesses

Im Hinblick auf den Erwerb von Schlüsselkompetenzen lassen sich drei Aspekte als wesentliche Merkmale des Lernprozesses hervorheben:

- *Reflexionsprozesse:* Durch die Explikation des Lernprozesses werden die kritische Distanz zum eigenen Handeln und die Fähigkeit zur Reflexion der eigenen Handlungen unterstützt, die als entscheidende Voraussetzung des Erwerbs von Schlüsselkompetenzen angesehen werden (Rychen 2003). Die einzelne Person muss den eigenen Lernstil hinterfragen und bewährte Routinen auf den Prüfstand stellen. In Gruppenzusammenhängen führt die Reflexion der Zusammenarbeit und der Kommunikation zur Identifikation von Lösungswegen, die neue, bisher nicht erprobte Richtungen einschlagen können. Der interdisziplinären Zusammenarbeit kommt hier eine Schlüsselrolle zu.

- *Eigenverantwortung und Selbststeuerung:* Innerhalb des Studienprogramms findet das Prinzip der Selbststeuerung auf zweierlei Art Eingang in den Lernprozess: Zum einen wird die schrittweise Öffnung vom stärker angeleiteten zum selbstgesteuerten Lernen in den Präsenzphasen als Erprobung des Ernstfalls verstanden, in dem Studierende vorhandene Kompetenzen anwenden und neue Kompetenzen erwerben. Zudem spielt die eingesetzte Lernplattform eine entscheidende Rolle, die sowohl Verantwortung des Einzelnen für die Lernprozesse als auch die Chance zur eigenständigen Steuerung derselben stärkt. Die Auseinandersetzung mit den wahrgenommenen Vor- und Nachteilen dieser Form des Lernens und die Erprobung und Bewältigung unterschiedlicher Anforderungskontexte führt zu einer vertieften Reflexion und aktiv gestaltenden Herangehensweise, die den Erwerb korrespondierender Schlüsselkompetenzen unterstützt.

- *Multiple Kontexte:* Als zentrale Bedingung, die den Kompetenzerwerb unterstützt, hat sich der von den Studierenden wahrgenommene Anforderungskontext herausgestellt, in dem bestimmte (Lern-)Strategien umgesetzt werden. Die Anforderungskontexte definieren Lernsituationen, in denen der Erwerb von Kompetenzen realisiert werden kann. Durch die gleichzeitige Bereitstellung unterschiedlicher Anforderungszusammenhänge, in denen verschiedene Anwendungen gefragt sind, bietet sich die Möglichkeit, kontextübergreifende

Kompetenzen in unterschiedlichen Zusammenhängen zu erproben und zu festigen: *„Ich bin der Meinung, dass ich bisher keine neuen [...] Kompetenzen oder Fähigkeiten erlernt habe. [Solche Fähigkeiten] habe ich auch in anderen Seminaren mehr oder minder intensiv praktiziert, so dass mir dies nicht neu ist. Durch den intensiven Einsatz im Studienprogramm werden diese ‚Techniken' jedoch Stück für Stück verbessert"* (Spn_19). Mit der engen Verzahnung mit wechselnden Problemstellungen werden dabei träges Wissen vermieden und unterschiedliche Wissensbestände aktiviert.

Aufgrund der Studie lässt sich der nicht-organisierte und nicht-strukturierte Lernprozess im Rahmen des ehrenamtlichen Engagements, der primär als Erfahrungslernen zu verstehen ist, insbesondere durch folgende Elemente charakterisieren:

- *Freiwilligkeit und Eigenverantwortung:* Die Studierenden engagieren sich freiwillig und organisieren ihre Arbeitsprozesse eigenverantwortlich. Es gibt keine dritte Person, die unterstützend oder steuernd tätig wird. Das heißt auch, dass die Lernprozesse ungesteuert ablaufen und mögliche Reflexionsprozesse individuell bzw. im Austausch zwischen den Lernenden, aber ohne die Unterstützung eines Lehrenden stattfinden.
- *Lernen mit ethischer Orientierung in sinnhaften Ernstsituationen:* Das Handeln der Studierenden zielt auf konkrete Ziele ab, sie möchten mit ihrem Handeln etwas erreichen, möchten Veränderungen bewirken. Zu diesem Zweck engagieren sie sich in studentischen Initiativen, Gruppen oder Gremien, die verwaltet und organisiert werden müssen. Die Studierenden agieren „wie ihm wahren Leben" und bereiten sich damit auch auf ihr Berufsleben vor. Gleichzeitig können sie dies allerdings in einem geschützten Kontext tun. Sie unterstützen sich gegenseitig und verlassen sich auf ihre Gruppe.
- *Nicht-intendiertes, aber bewusstes Lernen:* Die engagierten Studierenden verbinden mit ihrem Engagement zwar eine grundsätzliche Absicht, etwas lernen zu wollen. Die konkreten Handlungen sind allerdings nicht durch einen Wunsch nach Lernen motiviert, sondern dadurch, ein Projekt umsetzen, eine Veranstaltung organisieren zu wollen etc. Es besteht im Handeln keine konkrete Lernabsicht; auch sind die Studierenden sich im Moment der Handlung nicht des Lernens

bewusst. Im Nachhinein wird ihnen aber der Zuwachs an Erfahrungen und damit auch Fähigkeiten bewusst.
- *Fächerübergreifende Zusammenarbeit:* Die Studierenden, die sich engagieren, kommen aus unterschiedlichen Studiengängen. In ihrer ehrenamtlichen Arbeit erleben sie daher fächerübergreifende Zusammenarbeit und lernen unterschiedliche disziplinäre Perspektiven kennen.

Rahmenbedingungen und Lernvoraussetzungen

Der Erwerb der oben dargestellten Kompetenzen bedarf eines entsprechenden Lernsettings. Die Möglichkeit, während des Fachstudiums auch in interdisziplinären Kontexten mit „Fachfremden" gemeinsam bestimmte Fragestellungen zu bearbeiten, fördert derartige Kompetenzen. Es kann nicht darum gehen, das gesamte Studium interdisziplinär zu organisieren, denn interdisziplinäre Zusammenarbeit basiert auf der Zusammenführung disziplinärer Sichtweisen, die vor allem in einem disziplinären Studium herausgebildet werden können.

Damit Studierende die Möglichkeiten, sich an der Universität ehrenamtlich zu engagieren, wahrnehmen können, und sich damit auch die aufgezeigten Lernprozesse erschließen können, sind bestimmte Rahmenbedingungen und Möglichkeitsräume erforderlich. Insbesondere muss die formale Studienorganisation ausreichend Zeit zulassen, um sich engagieren zu können. Wenn sich (auch trotz engen Zeitrahmens) Studierende ehrenamtlich engagieren und dem Engagement entsprechend eine hohe Priorität zusprechen, bedarf es einer positiven Verstärkung ihres Umfelds: der anderen Studierenden ebenso wie der Lehrenden. Sie sollten Gelegenheiten erhalten, sich über den Nutzen, der für ihr Umfeld, aber auch für sie selbst mit dem Engagement verbunden ist, austauschen zu können. Ihnen sollte der Freiraum zugestanden werden, ihr Engagement selbst zu gestalten. Unterstützung der ehrenamtlichen Arbeit durch Lehrende und die Hochschulverwaltung sollte nicht nur zum Selbstverständnis gehören, sondern auch – wo möglich – strukturell verankert sein.

Es geht letztlich um eine universitäre Kultur der Förderung und Anerkennung freiwilligen Engagements Studierender als Voraussetzung für informellen Kompetenzerwerb im Rahmen eigenverantwortlichen Handelns der Studierenden.

Fazit

Die vorliegenden Ergebnisse zum Kompetenzerwerb in formalen und informellen Settings an einer Hochschule machen folgendes deutlich:

- Sowohl im „Studienprogramm Nachhaltigkeit" als auch dem ehrenamtlichen studentischen Engagement wird die Entwicklung von Kompetenzen bzw. einzelnen Dispositionen gefördert. Wichtige Teilaspekte von Gestaltungskompetenz, wie z.b. interdisziplinäres Zusammenarbeiten, Planungs- und Umsetzungsfähigkeiten oder die Fähigkeit, sich selbst und andere zu motivieren, werden angesprochen.
- Zum Erwerb und zur Anwendung von Kompetenzen erscheint das Vorhandensein unterschiedlicher und vielfältiger Kontexte wichtig. In formalen Settings muss Kontextvielfalt geschaffen werden; informelles Lernen bietet diese per se. Es kommt allerdings darauf an, dass Hochschulen Räume für informelles Lernen schaffen und informelle Lernprozesse wahrnehmen und unterstützen. Welche Faktoren dabei von Bedeutung sind, zeigen die vorliegenden Ergebnisse auf.
- Die Entwicklung von Kompetenzen ist nur bedingt steuerbar. Der Eigenverantwortung der Lernenden kommt eine wichtige Bedeutung zu: Sie ebnet den Weg zu möglichst unterschiedlichen Lernanlässen und Zugängen zum Kompetenzerwerb. Die Lernenden können unterstützt werden, indem ihnen Räume für informelle Lernprozesse eröffnet werden.
- Interdisziplinarität ist von Bedeutung für die Förderung von Reflexionsprozessen, der Entwicklung einer Schlüsselkompetenz zur interdisziplinären Zusammenarbeit und der Ausbildung motivationaler Dispositionen. In formalen Settings muss die Möglichkeit zur interdisziplinären Zusammenarbeit bereitgestellt werden; in informellen Lernsettings ist diese eher vorhanden, da keine Differenzierung nach Fächern stattfindet.

Die Ergebnisse der vorliegenden Untersuchung lassen vermuten, dass sowohl formale als auch informelle Lernsettings an Hochschulen von Relevanz für die Entwicklung von Kompetenzen für eine nachhaltige Entwicklung sind.

Dem kann eine Kultur des Lernens dienen, die die Kultur des Lehrens ablöst, die Lernprozesse in formalen und informellen hochschulischen Settings miteinander verbindet und die außercurricular entwickelte Kompetenzen einbezieht. Die Etablierung einer solchen Lernkultur erweitert den Lernraum und eröffnet bessere Lernmöglichkeiten für die kontextübergreifende Entwicklung zukunftsorientierter Kompetenzen. In Ergänzung zur beruflichen Ausbildung zielt sie auf die Persönlichkeitsentwicklung, die Individuen dazu befähigt, mit komplexen Situationen umzugehen, reflexiv zu handeln und zu entscheiden, Verantwortung zu übernehmen, im Handeln ethische Kriterien zu berücksichtigen und Konsequenzen vorauszusehen.

Offen bleibt die Frage, wie formales und informelles Lernen systematischer aufeinander bezogen werden können. Es bleibt zu untersuchen, ob und inwiefern sich die beiden Lernformen ergänzen können („additive learning", Schugurensky 2000: 6), wie sie das jeweils im anderen Bereich Gelernte erweitern und verändern können („transformative learning", ebd.), oder anders gesagt, welche Wechselwirkungen überhaupt zwischen ihnen bestehen. Aus den vorhandenen Daten ergeben sich bereits erste Hinweise, dass eine wechselseitige Unterstützung bestehen könnte: *„[...] und das lässt sich eben auch wunderbar kombinieren, und ich habe, ja, also ich hab auch wirklich das Gefühl, dass Studium, also inhaltliche, und praktische Arbeit sich unglaublich gut gegenseitig bedingen"* (INT 1, TN 5).

Matthias Barth, Jasmin Godemann, Marco Rieckmann und Ute Stoltenberg

Den Wandel begreifen: Szenarien für eine nachhaltige Hochschulentwicklung

Der Begriff des Szenarios wird in den unterschiedlichsten Kontexten verwendet und wahrgenommen: Wirtschafts-, Klima- oder Katastrophenszenarien sind beispielsweise fast täglich in den Medien zu finden. Verallgemeinernd sind solche Szenarien zunächst als „konsistente und schlüssige Beschreibung von alternativen und hypothetischen Zukünften" zu verstehen, die verschiedene Perspektiven auf die Vergangenheit, Gegenwart und zukünftige Entwicklungen reflektieren und als Handlungsbasis dienen können (van Notten et al. 2005). Die Entwicklung von Szenarien wird vor allem bei komplexen, langzeitigen und unsicheren Problemstellungen eingesetzt (Swart et al. 2004). Bei allen Differenzen in der Definition des Begriffs „Szenario" lässt sich grundsätzlich festhalten, dass ein Szenario *keine* Vorhersage der Zukunft ist, sondern eher ein systematisches Nachdenken über die Zukunft (Schwartz 2005).

Die Beschäftigung mit Szenarien erscheint dennoch – oder gerade deshalb – im Bereich der Nachhaltigkeitsforschung interessant, da hiermit methodengeleitet die Zukunftsgestaltung, der Umgang mit Unsicherheiten und die Antizipationsfähigkeit der Beteiligten in den Blick genommen wird. Die im Kapitel „Integrativ forschen" aufgestellte Forderung der expliziten Berücksichtigung der Transformation des Falles wird mit der Integration der Szenarioanalyse in die Transformative Fallstudie aufgegriffen. Mit der Analyse nachhaltigkeitsrelevanter Szenarien für die Hochschullandschaft ist eine systematische Beschäftigung mit denkbaren Zukünften möglich.

Die Szenario-Analyse hat ihren Ursprung in militärischen strategischen Studien (Kahn/Wiener 1967) und fand Eingang in den wirtschaftlichen Bereich durch die Einbindung der Szenario-Technik in unternehmerische Planungsprozesse u.a. bei Shell seit den 1970er Jahren. Die vom Club of Rome veröffentliche Szenario-Studie „The Limits to Growth" (Meadows 1974) ist wahrscheinlich die bekannteste und kontroverseste Arbeit. Heutzutage werden Szenarien von Unternehmen jeglicher Größe und unterschiedlichsten Akteurinnen und Akteuren zu lokalen, regionalen oder globalen Fragestellungen angefertigt und mittlerweile auch in Bildungskontexten eingesetzt (Hung et al. 2003, Retzmann 2001, Vester 2007).

Sowohl der Prozess der Szenarioerstellung als auch die Szenarien als Resultat selbst erfüllen dabei wichtige Funktionen. Während das Endergebnis meist als Grundlage für strategische Entscheidungen dient, unterstützt der Prozess der Erstellung die Kompetenzentwicklung der beteiligten Personen.

Einsatzfelder der Szenariomethode

Der Einsatz der Szenariomethode lässt sich in sehr unterschiedlichen Feldern verfolgen. Auch – und gerade – für die hier angesprochenen Bereiche der Hochschulentwicklung einerseits und der Nachhaltigkeitsforschung andererseits lassen sich verschiedene Ansätze identifizieren.

Im Bereich der Hochschulentwicklung fokussieren solche Ansätze entweder auf spezifische Aufgabenfelder oder Charakteristika der Hochschule und beschreiben bspw. die Entwicklung des Einsatzes von E-Learning (stellv. Bremer 2004) oder die Internationalisierung von Hochschulen (van der Wende 2007). Weitere nehmen die allgemeine Hochschulentwicklung in unterschiedlichen räumlichen Dimensionen in den Blick, von der einzelnen Hochschule (Littmann 1998) über regionale Entwicklungen (Universiti Sains Malaysia 2007) bis hin zu globalen Trends (Vincent-Lancrin 2004).

Im deutschsprachigen Raum sind hierbei unterschiedliche Ansätze entstanden, die systematisch für das Hochschulwesen Entwicklungstrends abzuleiten versuchen. Zu nennen sind insbesondere die in der Zeitschrift „Die Hochschule" publizierten Szenarien einer Reihe von Hochschulforscherinnen und -forscher, die eine Gesamtschau auf die Entwicklung der nächsten Jahre wagen (insbes. Krücken 2002, Pellert 2002, Teichler 2002) sowie das vom Institut Futur der Freien Universität Berlin durchgeführte Hochschuldelphi „Hochschule 2030" (de Haan/Gregersen 2007). Die unterschiedlichen Ansätze decken dabei das gesamte methodische Spektrum ab und reichen von expertengestützten narrativen Szenarien über formative Ansätze bis hin zu Delphi-Studien.

Bei vielen Fragen im Bereich der Nachhaltigkeitsforschung müssen komplexe soziale, ökologische und ökonomische Systeme im dynamischen Zusammenspiel betrachtet werden. Für die dazu notwendige integrative und langfristige Perspektive in einem zukunftsoffenen Prozess ist die Szenarioanalyse eine geeignete Methode (Swart et al. 2004). Sehr bekannt sind die vom Weltklimarat entwickelten Szenarien zu den Treibhausgasemissionen, die die Folgen unterschiedlicher „was-wäre-wenn"-Annahmen auf das Klima modellieren (IPCC 2007). Berghoff (2003) betrachtet explorativ nachhaltigkeitsrelevante Fragestellungen der Zukunft.

Ein weiterer Ansatz, der in der Nachhaltigkeitsforschung praktiziert wird, geht einen umgekehrten Weg: Hier werden erwünschte oder unerwünschte Zukunftszustände angenommen und es wird untersucht, wie es zu diesen Zuständen kommen konnte oder welche Risiken davon ausgehen können (Robinson 2003). Dieser Weg wurde beispielsweise im Bereich der Politikanalyse verfolgt (Raskin et al. 1996).

Die Methode der Szenarioanalyse erlaubt es auch, je nach Relevanz für die Fragestellung, Stakeholder in den Entwicklungsprozess einzubinden. Damit können unterschiedliche Ziele verfolgt werden, wie beispielsweise die partizipative Modellbildung oder die Integration von unterschiedlichen (Praxis-)Wissensbeständen (Scholz/Tiedtje 2002, Matthies 2007). Keil und Stieß (2007) nutzen die Szenarioanalyse in einem Forschungsprojekt zur Chemikaliennutzung auch explizit für soziale Lernprozesse, insbesondere für den Umgang mit Komplexität und Unsicherheiten.

Es sind mittlerweile unzählige Szenarioanalysen mit unterschiedlichsten Fragestellungen und Methoden durchgeführt worden, so dass hier nur ein kleiner Auszug vorgestellt werden konnte. Deutlich wurde jedoch bereits, dass methodisch teilweise erhebliche Unterschiede in der Entwicklung der Szenarien bestehen.

Methoden der Szenario-Erstellung

Szenarien werden überwiegend in einem mehr oder weniger formalisierten Prozess erarbeitet, bei dem sehr unterschiedliche methodische Ansätze verfolgt werden können. Im Folgenden sollen diese unterschiedlichen Herangehensweisen voneinander abgegrenzt und auf das Vorgehen im vorliegenden Fall bezogen werden.

Intuitive vs. formative Szenarien

Diese Unterscheidung bezieht sich im Kern auf die Komplexität und Formalisiertheit mit der eine Szenarioanalyse durchgeführt wird. Werden Expertinnen und Experten zu zukünftigen Entwicklungen eines Themenfeldes befragt und diese Einschätzungen als Szenarien skizziert, verknüpfen sie Einflussfaktoren und Wissen intuitiv.

Wird hingegen in einem Entwicklungsprozess, an dem immer ein Team beteiligt ist, systematisch (methodengestützt) ein System analysiert, werden Einflussfaktoren identifiziert, Beziehungen im System analysiert und berücksichtigt, Konsistenzen bewertet (Godet 2000) und in sich robuste Szenarien entwickelt bzw. auf Basis einer Bewertungsmatrix berechnet (Tietje 2003, Fink et al. 2002), spricht man von formativer Entwicklung von Szenarien. Diese erfordert einen enormen Methoden- und Arbeitsaufwand, bringt jedoch teilweise auch nicht-erwartete Szenarien zum Vorschein. Zwischen diesen beiden Unterscheidungen gibt es natürlich auch Zwischenstufen.

Explorative vs. normative Szenarien

Eine weitere Unterscheidung bezieht sich auf die Richtung, in welche die Szenarien entwickelt werden. Bei explorativen Szenarien wird versucht, die Vielfalt und Breite der zukünftigen Entwicklungen aus der Gegenwart zu entwickeln, man schaut also offen in die Zukunft (von Reibnitz 1992). Bei normativen Szenarien hingegen wird ein gewünschter „visionärer" Zustand der Zukunft festgelegt und man versucht, Diskussionen zu stimulieren, wie dieser Zustand erreicht werden kann. Ein solches „backcasting" (Robinson 2003) findet sich häufig im Zusammenhang mit Studien zur Erreichung nachhaltiger Zukünfte, wird aber auch umfassend in Unternehmen zur strategischen Planung eingesetzt. Je nach Fragestellung bietet sich auch eine Kombination beider Ansätze an, denn auch ein exploratives Szenario kann nicht wertfrei sein, weil im Prozess kontinuierlich Annahmen und Bewertungen getroffen werden (Swart et al. 2004).

Qualitative vs. quantitative Ansätze

Eine weitere Unterscheidung lässt sich nach der Form der verwendeten Daten, der Verarbeitung und der Art des Outputs vornehmen. Quantitative Analysen, wie beispielsweise die Studie des Club of Rome (Meadows 1994), werden mit Hilfe von Modellen, mathematischen Algorithmen und Beziehungen durchgeführt („Modelling") (Swart et al. 2004). Ein solches Vorgehen ist angemessen für relativ gut verstandene und beschriebene Systeme. Wird die Fragestellung und das betrachtete System komplexer, nimmt die Aussagekraft mathematischer Modelle ab.

Insbesondere bei sozial-ökologischen Systemen mit nicht quantifizierbaren Beziehungen oder unsicheren Zustandsbeschreibungen wird dies deutlich. Betrachtungen von Werten, Verhalten, Institutionen etc. können hingegen in qualitativen Szenarien eingebunden werden (Swart et al. 2004). Diese Szenarien sind daher auch nicht durch Zahlen beschreibbar, es werden vielmehr konsistente Beschreibungen der Zukunft entwickelt („narrative Szenarien").

Vorgehensweise im Szenario „Hochschullandschaft 2035"

Anhand der so getroffenen Unterscheidungen lässt sich die im Projekt „Sustainable University" durchgeführte und im Folgenden vorgestellte Szenarioanalyse näher einordnen. Es handelt sich zunächst um eine stark formative Analyse mit einem streng methodengeleiteten Vorgehen. Sie wurde als zukunftsoffene, explorative Szenarioentwicklung durchgeführt, insbesondere, da der Fokus auf der Betrachtung des Umfeldes des Falles lag, auf das eine einzelne Hochschule als Akteurin relativ geringen Einfluss ausüben kann. Im Ergebnis sind die hier entwickelten Szenarien narrativer und qualitativer Art, auch wenn in die Entwicklung der Zukunftsprojektionen und bei der Bewertung von Konsistenzen quantitative Daten zentraler Studien mit eingeflossen sind.

Ein solches Vorgehen bringt im Ergebnis ein intersubjektives Endprodukt kollaborativer Gruppenprozesse hervor, wobei Daten und Wissensbestände der beteiligten Expertinnen und Experten systematisch integriert werden (Keil 2005, Scholz/Tietje 2002). Je nach Fragestellung empfiehlt es sich daher, Wissen aus transdisziplinären Kontexten einzubinden und externe Expertinnen und Experten aus anderen Bereichen in den Szenarioprozess einzubeziehen. Im Falle der Szenarioentwicklung im „Sustainable University"-Projekt wurden nicht nur Wissensbestände aus unterschiedlichen Disziplinen und Bereichen zusammengebracht, sondern darüber hinaus gemeinsames neues Wissen erarbeitet. Zwischenergebnisse der Analyse wurden wiederholt von externen Expertinnen und Experten validiert.

Für das konkrete Vorgehen wurde die Entwicklung von Umfeldszenarien für das Hochschulwesen gewählt. Die Szenarioentwicklung folgt der Fragestellung, wie das *Umfeld des Hochschulwesens in Verknüpfung mit den wichtigsten intra-universitären Einflussfaktoren im Jahre 2035* aussehen könnte.

Die vier grundsätzlichen Schritte der Szenarioanalyse wurden bereits im Kapitel „Integrativ forschen" vorgestellt und in das Ablaufschema der „Transformativen Fallstudie" eingeordnet. Abbildung 8 verdeutlicht diese Schritte der Identifikation der bedeutendsten Schlüsselfaktoren (1), der Ableitung von Ausprägungen (2), der Konsistenzberechnung (3) und Zukunftsprojektion (4) noch einmal.

Abbildung 8: Schritte der Szenarioanalyse (verändert, nach SCMI 2007)

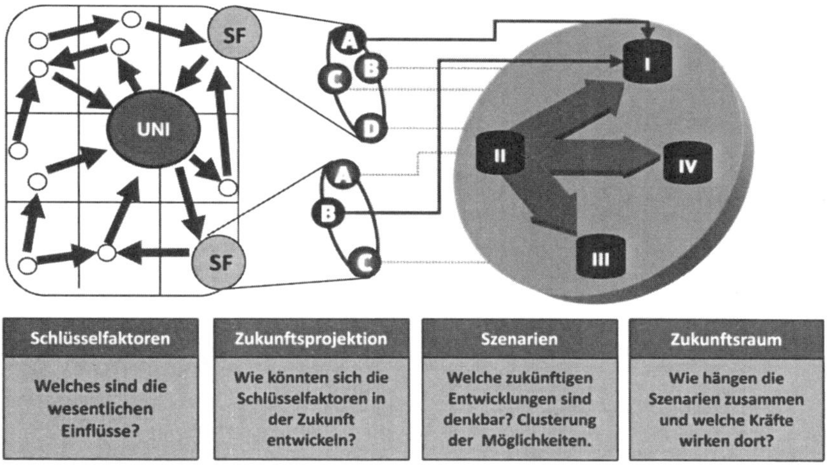

Schlüsselfaktoren	Zukunftsprojektion	Szenarien	Zukunftsraum
Welches sind die wesentlichen Einflüsse?	Wie könnten sich die Schlüsselfaktoren in der Zukunft entwickeln?	Welche zukünftigen Entwicklungen sind denkbar? Clusterung der Möglichkeiten.	Wie hängen die Szenarien zusammen und welche Kräfte wirken dort?

Identifikation relevanter Schlüsselfaktoren (1)

Für die Entwicklung von Szenarien galt es, in Bezug auf die Fragestellung die Komplexität des Systems auf eine überschaubare Anzahl von Schlüsselfaktoren zu reduzieren. Dies wurde methodisch ähnlich der in Kapitel „Integrativ forschen" beschriebenen zweiten Stufe der Fallstudie durchgeführt. Nachdem zunächst in einer systematischen Beurteilung der Bedeutung der einzelnen Faktoren eine Reduktion auf die 30 wichtigsten vorgenommen wurde, erfolgte in einem zweiten Schritt durch das Zusammenfassen inhaltlich ähnlicher Aspekte eine Verdichtung auf 17 Schlüsselfaktoren (siehe Tab. 4). Über diese Schlüsselfaktoren konnten die wesentlichen Aspekte und Umfeldbedingungen des Hochschulwesens in die Entwicklung der Szenarien einfließen.

Tabelle 4: Die Schlüsselfaktoren im Überblick

Schlüsselfaktoren	
01	Ausgestaltung von Forschung
02	Ausgestaltung von Lehr- und Lernformen
03	Heterogenität der Studierendenschaft
04	Hochschulsteuerung
05	Legitimation & Accountability
06	Entwicklung und Bedeutung von Hochschulabschlüssen
07	Wettbewerbssituation auf Bildungsmarkt
08	Finanzierung
09	Differenzierung von Hochschulen
10	Kooperation
11	Wissensorganisation
12	Politische Regulierung
13	Arbeitsmarktanforderungen
14	Normen und Werte
15	Technologischer Fortschritt
16	Umgang mit globalen Wandel
17	Weltwirtschaftliche Entwicklung

Entwicklung relevanter Ausprägungen und Konsistenzanalyse (2)

Für die 17 Schlüsselfaktoren wurden je drei bis fünf denkbare zukünftige Ausprägungen erarbeitet, die das Spektrum möglicher zukünftiger Entwicklungsrichtungen annähernd umfassend abdecken sollten. Für die Festlegung möglicher Ausprägungen wurden die in der Wissensbasis gesammelten empirischen Befunde und wichtigen Entwicklungstrends mit herangezogen. Abbildung 9 zeigt solche Ausprägungen exemplarisch für den Schlüsselfaktor „Hochschulsteuerung".

Abbildung 9: Ausprägungen des Schlüsselfaktors „Hochschulsteuerung"

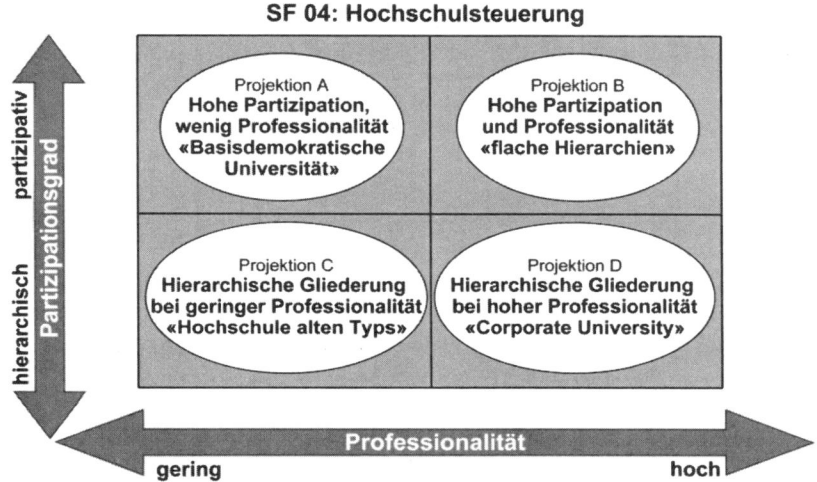

SF 04: Hochschulsteuerung

	Professionalität gering	Professionalität hoch
partizipativ	Projektion A Hohe Partizipation, wenig Professionalität «Basisdemokratische Universität»	Projektion B Hohe Partizipation und Professionalität «flache Hierarchien»
hierarchisch	Projektion C Hierarchische Gliederung bei geringer Professionalität «Hochschule alten Typs»	Projektion D Hierarchische Gliederung bei hoher Professionalität «Corporate University»

(Partizipationsgrad)

Auf diese Weise wurden die 17 Schlüsselfaktoren durch insgesamt 54 Ausprägungen in die Zukunft projiziert. Diese Ausprägungen bildeten die Grundlage für eine anschließende Beurteilung der wechselseitigen Konsistenz, z.B. würde Projektion C, eine hierarchisch gegliederte Hochschule alten Typs, in einer inkonsistenten Beziehung zu einem intensiven, heterogenen Wettbewerb (einer Ausprägung des Schlüsselfaktors 07, Wettbewerbssituation auf Bildungsmarkt) stehen. Insgesamt mussten so ca. 2.000 Einzelbewertungen diskursiv vorgenommen werden.

Berechnung von Szenarien und Clusterung (3)

Die über Einzelbewertungen gewonnene Konsistenzmatrix bildete die Grundlage für eine softwaregestützte Ermittlung konsistenter und robuster (d.h. nicht störungsanfälliger) Zukunftsszenarien. Bei dieser erfolgte eine Analyse aller denkbaren Kombinationen der zuvor erarbeiteten zukünftigen Entwicklungen der Schlüsselfaktoren.[24] Aus über 17 Milliarden mögli-

---

[24] Der Entwicklungsprozess der Szenarien wurde durch die Firma Scenario Management International AG begleitet und die Berechnung der Szenarien softwaregestützt durchgeführt.

chen Projektionskombinationen wurden die 200 Kombinationen mit den höchsten Konsistenzwerten ermittelt und durch eine Clusteranalyse zu acht unterschiedlichen, in sich robusten und inhaltlich homogenen Szenarien zur zukünftigen Entwicklung des Hochschulwesens aggregiert.[25]

Szenarienbeschreibung und Interpretation (4)

Jedes dieser acht Szenariobündel (im Weiteren vereinfachend als Szenarien bezeichnet) lässt sich über die vorherrschenden Ausprägungen der Schlüsselfaktoren beschreiben, die eine inhaltliche Annäherung an die einzelnen Szenarien ermöglichen. Ausprägungen, die ausschließlich in einem Szenario vorkommen, charakterisieren dieses in besonderem Maße. Neben diesen Merkmalen wird das Szenario auch durch Merkmale gekennzeichnet, die in allen Einzelszenarien eines Szenariobündels vorkommen.

Auf Grundlage der beschriebenen Merkmale erfolgt eine inhaltliche Analyse aller Cluster und eine Beschreibung der einzelnen Szenarien. Diese Beschreibungen sind als Grenzen eines Zukunftsraums zu interpretieren, innerhalb derer unterschiedliche Entwicklungen denkbar sind.

„Sustainable University"-Szenario „Hochschullandschaft 2035"

Bei der Analyse der acht Szenarien der Hochschullandschaft im Jahre 2035 konnten drei übergeordnete, in sich ähnliche Gruppen identifiziert werden. Die drei Hauptgruppen machen dabei die Breite des Zukunftsraumes deutlich, der für eine Einschätzung des Hochschulwesens im Jahr 2035 relevant wird. Die acht Szenarien erlauben schließlich differenzierte Aussagen über einzelne Entwicklungsrichtungen innerhalb dieser Gruppen. Grundsätzlich lässt sich dabei eine vorwiegend gesellschaftsnahe Ausrichtung der Hochschulen von einer eher gesellschaftsfernen sowie einer überwiegend instrumentellen Rolle abgrenzen:

---

[25] Die Entscheidung für die endgültige Anzahl solcher Cluster erfolgte unter Abwägung einer möglichst überschaubaren Anzahl von Szenarien(-gruppen) einerseits und einem möglichst geringen Informationsverlust (relativer Informationsverlust der Clusteranalyse) bei der Zusammenfassung andererseits.

Den Wandel begreifen

- gesellschaftsnah: Die lebensweltoffene Universität agiert als finanzstarke Kooperationspartnerin (Szenarien 1, 2, 5 und 6)
- gesellschaftsfern: Die konservative Universität pflegt ihr Nischendasein (Szenarien 7 und 8)
- instrumentell: Die wirtschaftsnahe Universität erzeugt marktfähiges Wissen (Szenarien 3 und 4)

Abbildung 10 visualisiert die Ausprägungen der wichtigsten Einflussfaktoren und damit die drei Szenario-Hauptgruppen sowie die Anordnung der Szenarien im Zukunftsraum. Unterschiede in und zwischen den Hauptgruppen lassen sich an den „Strömungen" der Zukunftslandkarte erkennen.

Abbildung 10: Hochschullandschaft im Jahre 2035 (HS = Hochschule)

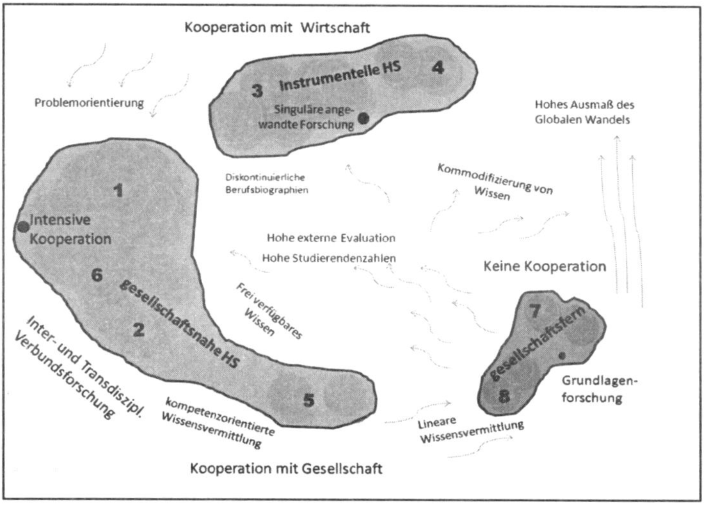

Die drei Hauptgruppen sowie die ihnen zugeordneten Szenarien lassen sich folgendermaßen charakterisieren.

Die lebensweltoffene Universität agiert als finanzstarke Kooperationspartnerin

Die Hochschulen engagieren sich aktiv in der inter- und transdisziplinären Verbundforschung und sehen sich als gestaltende Akteurinnen und Akteure zur Lösung gesellschaftlicher Problemstellungen. Generiertes Wissens stellen sie grundsätzlich zur freien Nutzung zur Verfügung und vermarkten es nur im Ausnahmefall. Auch in der Lehre zeigen sich die Hochschulen gesellschaftsorientiert: Sie setzen vermehrt auf projektorientiertes Lernen statt auf Frontalunterricht und orientieren sich mehr an der Kompetenzbildung der Studierenden als an der reinen Vermittlung von Fachinhalten.

Finanziell sind die Hochschulen angemessen ausgestattet und können der Herausforderung, in der Verbundforschung als Kooperationspartner zu agieren, damit entsprechend begegnen.

Organisatorisch zeichnen sich die Hochschulen durch einen erfolgreichen Wandel aus, bei dem einerseits der hohe Partizipationsgrad der Gruppenuniversität aufrechterhalten werden kann und anderseits ein höherer Professionalisierungsgrad der Entscheidungsinstanzen erreicht wird. Die Entscheidungswege werden insgesamt durch flachere Hierarchien verkürzt und entbürokratisiert.

Die Hochschulen kooperieren miteinander, ebenso wie mit weiteren Partnern in der Verbundforschung, wobei die einzelnen Hochschulen deutliche Profilmerkmale aufweisen. Dies erleichtert es ihnen, ihre jeweils spezifische Expertise in die Kooperation mit einzubringen.

Dieser Hochschultypus bewegt sich in einem Umfeld, in dem aktiv bzw. proaktiv mit dem Globalen Wandel umgegangen wird und in dem die wirtschaftlichen Akteurinnen und Akteure durch Regionalisierung oder Clusterbildung (jeweils regionale Spezialisierung auf bestimmte Wirtschaftsbereiche) auf Globalisierungsprozesse reagieren. Er findet sich in vier Szenarien unterschiedlich stark ausgeprägt wieder:

Szenario 1

Dieses Szenario entspricht genau dem beschriebenen Typus der „lebensweltoffenen Universität" und wird deshalb nicht weiter erläutert.

Den Wandel begreifen

Szenario 2: Vom Staat gelenkt, von Drittmitteln getragen

In einem durch wirtschaftliche Regionalisierung geprägten Umfeld mit einem hohen Grad an Techniknutzung und -akzeptanz kooperieren die Hochschulen mit der Wirtschaft ebenso wie mit zivilgesellschaftlichen Akteurinnen und Akteuren.

Die Hochschulen stehen unter starker staatlicher Regulierung und einem hohen Leistungsdruck durch externe Evaluationen und internes Qualitätsmanagement. Einen Großteil ihrer guten finanziellen Ausstattung beziehen sie durch Drittmittel und andere Formen der Fremdfinanzierung. Dabei stehen die Hochschulen auch in einem intensiven Wettbewerb mit privaten Bildungseinrichtungen. In diesem Wettbewerb versuchen sie sich durch strukturelle ebenso wie inhaltliche Profilbildung voneinander abzuheben.

Szenario 5: Selbstgesteuert und vom Staat getragen

In einem durch wirtschaftliche Regionalisierung geprägten Umfeld mit einem geringen Grad an Techniknutzung und -akzeptanz beschränken sich die Hochschulen auf Kooperationen mit zivilgesellschaftlichen Akteurinnen und Akteuren.

Die gute Finanzierung der Hochschulen wird im Wesentlichen durch die staatlichen Träger gewährleistet, Drittmittel spielen eine eher geringe Rolle. In der Konkurrenz um staatliche Mittel stehen die Hochschulen miteinander in einem intensiven Wettbewerb. In diesem versuchen sie, sich vor allem über eine inhaltliche Profilbildung zu behaupten. Obwohl sich die staatliche Kontrolle auf Evaluationen beschränkt und weder ein systematisches internes Qualitätsmanagement gegeben ist noch inhaltliche Vorgaben von staatlicher Seite erfolgen, setzt der Staat über finanzielle Förderinstrumente starke Anreize.

Szenario 6: Vom Staat gelenkt und vom Staat getragen

In einem durch wirtschaftliche Clusterbildung geprägten Umfeld mit einem hohen Grad an Techniknutzung und -akzeptanz kooperieren die Hochschulen gleichermaßen mit der Wirtschaft wie mit zivilgesellschaftlichen Akteurinnen und Akteuren.

Die Hochschulen stehen nur in geringem Umfang im Wettbewerb miteinander; gleichwohl differenzieren sie sich durch inhaltliche und strukturelle Profilbildung voneinander. Die Ausdifferenzierung ist damit nicht auf Wettbewerbskräfte, sondern auf eine staatliche Lenkung zurückzuführen, die die Inhalte von Forschung und Lehre sowohl über Förderanreize als auch durch direkte Vorgaben nach dem Muster „Zuckerbrot und Peitsche" prägt.

Die konservative Universität pflegt ihr Nischendasein

Die Hochschulen beschränken sich auf singuläre Grundlagenforschung und versuchen nicht, gesellschaftliche Problemstellungen direkt anzugehen. Sie sehen ihre Rolle vielmehr in der distanzierten Beobachtung und Erforschung. Für diese Leistung erwartet die Hochschule finanzielle Unterstützung vom Staat. Fremdmittel spielen keine Rolle.

Bezogen auf die Steuerung der Hochschulen herrscht hierarchisches Denken vor, in dem der akademische Status entscheidet, in den die Ordinarien alten Stils die Mehrheit haben. Ein professionelles Management existiert dagegen nicht. Das hierarchische Denken dokumentiert sich auch in der Lehre – beispielsweise in der Dominanz des Frontalunterrichts und von Ansätzen der frontalen Wissensvermittlung.

Die öffentlichen Hochschulen stehen nur in geringfügigem Wettbewerb untereinander. Eine Profilbildung spielt deshalb keine bzw. nur eine untergeordnete Rolle, entsprechend haben sich kaum spezifische Profile inhaltlicher oder struktureller Art ausgebildet.

Die Hochschulen agieren in einem Umfeld, das sich durch wirtschaftliche Regionalisierung, einen vergleichsweise niedrigen Grad an Technisierung und einen schwach ausgeprägten Globalen Wandel auszeichnet. Dieser Typ findet sich in zwei Szenarien unterschiedlich stark ausgeprägt wieder:

Szenario 7: Freiheit und Einsamkeit im „Elfenbeinturm"

Ein nur schwach ausgeprägter globaler Wandel sorgt dafür, dass wenig Druck auf die Hochschulen entsteht, sich mit existentiellen gesellschaftlichen Problemen lösungsorientiert auseinanderzusetzen. Der „Elfenbeinturm" gilt nicht mehr als Negativbezeichnung für eine Abschottung der Hochschule vom allgemeinen Leben, sondern im biblischen Sinne als „Elfenbeinen-Turm", der Reinheit von weltlichen Einflüssen symbolisiert. In einer Gesellschaft, die die Wissenschaft als notwendiges Teilsystem ihrer selbst betrachtet und akzeptiert, dass diese ihren eigenen Regeln folgt, wird die Hochschule als vom täglichen Leben entkoppelte Denkstätte anerkannt und finanziell gestützt.

Da Kontrollvorstellungen als Illusion erkannt wurden, geht die Gesellschaft davon aus, dass „Laissez-faire" bessere Ergebnisse in Forschung und Lehre hervorbringt als Evaluationen oder Qualitätsmanagement.

Szenario 8: Die Ordinarienuniversität als Auslaufmodell

In einer Gesellschaft, die den Globalen Wandel proaktiv angeht und damit dessen Ausmaße zu mindern versucht, trifft die „Elfenbeinturm"-Hochschule auf wenig Verständnis. Problemlösungen finden daher außerhalb der Wissenschaft statt.

Die Hochschule wird damit mehr und mehr marginalisiert, wenngleich die Zahl der Studierenden stabil bleibt oder sogar noch leicht zunimmt. Die Forschung verliert gegenüber der Lehre an Gewicht. Alle Abläufe sind stark staatlich reguliert, dennoch erhalten die Hochschulen kaum ausreichende finanzielle Ressourcen von staatlicher Seite. Aufgrund ihres konservativen Wissenschaftsverständnisses und des staatlichen Einflusses sind die Aussichten auf Fremdmittel sehr gering.

Wissenschaft wirkt als Motor für die Wirtschaft

Die universitäre Forschung konzentriert sich vornehmlich auf eine singuläre Anwendungsorientierung (beispielsweise Auftragsforschung im Bereich Chemie). Fremdmittel spielen grundsätzlich eine sehr wichtige Rolle, da nur eine geringe staatliche Finanzierung besteht. Dementsprechend kooperieren die Hochschulen hauptsächlich mit der Wirtschaft. Sie haben hingegen kaum Kontakte zu zivilgesellschaftlichen Akteurinnen und Akteuren. Wissenschaft als Institution generiert und vermarktet das Wissen.

Öffentliche und private Hochschulen stehen in einem intensiven und heterogenen Wettbewerb untereinander, was dazu führt, dass nur die hierarchisch und professionell organisierten Hochschulen eine gute finanzielle Ausstattung haben. Das Studium an diesen Einrichtungen läuft vorwiegend als Selbststudium oder Fernstudium ab.

Das Umfeld der Hochschulen ist durch eine starke wirtschaftliche Globalisierung gekennzeichnet, d.h. Waren, Produktionsgüter und Arbeitskräfte stehen in einem intensiven weltweiten Austausch. Der Globale Wandel ist sehr stark ausgeprägt, jedoch wird ihm, wenn überhaupt, hauptsächlich reaktiv begegnet. Dieser Typ findet sich in zwei Szenarien unterschiedlich stark ausgeprägt wieder:

Szenario 3: Erfolgreich durch Effizienz

Die Hochschulen positionieren sich erfolgreich in dem globalisierten und kommerzialisierten Umfeld. Ihre wirtschaftsfokussierte strategische Ausrichtung können sie durch eine zunehmende Professionalisierung des Hochschulmanagements und eine strikte interne Hierarchie („Top-Down") umsetzen. Die hohe Kooperationsbereitschaft und gleichzeitige Kooperationsfähigkeit der Hochschulen machen es möglich, in großem Umfang Fremdmittel zu akquirieren und damit eine gute Finanzierung sicherzustellen.

Szenario 4: Erfolglos aufgrund von Unprofessionalität

Die Hochschulen öffnen sich in hohem Maße für Kooperationen mit der Wirtschaft und sind in der Finanzierung auf Fremdmittel angewiesen. Sie halten jedoch an der Idee der Gruppen- bzw. Gremienuniversität fest und versuchen, Entscheidungen basisdemokratisch („Bottom-up") zu treffen. Auch ein professionelles Hochschulmanagement wird nicht eingeführt. Vor diesem Hintergrund gelingt es den Hochschulen nicht, in ausreichendem Maße Drittmittel aus der Wirtschaft zu akquirieren.

Konsequenzen der Szenarien für nachhaltige Hochschulen

Mit der Beschreibung der möglichen Zukünfte ist ein wichtiger Schritt in der Methode der Szenarioentwicklung erfüllt. Für die Frage nach der Bedeutung für eine nachhaltige Universität und deren Anschlussfähigkeit sind jedoch weitere Schritte vonnöten. Die vorliegenden Ergebnisse lassen sich zumindest auf dreierlei Weise weiter nutzen und konkretisieren:

- Aktive Strategiebewertung: Es kann bewertet werden, bei welchen Szenarien bestimmte Strategien auf dem Weg zur nachhaltigen Universität erfolgreich zur Anwendung kommen könnten. So lassen sich Strategien identifizieren, die bei verschiedenen Szenarien wirksam sein könnten und damit als besonders zielführend einzustufen sind.

- Identifizierung von Stellschrauben: Es kann analysiert werden, an welchen Einflussfaktoren in den einzelnen Szenarien Veränderungen stattfinden müssten, damit sich das Hochschulsystem in eine Richtung entwickelt, die bessere Rahmenbedingungen für die nachhaltige Hochschule bietet. Hierbei geht es auch um die Identifikation von aktuellen Entwicklungen, die für die nachhaltige Hochschule kontraproduktiv sind (Frühwarnsignale).
- Kompatibilitätsbewertung: Es kann ein normativ begründetes Verständnis der nachhaltigen Hochschule zugrunde gelegt und davon ausgehend geprüft werden, in welchen Szenarien dieses anschlussfähig ist.

Zur Beantwortung der Frage, inwieweit die „Sustainable University" Lüneburg im zukünftigen Hochschulsystem anschlussfähig ist, wurde eine Kompatibilitätsbewertung vorgenommen, die im Folgenden kurz dargestellt wird. Dieses Vorgehen zeigt exemplarisch das Potential, das in der Weiterarbeit mit Szenarien steckt. Im Zentrum steht dabei die Frage, inwiefern das eingangs dargestellte, theoretisch fundierte Verständnis einer nachhaltigen Hochschule sich vor dem Hintergrund der aufgezeigten Szenarien als kompatibel mit aktuellen Entwicklungstendenzen an der Lüneburger Universität erweist.

Die vorangegangen Ausführungen zu Nachhaltigkeit und Universität (siehe Kap. „Zu neuen Ufern aufbrechen") lassen sich dahingehend zusammenfassen, dass eine Hochschule dann zum Katalysator für eine nachhaltige Entwicklung werden kann, wenn sie nicht-nachhaltige Entwicklungen nicht einfach passiv hinnimmt, sondern sich stattdessen aktiv gestaltend dafür einsetzt. Dies bedingt, dass sie in ihrer Organisation, in ihrer Kultur und in ihrem Wissenschaftsverständnis auch den normativen Kriterien von Nachhaltigkeit folgt.

Für die Universität Lüneburg wurden die Bereiche Lern- und Lebenswelt, Management und Ressourcennutzung sowie die Kommunikationskultur analytisch und konzeptionell unter die Perspektive einer nachhaltigen Entwicklung gestellt. Die dabei beschriebenen Merkmale einer nachhaltigen Hochschule finden sich insbesondere in den Szenarien des Typus der „Lebensweltoffenen Universität" wieder, die in zentralen Charakteristika mit der Lüneburger Idee einer nachhaltigen Hochschule übereinstimmen:

- Inter- und transdisziplinäre Verbundforschung als Kernmerkmal des Szenarios nimmt mit dem Forschungsschwerpunkt Nachhaltigkeit eine zunehmend wichtige Rolle in der Forschungsorganisation der Universität ein. Kooperationen werden mit anderen Universitäten national wie international explizit ausgebaut.
- In der Lehre kennzeichnen Projektorientierung sowie Verzicht auf Frontalunterricht die lebensweltoffene Universität. Hier ist Lüneburg noch einen Schritt weiter als in der Forschungsorganisation. Die positiven Ergebnisse des „Studienprogramms Nachhaltigkeit" (siehe Kap. „Ein Blick zurück und nach vorn") konnten direkt in die Neustrukturierung der Lehre einfließen und bilden nun die Grundlage für wichtige Teile des Lehrkanons für Studierende aller Fachrichtungen.
- Die finanzielle Ausstattung der Universität ist bislang nicht so vorteilhaft, wie in dem Szenario für die Zukunft projiziert. Ein besonders hohes Drittmittelvolumen in der nachhaltigkeitsbezogenen Forschung und Entwicklung verdeutlicht jedoch, dass dieser Forschungszweig das Potential besitzt, gesellschaftliche Kräfte, auch finanzieller Natur, zu aktivieren.
- Ein Vergleich der im Szenario beschriebenen Entscheidungsstrukturen und der in Lüneburg praktizierten Formen vorzufinden ist kaum möglich, da sich die gesamte Universität seit längerem in Umstrukturierungsprozessen befindet, die zuletzt 2005 mit der Fusion zwischen Universität Lüneburg und Fachhochschule Nordostniedersachsen und 2007 in der Umbenennung zur Leuphana Universität Lüneburg ihren Ausdruck fanden. Der damit verbundene Umbruchprozess bietet Chancen für eine vertiefte Verankerung der Idee der Nachhaltigkeit in der Organisationskultur ebenso wie in Forschung und Lehre.

Im Hinblick auf die weiteren oben dargestellten Szenarien ergibt sich ein weniger positives Bild:

- Im Rahmen der „Konservativen Universität" der Szenarien 7 und 8 wurde auf eine erhebliche Distanz der Hochschulen zu aktuellen gesellschaftlichen Entwicklungen hingewiesen. Positiv gewendet kann dies auf einen geringen Problemdruck zurückzuführen sein – Szenario 7 geht von einem schwach ausgeprägten globalen Wandel aus, der die Forderung nach einer nachhaltigen Hochschule weitgehend obsolet macht und eine traditionelle „Elfenbeinturm"-Hochschule zu einem sinnvollen Hochschulmodell werden lässt. Szenario 8 bildet dagegen eine Entwicklung ab, in der die Hochschulen nicht adäquat auf die gesellschaftlichen Herausforderungen eines – in diesem Szenario starken und bedrohlichen – globalen Wandels reagieren. Entsprechend sind sie gesellschaftlich nicht relevant und entsprechend unterfinanziert. Dies verdeutlicht, dass aktive Anstrengungen der Hochschulen erforderlich sind, um schließlich eine Entwicklung in Richtung der beschriebenen „Lebensweltoffenen Hochschule" zu ermöglichen und eine aktive Partizipation der Hochschulen an zukünftigen Entwicklungen sicherzustellen. Solche Unternehmungen wurden im Kontext des Projekts „Sustainable University" explizit forciert. Durch die Initiierung von Akteursnetzwerken und Publikationen sowie die Etablierung des UNESCO Lehrstuhls für „Hochschulbildung für nachhaltige Entwicklung" wurde der Versuch unternommen, sich an der Diskussion um die Zukunft der Hochschulen (vor allem in Deutschland) richtungweisend zu beteiligen.

- Merkmale der Szenarien „Wissenschaft als Motor für die Wirtschaft" sind in Lüneburg nicht besonders ausgeprägt. Die Kooperation mit der Wirtschaft wird eher im Rahmen transdisziplinärer Forschung relevant. Diese Szenarien zeichnen sich zunächst durch eine Verdrängung der Problemstellungen des globalen Wandels aus, denen – falls überhaupt – lediglich passiv begegnet wird. Die Hochschulen positionieren sich hier entweder als erfolgreiche, flexible Partner der Wirtschaft (Szenario 3) oder dienen sich dieser erfolglos an, da sie unflexibel und mit verkrusteten Strukturen arbeiten (Szenario 4). Eine aktive Rolle in der Gestaltung gesellschaftlicher Entwicklungen in Richtung auf eine nachhaltige Entwicklung nehmen sie aus dieser Perspektive nur dann ein, wenn die Marktkräfte diese Entwicklungsrichtung vorgeben. Auch eine Rolle als Kritikerin aktueller Entwicklungen kommt Hochschulen in diesen Szenarien nicht zu.

Schlussfolgerungen

Nachhaltige Entwicklung und die Notwendigkeit ihrer Integration in das Hochschulwesen zu fordern und wichtige Aspekte einer nachhaltigen Hochschule darzustellen, sind für sich genommen wichtige Schritte. Sie reichen aber nicht aus, um den Hochschulen Möglichkeiten aufzuzeigen, wie sie ihre eigenen Aktivitäten zukünftig ausrichten sollten. Mit der Entwicklung der Szenarien wurde im Projekt „Sustainable University" deshalb ein Perspektivwechsel vorgenommen und der Blick auf mögliche Zukünfte gerichtet, sowie das Umfeld des Falles in Kombination mit dem (abstrahierten) Fall in die Zukunft transformiert. Dies ist keine Zukunftsvorhersage, d.h., dass sich weder die Universität Lüneburg in Zukunft in der Situation einer der skizzierten Szenarien befinden, noch dass einer der Szenarien exakt eintreten wird. Jedoch zeigt sich durch die Unterschiedlichkeit der Szenarien die Breite eines möglichen Zukunftsraumes, in dem sich Entwicklungen abspielen können. Dieser Blick bietet die Grundlage zur Beantwortung der Fragestellung, wie Hochschulen sich auf verschiedene Entwicklungen des Hochschulsystems im Ganzen sowie dessen Umfeld einstellen können und welche Erfolgsaussichten und Schwierigkeiten sich für Hochschulen ergeben, nachhaltige Entwicklung als Leitprinzip ihrer zukünftigen Ausrichtung verstehen. Damit wird gleichzeitig auch der Blick auf die derzeitige Hochschulentwicklung geschärft und eine Grundlage für die Neuausrichtung eigener Aktivitäten gelegt.

Grundsätzlich kann die nachhaltige Hochschule ihren Platz in der Zukunft finden. Die Szenarien geben wertvolle Fingerzeige im Hinblick auf kritische Faktoren, die es in grundlegenden hochschulstrategischen Richtungsentscheidungen zu beachten gilt. Das Aufzeigen eines solchen Zukunftsraumes kann dabei nicht nur für den vorliegenden Fall der Verortung der Universität Lüneburg genutzt werden, sondern bietet zugleich einen Referenzrahmen für andere (deutsche) Hochschulen.

Mit der Methode der Szenarioanalyse wurde auf ein regelgeleitetes Vorgehen zurückgegriffen, das sich bereits in vielfältigen Kontexten bewährt hat und eine systematische Analyse der zeitlichen Entwicklung innerhalb der transformativen Fallstudie erlaubt. Mit den entwickelten Szenarien bieten sich damit vielfältige Möglichkeiten der Weiterarbeit und wertvolle Hinweise auf entscheidende Stellschrauben für zukünftige strategische Entscheidungen. Zugleich kann der gesamte Prozess der Szenarienentwicklung als gemeinsamer Lern- und Entwicklungsprozess der Projektgruppe verstanden werden, der geholfen hat, die unterschiedlichen Wissensbestände der Teilprojekte und auf Gesamtprojektebene kontinuierlich zu integrieren und gemeinsam voneinander zu lernen.

Patrick Albrecht, Matthias Barth, Simon Burandt und Marco Rieckmann

Durch Benchmarking lernen: „Sustainable University" im internationalen Vergleich

In Ausrichtung, Infrastruktur, Betrieb und Lehrplänen von Hochschulen gewinnt das Leitbild der nachhaltigen Entwicklung international zunehmend an Bedeutung. An nordamerikanischen Universitäten ist in den letzten Jahren das sogenannte „greening the campus" schon fast zu einer Selbstverständlichkeit geworden (Akel 2006). Dieser Trend zeigt sich auch im interuniversitären Vergleich (McIntosh et al. 2001, Schaltegger 2005, Sustainable Endowments Institute 2008, Rowe 2006). Er spiegelt sich u.a. in steigenden Mitgliederzahlen der nordamerikanischen Gesellschaft zur Förderung von Nachhaltigkeit im tertiären Bildungssektor (Association for the Advancement of Sustainability in Higher Education, AASHE) wider, im Stellenangebot für Nachhaltigkeitskoordinatorinnen und -koordinatoren in der akademischen und studentischen Selbstverwaltung sowie in der Zahl von Konferenzen, die eine nationale oder internationale Vernetzung anstreben (Adomßent 2006, ISCN 2008, HIS 2008).

Die Internationalisierung, Professionalisierung und Zertifizierung von Nachhaltigkeitsansätzen und -programmen – z. B. durch die in der Entwicklung befindliche AASHE Beurteilungsskalen STARS (*Sustainability Tracking, Assessment & Rating System*) (Matson et al. 2008) oder AISHE 2.0 (Roorda/Martens 2008) – setzt voraus, dass sich die jeweiligen Ausbildungsstätten dem internationalen Vergleich stellen. Der Zweck dieses Kapitels besteht darin, die Universität Lüneburg und das „Sustainable University"-Projekt gegenüber den „*best practice*" Nachhaltigkeitsinitiativen nordamerikanischer Universitäten und deren Erfolgen bzw. Führungsrollen zu positionieren. Daraus ergibt sich im Idealfall ein gegenseitiges Lernen mit Empfehlungen für deutsche wie nordamerikanische Institutionen im Allgemeinen bzw. für die Universität Lüneburg im Besonderen. Solch ein Vergleich kann vor allem auch Rückschlüsse auf das Konzept und Verständnis von nachhaltiger Hochschule ermöglichen.

So wächst Nachhaltigkeit in der Hochschule (*sustainability in higher education*) zwar als eigenständige Forschungsrichtung der Nachhaltigkeitsforschung bzw. der Bildung für nachhaltige Entwicklung heran. Doch bisher überwiegen hierbei deskriptive Methodik und Arbeiten, Theoriebildung findet dagegen noch wenig statt (Bolscho/Hauenschild 2006, Brand/Karvonen

2006, Corcoran/Wals 2004, Fien 2002, Leal Filho 1999, Scholz et al. 2006, Tilbury 2004). Auf der Forschungsebene setzen theoretisch begründete Ansätze jenseits disziplinärer Grenzen, wie das Forschungs- und Entwicklungsprojekt „Sustainable University" der Universität Lüneburg, zur wissenschaftlichen Weiterentwicklung des Konzepts nachhaltige Hochschule wichtige Impulse. Zudem tragen solche und ähnliche Projekte zur weltweiten Institutionalisierung von nachhaltiger Entwicklung im Hochschulbereich bei (Adomßent et al. 2007a, 2007b, Albrecht et al. 2007).

Die Herausforderungen, die derartige Projekte an die Hochschule stellen, sind sowohl geographisch, institutionell als auch kulturell-historisch bedingt. Sie stehen im Kontext von Traditionen in der Ausrichtung der Fakultäten, von Lehrplänen sowie der Geschichte der jeweiligen akademischen Institution (Wals et al. 2004). Das Lüneburger Nachhaltigkeitsprojekt beispielsweise baut auf den dortigen Erfahrungen mit Umweltwissenschaften, Umweltbildung, Managementsystemen sowie mit zahlreichen Agenda 21-Projekten auf (Albrecht/Schaltegger 2007, Michelsen 2000). Diese Einflüsse haben insgesamt die Sensibilisierung für und die Etablierung von Umwelt und Nachhaltigkeit an der Universität Lüneburg gefördert. Zu erwähnen ist, dass das „Sustainable University"-Projekt der Universität Lüneburg im Rahmen der UN-Dekade „Bildung für eine nachhaltige Entwicklung" (Decade of Education for Sustainable Development, DESD) ausgezeichnet wurde und eins von insgesamt sechs offiziell anerkannten DESD-Initiativen an der Universität darstellt (Albrecht/Schaltegger 2007).

Methoden

Mit diesem internationalen Vergleich wird die Frage beleuchtet, inwieweit die Universität Lüneburg – angeregt durch das „Sustainable University"-Projekt – dem Anspruch einer nachhaltigen Hochschule gerecht wird. Um ein Set von Benchmarking-Indikatoren zu definieren, wurden die 15 für die Siegerprämie 2006 der Association for the Advancement of Sustainability in Higher Education (AASHE) eingereichten Anträge in der Kategorie „Hochschule mit mehr als 10.000 Studierenden", in die auch die Universität Lüneburg mit ihren ca. 11.000 Vollzeit-Studierenden fallen würde, einer Inhaltsanalyse unterzogen. Die 15 Anträge kamen von 13 US-amerikanischen und zwei kanadischen Hochschulen.[26] Die Antragsrichtlinien forderten Kurzberichte über Fortschritte im Zeitraum von zwei Jahren vor der Antragstellung in den Bereichen *Leitung und Verwaltung/ Administration (governance and administration), Lehre und Forschung (curriculum and research), Hochschulbetrieb (operations)* sowie *Auswirkungen auf Gesellschaft und Dienstleistungen (community outreach and service)*. Die AASHE-Texte wurden bezüglich der Nachhaltigkeitsaktivitäten einer Häufigkeitsanalyse mit der Software MaxQDA2 Software unterzogen. Zusätzlich wurden aus den 15 Anträgen drei Anträge stichprobenartig ausgewählt, um eine intersubjektive Validierung der Handlungsfelder für Nachhaltigkeit durchzuführen:

- Leitung und Administration
- Lehre und Angebote für Studierende (curriculum and student opportunities)
- Forschung und Wissenschaft
- Universitätsbetrieb und technische Aktivitäten (operations)
- Auswirkung auf Gesellschaft und Dienstleistungen (outreach and service)
- Fort- und Weiterbildungsmöglichkeiten

Diese Gliederung entspricht dem Nachhaltigkeits-Bewertungsformular (*Sustainability Assessment Questionnaire, SAQ*) der University Leaders for a Sustainable Future (ULSF 2001; Beringer et al. 2006).

Die Primärdaten der Universität Lüneburg wurden dem „Sustainable University"-Zwischenbericht (Anonymus 2006, Adomßent/Godemann 2005) sowie Beiträgen von Adomßent et al. (2007a,b) entnommen. Hinzu kamen Einblicke der Autorin in das „Sustainable University"-Projekt während eines Forschungsaufenthalts am Institut für Umweltkommunikation.

Bei der vergleichenden Datenanalyse wurden die Lüneburger Daten den Daten der nordamerikanischen Universitäten in jeder der oben genannten AASHE-Kategorien gegenübergestellt. Die Lüneburg Daten wurden außerdem mit denen der vier AASHE 2006 Gewinner verglichen (AASHE 2006).

---

[26] U.S. Hochschulen: Ball State University, California State University Chico, Duke University, Michigan State University Northwestern University, Portland State University, University of California Berkeley, University of California Santa Barbara, University of Florida, University of Michigan, University of New Hampshire, University of South Carolina, University of Vermont; kanadische Universitäten: McGill University, University of British Columbia. Internet: (www.aashe.org/resources/profiles.php)

Hierbei wurde insbesondere die University of British Columbia (UBC) als Siegerin in der Kategorie „mehr als 10.000 Studierende" als Vergleich hinzugezogen, indem zusätzlich Inhalte der UBC-Webseite analysiert wurden (UBC 2007).

Die Methodenwahl für diesen internationalen Vergleich erfolgte vor dem Hintergrund, dass es „gegenwärtig keine expliziten Richtlinien gibt für die Auswahl von Messdaten bzw. Kriterien bei institutionenübergreifenden Evaluierungen" (Shriberg 2004: 73, deutsche Übersetzung der Autorin). Solche Kriterien bewegen sich innerhalb breiter Nachhaltigkeitsleitlinien und -prinzipien; sie betreffen z.b. Ressourcenverbrauch, Nachhaltigkeitspolitik, ökologischen Wissensstand und weitere Faktoren (Orr 2000 in Shriberg 2004, Clugston 2004). Die hier angewandten Methoden reflektieren die Annahme, dass die jeweils *best practice* mittels einer Häufigkeitsanalyse erkannt werden kann. Innovationen sind jedoch eher Einzelfälle; um dies zu berücksichtigen, wurden universitäre Nachhaltigkeitsinitiativen mit vereinzeltem Auftreten besonders in Betracht gezogen.

Ergebnisse des Vergleichs

Elemente des umfassenden und systematischen Lüneburger Nachhaltigkeitskonzepts lassen sich an allen US-amerikanischen und kanadischen Hochschulen finden, die Teil dieser Studie waren. Allerdings bestehen Unterschiede im Ansatz, in der Dauer und der Intensität des Nachhaltigkeitsengagements. Keine der 15 untersuchten nordamerikanischen Universitäten lässt einen wissenschaftsorientierten Zugang zur Nachhaltigkeit in der Hochschule erkennen, der in Umfang und Tiefe, in Theorie und angewandter Forschung und damit in der Projektmethodik dem Lüneburger Projekt entsprechen würde (Adomßent et al. 2007a,b, Scholz et al. 2006).

In der Hochschulbildung für nachhaltige Entwicklung setzt die Universität Lüneburg Maßstäbe in Deutschland (Michelsen 2000, 2006). Jüngste Innovationen in der Lehre – z.B. ein gemeinsames Semester für die Neuimmatrikulierten zur Einführung in das Konzept einer nachhaltigen Entwicklung innerhalb des Rahmenthemas „Verantwortung in der Gesellschaft" (das sogenannte „Leuphana-Semester") oder das projektbezogene interdisziplinäre Lernen im „Studienprogramm Nachhaltigkeit" (Barth/Godemann 2006) – werden durch den EU-weiten Bologna-Prozess sowie Umstrukturierungen innerhalb der Universität Lüneburg erleichtert. Hierbei ist das

Ziel die Verknüpfung der Lehre in den Umweltwissenschaften mit praktizierter Nachhaltigkeit auf dem Campus – ein Ansatz, der sich auch in nordamerikanischen Bildungseinrichtungen wiederfindet bzw. diese übertrifft.
Mit ihrem Konzept „Lebenswelt Hochschule" (Stoltenberg 2000, Barth et al. 2007b) weckt die Universität Lüneburg internationale Aufmerksamkeit. Es findet seine Entsprechung etwa in den informellen und formellen Angeboten für Studierende (*student opportunities*) an nordamerikanischen Hochschulen. Hierin, wie auch in betrieblichen Innovationen, scheinen letztere allerdings Lüneburg zu übertreffen. Die Universität Lüneburg könnte, obwohl sie Nachhaltigkeit in ihrem auf drei Säulen beruhenden Universitätskonzept verankert hat (Humanismus, Nachhaltigkeit, Handlungsorientierung), noch eine umfassende kohärente Nachhaltigkeitsstrategie entwickeln und implementieren, ähnlich der umfassenden Nachhaltigkeitsstrategie der University of British Columbia (AASHE 2006, Gudz 2004).
Derzeit befasst sich die Universität Lüneburg neben der Forschung und Anwendung noch vorrangig mit den eher technischen Aspekten von Nachhaltigkeit, etwa der Reduktion des Energie- und Ressourcenverbrauchs, so möchte die Universität Lüneburg die erste klimaneutrale Universität werden. Während etwa die Visualisierung von Energieeinsparerfolgen auf LCD-Monitoren in der Mensa an deutschen Bildungsstätten noch relativ neu ist, ist solche Art der Visualisierung und technikgestützter Kommunikation an vielen nordamerikanischen Hochschulen schon Standard.
Auf dem Sektor Umweltkommunikation, Beratung und Dienstleistungen (*outreach and service*) setzt die Universität Lüneburg Exzellenzstandards für den Aufbau einer Kommunikationskultur zur Nachhaltigkeit innerhalb und jenseits ihres Campus'. Hierbei strebt sie insbesondere eine ganzheitliche Strategie der Kommunikation an (Franz-Balsen/Heinrichs 2007, Michelsen/Godemann 2006).
Die Ergebnisse des Vergleichs werden im Folgenden entsprechend der vorher erwähnten sechs Kategorien und deren inhaltlicher Untergliederung ausführlicher diskutiert. Hierbei können selektiv nur einige Nachhaltigkeitsinitiativen vorgestellt werden[27].

---

[27] Für eine detailliertere Darstellung siehe Beringer (2007).

Leitung und Administration

Auf der Grundlage der verfügbaren Daten führen nur drei nordamerikanische Universitäten regelmäßig Nachhaltigkeitsaudits bzw. -kontrollen durch. Dies verwundert etwas, sind doch gerade Monitoring und Evaluation wichtige Mittel der Kommunikation, der Motivationssteigerung, der Mitmachbereitschaft, des Engagements insgesamt sowie der Transparenz. Außerdem sind sie Voraussetzung für die Entwicklung bester Nachhaltigkeitspraxis (Pittman 2004). Die Universität Lüneburg führt solche internen Kontrollen regelmäßig in dreijährigen Intervallen durch, seit sie im Jahr 2000 als eine der ersten Universitäten in Europa ein Umweltmanagementsystem nach EMAS implementierte (Albrecht et al. 2007, Delakowitz/Hoffmann 2000, Zimmermann 2005). Mitte 2007 wurde ein umfassender Nachhaltigkeitsbericht mit vorgesehenen Aktionsplänen sowie einem Zukunftsblick auf die drei Hochschulbereiche Forschung, Transfer und Lehre publiziert (Albrecht/Schaltegger 2007). Diese in zweijährigem Abstand geplante Berichtsreihe, die sich an den GRI-Richtlinien orientiert, soll den Informationsfluss unter allen Beteiligten optimieren und Transparenz schaffen. Mit dem Beschluss, den Nachhaltigkeitsbericht der Universität extern begutachten zu lassen, dürfte die Universität Lüneburg methodologische Maßstäbe setzen, die über die einjährigen Berichte vergleichbarer nordamerikanischer Institutionen (z.B. UBC, University of Victoria, University of Prince Edward Island) hinaus gehen.

Dass bei den jüngsten organisatorischen Restrukturierungsmaßnahmen an deutschen Universitäten auch die Prinzipien einer nachhaltigen Entwicklung explizit Berücksichtigung finden, ist neu und reiht die Universität in andere sich zur nachhaltigen Entwicklung engagierenden Hochschulen in Deutschland ein (z.B. Oldenburg, Zittau-Görlitz). In Bezug auf ihren Auftrag und ihr Leitbild kann sich Lüneburg sehr wohl mit der University of British Columbia vergleichen, die in ihrem Leitbild (*vision and mission*) Nachhaltigkeit besonders betont (TREK 2010) und bereits 1997 ein Programm für nachhaltige Entwicklung auf Campus-Ebene initiiert hat (UBC 2007). Diesem entsprechen die Lüneburger Bemühungen im Rahmen von lokalen Bündnissen zur Bildung für eine nachhaltige Entwicklung bzw. zur Nachhaltigkeitskommunikation, die seit 2003/2004 durch das Projekt „Sustainable University" sowie den UNESCO Chair „Higher Education for Sustainable Development" eine institutionelle Stärkung erfahren haben.

Lehre und studentische Angebote (studentisches Engagement)

Ab dem Wintersemester 2007/08 sind projektbezogenes Lernen von Nachhaltigkeit und „Verantwortung in der Gesellschaft" die inhaltlichen Schwerpunkte eines propädeutischen Semesters für alle Neuimmatrikulierten der Universität Lüneburg. Dies ist neuartig in Deutschland, greift beispielhafte US-amerikanische und kanadische Initiativen auf und betont die Vorteile projektbezogenen, eigenständigen Lernens gegenüber Vorlesungen und Frontallernen (Haigh 2006, Herrmann 2007, Pittman 2004, Barth et al. 2007b).

Allerdings scheinen die ausgewählten Hochschulen in den USA und Kanada ein breiteres Angebot an studentischem Engagement explizit zu unterstützen; in Lüneburg ist das Engagement der Studierenden eher intrinsisch motiviert. Studentische Potentiale sind noch nicht vollständig ausgeschöpft: So könnte z.B. ein universitäres Nachhaltigkeitsbüro Kampagnen zu „nachhaltigen" Wohnheimzimmern, zur Bewertung der Abfallsituation auf dem Campus, zur Wiederverwendung bzw. zum Verkauf von Büchern und studentischen Gebrauchsgegenständen am Semesterende und andere Aktionen mehr initiieren. Im Streben um den internationalen Standard ihrer Bachelor- und Master-Programme bemüht sich die Universität Lüneburg darum, ihren Studierenden Persönlichkeitsbildung und Handlungsorientierung zu vermitteln, wozu z.B. das „Projekt Ehrenamt" beiträgt. Letzteres ist ein Pilotprojekt, das im Sommersemester 2007 erprobt wurde. Es sieht vor, dass Studierende während eines Semesters freiwillig insgesamt 40 Stunden in einer öffentlichen Einrichtung arbeiten und sich dafür Credit Points anrechnen lassen können – ein bewährtes Verfahren in den USA zur Zulassung für bestimmte Lehrangebote, insbesondere in den geisteswissenschaftlichen Undergraduate-Programmen.

Forschung und Wissenschaft

Das „Sustainable University"-Projekt der Universität Lüneburg strebt an, nachhaltige Entwicklung auf allen Ebenen und in allen Bereichen der Institution Hochschule zu verankern. Hierum bemüht sich auch die University of British Columbia. An den meisten der hier untersuchten nordamerikanischen Hochschulen gibt es wie in Lüneburg ebenfalls multi- bzw. interdisziplinäre Forschungsgruppen zu nachhaltigkeitsrelevanten Themen. Jedoch scheint keine dem akademisch-wissenschaftlichen Ansatz des holistischen Lüneburger „Sustainable University"-Projekts gänzlich zu entsprechen (IJSHE 2007). Dies betrifft sowohl das Niveau des dort geführten wissenschaftstheoretischen Diskurses zur Nachhaltigkeit wie auch das kontinuierliche empirische Monitoring des Gesamtprojekts und seiner Teilprojekte.

Universitätsbetrieb und technische Schritte zur Nachhaltigkeit

Steigende Energiekosten und nunmehr auch der Klimaschutz bestimmen überall die nachhaltige Hochschul-Agenda. Mit ihrer Kampagne zur Reduktion des Energie- und Ressourcenverbrauchs (Albrecht et al. 2007) liegt Lüneburg gleichauf mit den meisten der hier untersuchten nordamerikanischen Hochschulen. In Lüneburg ist die enge Kooperation zwischen den wissenschaftlichen Instituten, besonders dem Institut für Umweltkommunikation und der Umweltbeauftragten der Universität, beachtenswert; zu solch einer sektorenübergreifenden Kooperation finden sich in den Berichten der 15 nordamerikanischen Hochschulen keine Angaben. Eine vergleichbare Kooperation wird allerdings auch für das Energieprojekt der University of Toronto berichtet (Caners 2006, University of Toronto 2006), zum Teil wird dergleichen auch von der University of Prince Edward Island erprobt.

Im Vergleich zu den nordamerikanischen Hochschulen betreibt die Universität Lüneburg als Institution im Rahmen des „Sustainable University"-Projekts kein nachhaltiges Verkehrs-/Mobilitätsprojekt. Denn Lüneburger Studierende selbst haben bereits ein Semesterticket initiiert, betreiben einen Fahrradverleih und eine Reparaturwerkstatt, zudem gibt es auf dem Campus ein Car-Sharing-Projekt.

Die Begrünung von Campus und Gebäuden nach LEED-Standards (*Leadership in Energy and Environmental Design*) ist an nordamerikanischen Hochschulen ein Merkmal für Exzellenz (Sustainable Endowments Institute 2008). In Deutschland gibt es zwar kein dem LEED vergleichbares Bewertungssystem, doch ist ökologisches Bauen und Renovieren, insbesondere energieeffizientes Bauen, inzwischen auch in Hochschulen zu finden. An der Universität Lüneburg wird die solare Energieversorgung ausgebaut, ein Windprojekt ist in Planung.

Kommunikation: Reporting, Partizipation, Wissenstransfer

In ihrer Strategie zur Nachhaltigkeitskommunikation setzt die Universität Lüneburg auf ein ausgewogenes Berichtssystem, das nicht nur Erfolge erwähnt, sondern auch Schwachstellen und Änderungsbedarf herausstellt. Denn im Gegensatz zu Unternehmen haben Hochschulen eine besondere Verpflichtung zu kritischer Bewertung von Fortschritt, Hürden oder Fehlschlägen. Auch das fördert die Bewusstseinsbildung. Das Lüneburger Teilprojekt „Kommunikation, Partizipation und Wissenstransfer" erfüllt ähnliche Aufgaben wie die Position des Marketing/Communications Managers im Nachhaltigkeitsbüro der UBC bzw. wie das für Öffentlichkeitsarbeit/Kommunikation *(Education/ Communication/Outreach)* verantwortliche Personal in den Nachhaltigkeitsbüros nordamerikanischer Hochschulen (z.B. Yale University).

Fort- und Weiterbildung, Personalentwicklung

Wie an den nordamerikanischen Vergleichshochschulen sind auch in Lüneburg berufliche Weiterbildung und Personalentwicklung vernachlässigte Nachhaltigkeitsaufgaben (Beringer et al. 2006, Eisen/Bartlett 2006). Lediglich eine der Vergleichs-Hochschulen, nämlich die Ball State University, erwähnt ein Fort- und Weiterbildungsangebot zur Nachhaltigkeit für ihre Mitarbeiterinnen und Mitarbeiter. Nachhaltigkeitsthemen finden also bis zum heutigen Tage in universitären Entwicklungs- und Stellenplänen kaum Berücksichtigung. Dies stellt auch der Nachhaltigkeitsbericht der Universität Lüneburg fest und empfiehlt, Nachhaltigkeit in Fort- und Weiterbildungsprogramme zu integrieren (Albrecht/Schaltegger 2007).

Konsequenzen aus dem Vergleich

Zusammenfassend lässt sich festhalten, dass die Universität Lüneburg eine Führungsrolle bei Forschung/Wissenschaft und Lehre einnimmt. Das Potential der nordamerikanischen Vergleichshochschulen hingegen zeigt sich besonders bei den Schwerpunkten Leitung/Verwaltung, Angebote für Studierende und Universitätsbetrieb/Technische Schritte zur Nachhaltigkeit. Im Vergleich zwischen der University of British Columbia (UBC) und der Universität Lüneburg setzen beide Exzellenzstandards, allerdings in verschiedenen Bereichen des Nachhaltigkeitsspektrums: UBC bringt die Praxis-Ausrichtung voran, Lüneburg stärker den akademischen, wissenschaftsorientierten Ansatz zur Nachhaltigkeit. Doch solch klassifizierendes Urteil bedarf weiterer Untersuchungen.

In dem Maße wie Nachhaltigkeit in der Hochschule heranreift, verlangen deren interne wie externe Akteurinnen und Akteure und Interessensvertreterinnen und -vertreter nach Indikatoren und Bewertungskriterien für optimale Verfahren und Umsetzung (*best practice*), für eine objektive Bewertung der Ausführung und Erfüllung des Nachhaltigkeitsanspruchs z.B. durch Performance-Monitoring sowie auch eine international anerkannte Beurteilungsskala (Rating-System; AASHE STARS). Solche Instrumente wären sowohl Maßstäbe für Transparenz im Sinne von Verantwortlichkeit und Verlässlichkeit als auch mögliche Ansatzpunkte der Nachhaltigkeitskommunikation für Hochschulangehörige und der breiteren Öffentlichkeit. Ein solches Instrumentarium wiederum würde das Mandat der Hochschulen stärken, bei der Formulierung wünschenswerter, nachhaltiger Zukunftsgestaltung die Führungsrolle zu übernehmen. Forschungs- und Entwicklungsprojekte wie „Sustainable University", die praxisorientierten Nachhaltigkeitsbemühungen der University of British Columbia (UBC) oder die vielfältigen Anstrengungen einer wachsenden Zahl anderer Hochschulen tragen wesentlich zur Klärung dessen bei, was eine nachhaltige Hochschuleinrichtung auszeichnet. Darüber hinaus lenken sie das Augenmerk auf notwendige Transformationsprozesse in Gesellschaft und Institutionen, damit Vorbilder für nachhaltiges Leben, für Tun und Unterlassen gesetzt werden.

Induktive Vergleiche anhand von *best practice*-Indikatoren operationalisieren das Phänomen nachhaltige Universität. Gleichzeitig respektieren sie aber auch dessen dynamische und evolutionäre Natur. Was Nachhaltigkeit in der Hochschule inhaltlich bedeutet, steht keineswegs fest, sondern ist sich regional und zeitlich ändernden Zielen unterworfen. Der hier vorgenommene Vergleich ist dementsprechend eine Momentaufnahme. Von einer nachhaltigen Universität kann demnach gesprochen werden, wenn:

- Nachhaltigkeit als eines der Leitmotive oder in den Leitlinien ausgewiesen und von der Leitungsebene jederzeit gefördert wird; eine Nachhaltigkeitsstrategie beschlossen ist; Nachhaltigkeitskomitees existieren; in Fakultät und Lehrkörper Freistellungen für Campus-Nachhaltigkeit und/oder eine Koordinations- oder Stabsstelle möglich sind; die Mitgliedschaft in wissenschaftlichen Gesellschaften oder professionellen Netzwerken unterstützt wird; regelmäßige Statusseminare abgehalten und Fortschrittsberichte publiziert werden; externe Anerkennung für Leitung und Administration ausgesprochen wird; und ein Teilbetrag der Studiengebühren für Nachhaltigkeit bestimmt wird (*Leitung und Administration*).

- wenigstens ein sich mit Nachhaltigkeit befassendes Forschungszentrum oder Institut vorhanden ist; eine Stiftungsprofessur und/oder ein Lehrstuhl für Nachhaltigkeit existiert; intern Stipendien für Nachhaltigkeitsinitiativen angeboten werden; und Anträge auf Drittmittel zur Nachhaltigkeitsforschung wohlwollend begleitet werden (*Forschung und Wissenschaft*).
- auf BA/BSc-, MA/MSc- und PhD-Ebene Projekte zur Nachhaltigkeit angeregt werden mit einem Fokus auf interdisziplinärem, projektorientiertem Lernen; Nachhaltigkeit auch in den traditionellen Disziplinen thematisiert wird; Nachhaltigkeitsthemen in der Einführung der Neuimmatrikulierten vermittelt werden; und das Lehrprogramm und die -inhalte, zumindest teilweise, den Anforderungen der UN-Dekade „Bildung für eine nachhaltige Entwicklung" entsprechen (*Lehre*).
- es an der Hochschule aktive studentische Gruppen zu Umweltbelangen, sozialer Gerechtigkeit und Nachhaltigkeit gibt; „grüne" Studierendenwohnheime oder nachhaltige alternative Wohnformen angestrebt werden; und informelle Angebote gemacht werden, die das Leben und die Gemeinschaft auf dem Campus im Sinne von Nachhaltigkeit und Lebenswelt Hochschule prägen (*Angebote für Studierende/studentisches Engagement*).
- ein gutes Energie-, Wasser- und Abfallmanagement mit Recycling und Minimierung des Ressourcenverbrauchs gekoppelt ist; eine Strategie zur Reduktion klimaschädlicher Emissionen verfolgt und von entsprechender Verkehrsplanung begleitet wird; ökologisches Bauen und Renovieren favorisiert wird; ökologische Boden- und Landschaftsnutzung praktiziert werden; im Beschaffungswesen, bei Investitionen und Kapitalanlagen ethische und nachhaltige Prinzipien beachtet werden; und sich die Hochschule einer Zertifizierung nach Umweltmanagement- bzw. Nachhaltigkeitsmanagement-Kriterien stellt (*Universitätsbetrieb/technische Schritte zur Nachhaltigkeit*).

- die Hochschule (Fern-)Studienmöglichkeiten oder Nachhaltigkeitsseminare anbietet; Kollaborationen mit außeruniversitären Institutionen bestehen oder Partnerschaftsprojekte zu Nachhaltigkeitsthemen zwischen Hochschule und Öffentlichkeit gegründet werden; und Forschungsergebnisse über Hochschultage, Internet, Medien, usw. verbreitet werden (*Kommunikation, Partizipation, Transfer*).
- ein Hochschul- und Lehrkörperentwicklungsplan vorgelegt wird, in dem Aspekte von Nachhaltigkeit Berücksichtigung finden und in Stellenvergabe und Beförderungskriterien ein Engagement für die Nachhaltigkeit positiv bewertet wird *(Fort- und Weiterbildung/ Personalentwicklung)*.

Die hieraus ableitbare Checkliste ist dem Nachhaltigkeits-Bewertungskatalog (*Sustainability Assessment Questionaire, SAQ*) der ULSF (2001) vergleichbar. Mit diesem Bewertungskatalog kann Nachhaltigkeit in der Hochschule beurteilt werden; aus ihr kann darüber hinaus das Reform- und Innovationspotential abgeleitet werden. Innovationen wären zum Beispiel:

- eine spezifische Verpflichtung zur Erweiterung der vorherrschend ökologischen Nachhaltigkeit in Richtung sozialer Gerechtigkeit (University of Florida, UBC, AASHE 2007);
- eine fachgebiets- und fakultätenübergreifende, interdisziplinäre und wissenschaftsorientierte nachhaltige Hochschulinitiative z.B. Transdisziplinarität in Lüneburg, The Natural Step-Ansatz an der University of California Santa Barbara, *community-based social marketing* an der University of Toronto (Caners 2006). In solchen Initiativen könnte Nutzen aus den Synergien zwischen Forschung, Lehre und technischem Nachhaltigkeitsmanagement gezogen werden;
- Verknüpfung von Campus-Nachhaltigkeit mit Theorien der Nachhaltigkeit. Dies wäre ein Beitrag zur Theorie- und Erkenntnisentwicklung für die wachsende Nachhaltigkeitsspezialisierung (Harvard University, Sharp 2005, ETH Zürich, Scholz et al. 2006);
- Restrukturierung bei Beförderungen und Dauerstellen in Wahrnehmung der kritischen globalen Herausforderungen zur Nachhaltigkeit vorgenommen und neben einem wissenschaftlichen auch ein praktisches Engagement in der Nachhaltigkeit des Lehrkörpers/Fakultät anerkannt werden;

- Mitberücksichtigung nicht- und außerwissenschaftlichen Wissens, z.B. von Bürgerinitiativen, Vereinen, Verbänden und der Kirche, damit die kulturellen Auswirkungen thematisiert werden, die die Nichtbeachtung von Nachhaltigkeit zur Folge haben könnten. Hierbei wäre eine Paradigmen-Kritik der modernen, westlichen, säkularen Denk-/Lebensweise angebracht und die Rolle der Hochschulbildung für eine Paradigmen-Revolution zu bedenken (Orth 2005, ISSRNC 2007).

Evaluierungen und darauf aufbauende Rangfolgen (*rankings*) offenbaren immer wieder die Komplexität, ja Grenzen von institutionenübergreifenden Vergleichen. Häufig ergeben sich hierbei Anzeichen zu dem ökologisch-kulturellen Kontext und den Besonderheiten der jeweiligen Hochschule, die beide wiederum die Chancen für Transformationen und Innovationen bedingen bzw. erst ermöglichen (Adomßent 2006, Wals et al. 2004, Shriberg 2004, M'Gonigle/Starke 2006, Velazquez et al. 2005). Aufgrund des hier zum Thema „Sustainable University" durchgeführten Vergleichs zwischen der Universität Lüneburg und gleichrangigen nordamerikanischen Universitäten kann Lüneburg sich einer solchen internationalen Bestandsaufnahme stellen, denn ihre Aktivitäten zeigen nicht nur Innovationspotentiale auf, sondern erfüllen auch internationale Exzellenzstandards. Dies gilt zumal, seitdem die Universität eine Strategie zur Klimaneutralität anstrebt, d.h. Zieldefinition und Aktionsplan für die Reduktion klimaschädlicher Emissionen und ein Engagement für CO_2-Neutralität durch Förderung/Nutzung erneuerbarer Energien (Sonne, Wind) umsetzen möchte.[28] Mit einer solchen Verpflichtung folgt Lüneburg dem, was in Nordamerika ein entscheidender Aspekt in der Vergabe von Exzellenzstandards sein wird, besonders seit dortige Universitäts- und College-Präsidentinnen und -Präsidenten im Jahr 2007 eine Verpflichtung zur Reduktion von CO_2-Emissionen/Klimastrategie ratifiziert haben (ACUPCC 2008). Würde die Universität Lüneburg 100% ihrer Emissionen reduzieren, wäre sie die erste CO_2-neutrale Universität Deutschlands und könnte für sich beanspruchen, unter den ersten CO_2-neutralen Bildungsinstitutionen weltweit zu sein (College of the Atlantic 2006).

---

[28] Die Universität Lüneburg hat am 29. Mai 2007 ihre Strategie für eine „Klimaneutrale Universität" beschlossen (www.uni-lueneburg.de/uni/index.php?id=4439).

Empfehlungen für die Universität Lüneburg, die sich aus den vorgelegten Vergleich ergeben, wären die Stärkung von studentischen Nachhaltigkeitsinitiativen, Förderung eines Nachhaltigkeitsmanagementsystems und der Ausbau abgestimmter Programme zur Fort- und Weiterbildung sowie Leistungsanerkennung des Lehrpersonals. Hinsichtlich der Forschung könnte die Universität Lüneburg sowie das „Sustainable University"-Projekt von intensiveren Kooperationen (Partnerschaften, Wissenschaftlerinnen- und Wissenschaftler-Austausch) mit Hochschuleinrichtungen profitieren, die einen Schwerpunkt in der Anwendungsforschung und im Wissenstransfer haben oder wo Kooperationen zwischen Universität und lokalen Partnern und/oder regionaler Zivilgesellschaft bestehen (University of Toronto, UBC) (Adomßent 2006, Rowe 2006). Ferner könnte die Universität Lüneburg sich existierenden nordamerikanischen Initiativen anschließen, wie z.b. die o.g. Klimaschutz-Initiative der Universitäts-Präsidentinnen und -Präsidenten. Lüneburg könnte Vorreiter bei internationalen Allianzen werden und somit zur Internationalisierung von Universitäten und deren Bildungsprogrammen beitragen (Adomßent 2006). Schließlich könnte ein Ausbau der Teilzeitstelle für die Umweltkoordination zu einem voll entwickelten Campus-Nachhaltigkeitsbüro eine für Deutschland einmalige und vorbildliche Entwicklung einläuten.

Welche Schlussfolgerungen könnten die nordamerikanischen Vergleichs-Hochschulen mit ihren Nachhaltigkeitsprogrammen aus der hier durchgeführten Studie ziehen? Das bisher fast ungenutzte Potential Lüneburgs im Wissenstransfer und im Aufbau entsprechender personeller und sachlicher Kapazitäten könnte von den nordamerikanischen Hochschuleinrichtungen stärker wahrgenommen werden (Scholz et al. 2006). Der methodische Ansatz des „Sustainable University"-Projekts (transformative Fallstudie) könnte von nordamerikanischen Forscherteams analysiert und in seiner Aussagekraft und Effizienz bewertet werden, indem dieser Ansatz mit den Nachhaltigkeitsaktivitäten ihrer und anderer Hochschule verglichen werden (Beringer 2006). Hier wäre vor allem ein Vergleich mit dem *community–based social marketing*-Ansatz beispielhafter Hochschulnachhaltigkeitsinitiativen von Interesse (z.B. University of Toronto, Caners 2006), wobei auch solche institutionellen Faktoren und Prozesse erfasst werden sollten, die es erlauben, die in Lüneburg mögliche holistische Sichtweise und synergistischen Transformationen nachzuahmen und zu beschleunigen.

Die hier gezogenen Schlussfolgerungen sind vorläufig und bedürfen weiterer Untersuchungen. Trotzdem mag aus ihnen für nordamerikanische Hochschulen die Einsicht erkennbar werden, dass die inzwischen relativ weitverbreitete konventionelle Stelle einer Nachhaltigkeitskoordination – d.h. eine dem Hochschulpräsidium direkt unterstellte Person in der technischen Verwaltung, die meist keinen Bezug zu Bildungsauftrag/-inhalten hat – nicht unbedingt der wirksamste und effizienteste Weg ist, um in den doppelgleisigen universitären Entscheidungsprozessen (von oben nach unten und umgekehrt) Fortschritte zu erreichen. Dies gilt gleichermaßen, wenn der Nachhaltigkeitsauftrag der Hochschule in den Kernaufgaben Forschung, Lehre und Transfer Fuß fassen soll. Die Universitäten von Lüneburg, British Columbia und andere – z.B. Harvard, Yale – beweisen vielmehr, dass die Kombination von organisatorischer und akademischer Sichtweise – d.h. von Management/Verwaltung einerseits mit Forschung und Lehre andererseits – sinnvoll ist, um brachliegende Nachhaltigkeitssynergien zu erschließen. Synergien zeigen sich in Form von Prozessbeschleunigung, die vornehmlich dann erreicht wird, wenn Beteiligungsmöglichkeiten bestehen, sektorenübergreifendes Engagement anerkannt wird und ein inter- und transdisziplinärer Austausch erreicht ist (Stokols 2006, Schoot Uiterkamp/Vlek 2007).

Die mit dem UNESCO-Lehrstuhl für *"Higher Education for Sustainable Development"* in Lüneburg verfolgten Ziele *Wie kann nachhaltige Entwicklung die Hochschule steuernd gestalten?* und *Wie kann das Prinzip Nachhaltigkeit in Forschung und Lehre verankert werden?* (Michelsen 2006) laden zu einem internationalen Austausch und kritisch vergleichenden Abhandlungen ein. Wie der Vergleich mit nordamerikanischen Hochschulen aufgezeigt hat, ist das „Sustainable University"-Projekt der Universität Lüneburg mit seiner konzeptionellen und praxisorientierten Arbeit zu der Frage *Was ist eine nachhaltige Hochschule?* ein beachtenswerter Katalysator, internationale Anstrengungen im Hochschulbereich in Richtung einer nachhaltigen Gesellschaft und Zukunft voranzutreiben.

Almut Beringer

Literatur

AASHE, 2006: Campus Sustainability Leadership Awards. Internet: http://www.aashe.org/highlights/awards06.php (Stand: 04.05.2007)

AASHE, 2007: Campus Sustainability Leadership Awards. Internet: http://www.aashe.org/programs/awards.php (Stand: 04.05.2007)

Abrahamse, Wokje/Steg, Linda/Vlek, Charles/Rothengatter, Talib, 2005: A review of intervention studies aimed at household energy conservation. Journal of Environmental Psychology, 25: Seite 273–291

AccountAbility, 2005: AA1000 Stakeholder Engagement Standard (Exposure Draft). Internet: http://www.accountability21.net/uploadedFiles/publications/SES%20Exposure%20Draft%20-%20FullPDF.pdf (Stand: 29.05.2008)

ACUPCC – American College & University Presidents Climate Commitment, 2008. Internet: http://www.presidentsclimatecommitment.org/ (Stand 28.05.2008)

Adomßent, 2006: Sustainable University – nachhaltige Entwicklung im Kontext universitärer Aufgabenstellungen. Unveröffentlichter Zwischenbericht. Institut für Umweltkommunikation. Lüneburg

Adomßent, Maik, 2006: Higher education for sustainability: challenges and obligations from a global perspective. In: Adomßent, Maik/Godemann, Jasmin/Leicht, Alexander/Busch, Anne (Hrsg.): Higher education for sustainability: new challenges from a global perspective. Frankfurt/Main: Seite 10–22

Adomßent, Maik/Albrecht, Patrick/Barth, Matthias/Burandt, Simon/Franz-Balsen, Angela/Godemann, Jasmin/Rieckmann, Marco, 2007a: Sustainable University – eine Bestandsaufnahme. INFU-Diskussionsbeiträge 34/07. Lüneburg

Adomßent, Maik/Godemann, Jasmin, 2005: Campus im Spannungsfeld: Sustainable University Lüneburg. Politische Ökologie, 93: Seite 52–53

Adomßent, Maik/Godemann, Jasmin/Michelsen, Gerd, 2007b: Transferability of approaches to sustainable development at universities as a challenge. International Journal of Sustainability in Higher Education 8 (4): Seite 385–402

Adomßent, Maik/Michelsen, Gerd, 2006: German Academia heading for sustainability? Reflections on policy and practice in teaching, research and institutional innovations. Environmental Education Research, 12 (1): Seite 85–99

Akel, Martin, 2006: Institutions of higher education: a study of facilities and environmental considerations. Internet: http://www.universitybusiness.com/uploaded/pdfs/HiEdGreenFacilitiesStudyECNN.pdf (Stand: 29.05.2008)

Albrecht, Patrick/Burandt, Simon/Schaltegger, Stefan, 2007: Do sustainability projects stimulate organizational learning? International Journal of Sustainability in Higher Education, International Journal of Sustainability in Higher Education, 8 (4): Seite 403–415
Albrecht, Patrick/Schaltegger, Stefan, 2007: Schritte in die Zukunft – Nachhaltigkeitsbericht 2005/2006. Leuphana Universität Lüneburg
Altner, Günter/Michelsen, Gerd (Hrsg.), 2001: Ethik und Nachhaltigkeit. Grundsatzfragen und Handlungsperspektiven im universitären Agendaprozess. Frankfurt/Main
Altner, Günter/Michelsen, Gerd, 2005: Baustelle Hochschule. Nachhaltigkeit als neues Fundament für Lehre und Forschung Politische Ökologie, 93, München
Argyris, Chris/Schön, Donald A., 1996: Organizational Learning II: Theory, Method, and Practice. London
Arnold, Rolf, 1997: Von der Weiterbildung zur Kompetenzentwicklung: Neue Denkmodelle und Gestaltungsansätze in einem sich verändernden Handlungsfeld. In: Arbeitsgemeinschaft Qualifikations-Entwicklungs-Management (Hrsg.): Kompetenzentwicklung '97: Berufliche Weiterbildung in der Transformation. Münster: Seite 253–309
Arnold, Rolf/Lermen, Markus, 2005: Lernen, Bildung und Kompetenzentwicklung – neuere Entwicklungen in der Erwachsenenbildung und Weiterbildung. In: Wiesner, Gisela/Wolter, Andrä (Hrsg.): Die Lernende Gesellschaft. Weinheim: Seite 45–59
Arnold, Rolf/Schüßler, Ingeborg, 2001: Entwicklung des Kompetenzbegriffs und seine Bedeutung für die Berufsbildung und für die Berufsbildungsforschung. In: Franke, Guido (Hrsg.): Komplexität und Kompetenz: ausgewählte Fragen der Kompetenzforschung. Bonn: Seite 52–74
Backhaus, Klaus/Erichson, Bernd/Plinke, Wulff/Schuchard-Ficher, Christiane/Weiber, Rolf, 1987: Multivariate Analysemethoden. Eine anwendungsorientierte Einführung. Berlin u.a.
Baldridge, J. Victor, 1978: Policy Making and Effective Leadership, San Francisco
Barlett, Peggy F./Chase, Geoffrey W., 2004: Sustainability on Campus. Stories and Strategies for Change. Cambridge, MA
Barnett, Ronald, 2000: Realizing the University in an Age of Supercomplexity. Buckingham
Barth, Matthias, 2007: Gestaltungskompetenz durch Neue Medien? Die Rolle des Lernens mit Neuen Medien in der Bildung für eine nachhaltige Entwicklung. Berlin

Barth, Matthias/Godemann, Jasmin, 2006: Nachhaltigkeit interdisziplinär studieren: Das Studienprogramm Nachhaltigkeit der Uni Lüneburg. Zeitschrift für Hochschulentwicklung, 1 (1): Seite 30–46

Barth, Matthias/Godemann, Jasmin, 2007: Study Programme Sustainability – a Way to Impart Competencies for Handling Sustainability? In: Adomßent, Maik/Godemann, Jasmin/Leicht, Alexander/Busch, Anne (Hrsg.): Higher Education for Sustainability: New Challenges from a Global Perspective. Frankfurt/Main: Seite 198–207

Barth, Matthias/Godemann, Jasmin/Michelsen, Gerd, 2007a: Nachhaltige Entwicklung in der Hochschullehre: Herausforderungen, Chancen und Erfahrungen. In: Berendt, Brigitte/Voss, Hans-Peter/Wildt, Johannes (Hrsg.): Neues Handbuch Hochschullehre. Berlin: S. J 3.4.1–22

Barth, Matthias/Godemann, Jasmin/Rieckmann, Marco/Stoltenberg, Ute, 2007b: Developing key competencies for sustainable development in higher education. International Journal of Sustainability in Higher Education, 8(4): Seite 416–430

Bateson, Gregory, 1985: Ökologie des Geistes. Anthropologische, psychologische, biologische und epistemologische Perspektiven. Frankfurt a. M.

Becher, Tony/Kogan, Maurice, 1992: Process and Structure in Higher Education, London

Becker, Egon, 2005: Einheit in der Differenz. Von der klassischen Idee der Universität zur nachhaltigen Wissenschaft. In: Politische Ökologie, 93: Seite 18–20

Berghof, Ralf, 2003: Zukünftige Nachhaltigkeitsperspektiven – drei explorative Szenarien. In: Coenen, Reinhard/Grunwald, Armin (Hrsg.): Nachhaltigkeitsproblem in Deutschland. Analyse und Lösungstrategien. Berlin: Seite 207–268

Bergmann, Matthias/Brohmann, Bettina/Hofmann, Esther/Loibl, Marie C./Rehaag, Regine/Schramm, Engelbert/Voß, Jan-Peter, , 2005. Qualitätskriterien transdisziplinärer Forschung: Ein Leitfaden für die formative Evaluation von Forschungsprojekten. ISOE-Studientexte, 13, Frankfurt/Main

Beringer, Almut with Environmental Studies students, 2006: Sustainable UPEI: an action research project. 3rd annual Environmental Research Symposium. Halifax/Nova Scotia, Canada

Beringer, Almut, 2007: The Lüneburg Sustainable University Project in international comparison: an assessment against North American peers. International Journal of Sustainability in Higher Education, 8 (4): Seite 446–461

Beringer, Almut/Wright, Tarah/Malone, Leslie, 2006: Sustainability in higher education in Atlantic Canada. Internet: http://www.upei.ca/environment/Atl_Can_SHE_study.pdf (Stand: Dezember 2006)

Bernays, Edward L., 1928: Propaganda. New York

Biesecker, Adelheid/Hofmeister, Sabine, 2006: Die Neuerfindung des Ökonomischen. München

BMU, 2004: Umweltbewusstsein in Deutschland 2004. Ergebnisse einer repräsentativen Bevölkerungsumfrage. Bonn

Bogun, Roland, 2004: „Umweltsünder" oder „Vorreiter"? Über Bewertungs- und Motivationsprobleme an Hochschulen. Artec-Paper, Universität Bremen, Bremen

Bolscho, Dietmar/Hauenschild, Katrin, 2006: From environmental education to Education for Sustainable Development in Germany. Environmental Education Research, 12 (1): Seite 7–18

Booth, Simon A., 1993: Crisis Management strategy: competition and change in modern enterprises. London

Bortz, Jürgen/Döring, Nicola, 2003: Forschungsmethoden und Evaluation: für Human- und Sozialwissenschaftler. Berlin

Brand, Karl-Werner (Hrsg.), 2000: Nachhaltige Entwicklung und Transdisziplinarität. Berlin

Brand, Ralf/Karvonen, Andrew, 2006: The ecosystem of expertise: complementary knowledges for sustainable development. Sustainability: Science, Practice, / Policy, 3 (1): Seite 1–11

Bremer, Claudia, 2004: Szenarien mediengestützten Lehrens und Lernens in der Hochschule. In: Löhrmann, Iris/Gerlach, Julia (Hrsg.): Alice im www.underland: E-Learning an deutschen Universitäten; Vision und Wirklichkeit. Bielefeld: Seite 40–53

Brennan, John/King, Roger/Lebeau, Yann, 2004: The role of universities in the transformation of societies. An international research project. Synthesis Report. London. Internet: http://www.open.ac.uk/personalpages/y.lebeau/Transfo.pdf (Stand: 15.05.07)

Brentel, Helmut, 2003: Strategische Organisationsanalyse und organisationales Lernen. Schlüsselkompetenzen für nachhaltiges Wirtschaften. In: Linne, Gudrun/Schwarz, Michael (Hrsg.): Handbuch Nachhaltige Entwicklung. Wie ist nachhaltiges Wirtschaften machbar? Opladen: Seite 299–307

Brunsson, Nils, 1989: The organization of hypocrisy: talk, decisions and actions in organizations. Chichester

Caners, Chris, 2006: Sustainability at the University of Toronto. In: Garcia, Lamarca M. (Moderator): The movement towards sustainable campuses in

Canada: processes and experience. 3rd annual conference of the Northeast Campus Sustainability Consortium, Yale University, New Haven, CT, 2–3 November 2006

Clugston, Richard M./Calder, Wynn, 1999: Critical Dimensions of Sustainability in Higher Education. In: Leal Filho, Walter (Hrsg.): Sustainability and University Life. Frankfurt/Main: Seite 31–46

Clugston, Richard M., 2004: Foreword. In: Corcoran, Peter Blaze /Wals, Arjen E. J. (Hrsg.): Higher education and the challenge of sustainability. Dordrecht/ NL: Seite ix-xi

Cohen, Michael D./March, James G./Olsen, Johan P., 1972: A garbage can model of organizational choice. Administrative Science Quarterly, 17 (1), Seite 1–25

Cohen, Michael D./March, James G./Olsen, Johan P., 1972: A Garbage Can Model of Organizational Choice. Administrative Science Quarterly, 17: Seite 178–184

College of the Atlantic, Oktober 2006: Internet: http://www.coa.edu/html/pressrelease_199.htm (Stand: 10.05.2007)

Corcoran, Peter Blaze/Walker, Kim E./Wals, Arjen E. J., 2004: Case studies, make-your-case studies, and case stories: a critique of case-study methodology in sustainability in higher education. Environmental Education Research, 10 (1): Seite 7–21

Corcoran, Peter Blaze/Walker, Kim E./Wals, Arjen E. J., 2004: The practice of sustainability in higher education: a synthesis. In: Corcoran, Peter Blaze/ Wals, Arjen E.J. (Hrsg.): Higher education and the challenge of sustainability. Dordrecht/NL: Seite 347–348

Corcoran, Peter Blaze/Wals, Arjen E. J., 2004: Higher education and the challenge of sustainability: problematics, promise, and practice. Boston

Cortese, Anthony, 1999: Education for Sustainability: The University as a Model of Sustainability. Second Nature, Boston

Daft, Richard L./Huber, George P., 1987: How organizations learn: a communication framework. Research in the Sociology of Organizations, 5, Seite 1–36

De Haan, Gerhard, 2004: Politische Bildung für Nachhaltigkeit. Aus Politik und Zeitgeschichte, 7–8/2004: Seite 39–46

De Haan, Gerhard, 2008: Gestaltungskompetenz als Kompetenzkonzept für Bildung für nachhaltige Entwicklung. In: Bormann, Inka/de Haan, Gerhard (Hrsg.): Kompetenzen der Bildung für nachhaltige Entwicklung : Operationalisierung, Messung, Rahmenbedingungen, Befunde. Wiesbaden

De Haan, Gerhard/Gregersen, Jan, 2007: Hochschule 2030 – Die Ergebnisse des Hochschuldelphis. Berlin

De Haan, Gerhard/Harenberg, Dorothee, 1999: Gutachten zum Programm Bildung für eine nachhaltige Entwicklung. Materialien zur Bildungsplanung und zur Forschungsförderung, 72, Bonn

Defila, Rico/Di Giulio, Antonietta, 1996: Voraussetzungen zu interdisziplinärem Arbeiten und Grundlagen ihrer Vermittlung. In: Balsiger, Phillip W. (Hrsg.): Ökologie und Interdisziplinarität – eine Beziehung mit Zukunft? Wissenschaftsforschung zur Verbesserung der fachübergreifenden Zusammenarbeit. Basel: Seite 125–142

Defila, Rico/Di Giulio, Antonietta/Scheuermann, Michael, 2006: Forschungsverbundmanagement: Handbuch für die Gestaltung inter- und transdisziplinärer Projekte. Zürich

Defila, Rico/ Di Giulio, Antonietta, 2002: Evaluationsbericht Studienprogramm Nachhaltigkeit. Bern (unveröffentlichtes Papier)

Delakowitz, Bernd/Hoffmann, Anke, 2000: The Hochschule Zittau/Görlitz: Germany's first registered environmental management (EMAS) at an institution of higher education. International Journal of Sustainability in Higher Education, 1 (1): Seite 35–47

Dodgson, Mark, 1993: Learning, Trust, an Technological Collaboration. Human Relations, 46: Seite 77–95

Dohmen, Günther, 2001: Das informelle Lernen. Die internationale Erschließung einer bisher vernachlässigten Grundform menschlichen Lernens für das lebenslange Lernen aller. Bonn

Dörner, Dietrich/Kreuzig, Heinz W./Reither, Franz (Hrsg.), 1994: Lohhausen: Vom Umgang mit Unbestimmtheit und Komplexität. Bern

Dubs, Rolf, 1996: Schlüsselqualifikationen – werden wir erneut um eine Illusion ärmer? In: Gonon, Philipp (Hrsg.): Schlüsselqualifikationen kontrovers: eine Bilanz aus kontroverser Sicht. Aarau: Seite 49–57

Dudeck, Anne/Jansen-Schulz, Bettina (Hrsg.), 2006: Hochschuldidaktik und Fachkulturen. Gender als didaktisches Prinzip. Bielefeld

Dudeck, Anne/Jansen-Schulz, Bettina (Hrsg.), 2007: Zukunft Bologna!? Gender und Nachhaltigkeit als Leitideen für eine neue Hochschulkultur. Frankfurt/Main

Duncan, Robert/Weiss, Andrew, 1979: Organizational Learning: Implications for Organizational Design. Research in Organizational Behavior, 1: Seite 75–123

Düx, Wiebken/Sass, Erich, 2005: Lernen in informellen Kontexten. Lernpotenziale in Settings des freiwilligen Engagement, Zeitschrift für Erziehungswissenschaft, 3: Seite 394–411

Eisen, Arri/Bartlett, Peggy, 2006: The Piedmont Project: fostering faculty development toward sustainability. Journal of Environmental Education, 38 (1): Seite 25–36

Literatur

Elsholz, Uwe, 2002: Kompetenzentwicklung zur reflexiven Handlungsfähigkeit. In: Dehnbostel, Peter/Elsholz, Uwe/Meister, Jörg/Meyer-Menk, Julia (Hrsg.): Vernetzte Kompetenzentwicklung: Alternative Positionen zur Weiterbildung. Berlin: Seite 31–43

Enquete-Kommission, 1998: Konzept Nachhaltigkeit. Vom Leitbild zur Umsetzung. Abschlussbericht der Enquete-Kommission „Schutz des Menschen und der Umwelt – Ziele und Rahmenbedingungen einer nachhaltigen zukunftsfähigen Entwicklung" des 13. Deutschen Bundestages. Bonn

Erpenbeck, John/Heyse, Volker, 1996: Berufliche Weiterbildung und berufliche Kompetenzentwicklung. In: Arbeitsgemeinschaft Qualifikations-Entwicklungs-Management (Hrsg.): Kompetenzentwicklung '96: Strukturwandel und Trends in der betrieblichen Weiterbildung. Münster: Seite 15–152

Erpenbeck, John/Heyse, Volker, 1999: Die Kompetenzbiographie: Strategien der Kompetenzentwicklung durch selbstorganisiertes Lernen und multimediale Kommunikation. Münster

Erpenbeck, John/Rosenstiel, Lutz von, 2003: Handbuch Kompetenzmessung: Erkennen, Verstehen und Bewerten von Kompetenzen in der betrieblichen, pädagogischen und psychologischen Praxis. Stuttgart

Fien, John, 2002: Advancing sustainability in higher education: issues and opportunities for research. International Journal of Sustainability in Higher Education, 3 (3): Seite 243–253

Fien, John, 2002: Advancing Sustainability in Higher Education: Issues and Opportunities for Research. Higher Education Policy, 15: Seite 143–152

Fietkau, Hans-Joachim/Kessel, Hans, 1981: Umweltlernen. Veränderungsmöglichkeiten des Umweltbewusstseins. Schriften des Wissenschaftszentrums Berlin, Band 18, Königstein/Taunus

Fink, Alexander/Schlake, Oliver/Siebe, Andreas, 2002: Erfolg durch Szenario-Management: Prinzip und Werkzeuge der strategischen Vorausschau. Frankfurt/Main

Fischer, Andreas/Hahn, Gabriela (Hrsg.), 2001: Interdisziplinarität fängt im Kopf an. Frankfurt/Main

Flick, Uwe, 1995: Qualitative Forschung: Theorie, Methoden, Anwendung in Psychologie und Sozialwissenschaften. Reinbek

Forum for the Future/HEPS, 2004: Communicating for Sustainability: Guidance for Higher Education Institutions. London

Franz-Balsen, Angela, 2005: Gender im Mainstream. In: Michelsen, Gerd/ Godemann, Jasmin (Hrsg.): Handbuch Nachhaltigkeitskommunikation. München: Seite 338–348

Franz-Balsen, Angela, 2006: In eigener Sache. Campus Courier: Seite 3

Franz-Balsen, Angela/Heinrichs, Harald, 2007: Managing sustainability communication on campus: experiences from Lüneburg. International Journal of Sustainability in Higher Education, 8(4): Seite 431–445

Godemann, Jasmin, 2002: Leitbildimplementierung in Organisationen: Chancen und Möglichkeiten einer Bildung für eine nachhaltige Entwicklung in Kindergärten. Frankfurt/Main

Godemann, Jasmin, 2005: Zum Verhältnis von interdisziplinärer Zusammenarbeit und Kompetenz. In: Radits, Franz/Rauch, Franz/Kattmann, Ulrich (Hrsg.): Gemeinsam Lernen – Gemeinsam Forschen: Wissen, Bildung und Nachhaltige Entwicklung. Innsbruck, Wien, Bozen: Seite 123–132

Godet, Michel, 2000: The art of scenarios and strategic planning: Tools and pitfalls. Technological Forecasting and Social Change, 65 (1): Seite 3–22

Gough, Annette, 2004: The contribution of ecofeminist perspectives to sustainability in higher education. In: Corcoran, Peter B./Wals, Arjen .E.J. (Hrsg.): Higher Education and the Challenge of Sustainability. Boston: Seite 149–161

Grunwald, Armin/Ott, Konrad, 2005: Leitbild mit Kontur. Zukunftsverantwortung als ethische Grundlage nachhaltiger Entwicklung. Politische Ökologie, 93: Seite 24–26

Gruppe 2004, 2004: Hochschule neu denken: Neuorientierung im Horizont der Nachhaltigkeit; ein Memorandum. Frankfurt/Main

Gudz, Nadine A., 2004: Implementing the sustainable development policy at the University of British Columbia: An analysis of the implications for organisational learning. International Journal of Sustainability in Higher Education, 5 (2): Seite 156–168

Haigh, Martin J., 2006: Promoting environmental education for sustainable development: the value of links between higher education and non-governmental organizations (NGOs). Journal of Geography in Higher Education, 30 (2): Seite 327–349

Hanft, Anke, 2000: Hochschule managen? Zur Reformierbarkeit der Hochschule nach Managementprinzipien. Neuwied

Hasse, Raimund/Krücken, Georg, 2005: Neo-Institutionalismus. 2., vollst. überarb. Aufl., Bielefeld

Hauff, Volker (Hrsg.), 1987: Unsere gemeinsame Zukunft – Der Brundtland-Bericht der Weltkommission für Umwelt und Entwicklung. Greven

Heinrichs, Harald, 2005: Herausforderung Nachhaltigkeit: Transformation durch Partizipation? In: Feindt, Peter H./Newig, Jens (Hrsg.): Partizipation, Öffentlichkeitsbeteiligung, Nachhaltigkeit. Perspektiven der politischen Ökonomie. Marburg

Herrmann, Michael, 2007: The practice of sustainable education through a participatory and holistic teaching approach. Communication, Cooperation, Participation: Research and Practice for a Sustainable Future, 1: Seite 72–87

Hirsch Hadorn, Gertrude/Maier, Simone, 2002: Transdisziplinäre Nachhaltigkeitsforschung in Aktion: Optionen und Restriktionen nachhaltiger Ernährung. In: Themenband Schwerpunktprogramm Umwelt. Zürich

HIS – Hochschul-Informations-System GmbH, 2008: Implementierung von Nachhaltigkeit in Hochschulen – Tagung. Technische Universität Darmstadt 18.–20. Juni 2008

Huber, Georg P., 1991: Organizational Learning: The Contributing Processes and the Literature. Organization Science, 2 (1): Seite 88–113

Huber, Günter L. /Mandl, Heinz, 1994: Gedankenstichproben. In: Huber, Günter L./Mandl, Heinz (Hrsg.): Verbale Daten. Eine Einführung in die Grundlagen und Methoden der Erhebung und Auswertung. Weinheim: Seite 4–118

Hübner, Gundula, 2005: Soziales Marketing. In: Michelsen, Gerd/Godemann, Jasmin (Hrsg.): Handbuch Nachhaltigkeitskommunikation – Grundlagen und Praxis. München: Seite 287–296

Hung, David/Chen, Der-Thanq/Tan, Seng chee (2003): A Social-Constructivist Adaption of Case-Based Reasoning: Integrating Goal-Based Scenarios with Computer-Supported Collaborative Learning. Educational Technology: Seite 30–35

IPCC – Intergovernmental Panel on Climate Change: Fourth Assessment Report – Climate Change 2007. Internet: http://www.ipcc.ch/ipccreports/assessments-reports.htm (Stand: 30.05.2008)

ISCN – International Sustainable Campus Network, 2008: 2nd annual conference. 23–25 April 2008. Internet: http://www.international-sustainable-campus-network.org/ (Stand: März 2008), Zürich

ISSRNC – International Society for the Study of Religion, Nature and Culture, 2007: International conference on Religious Studies and Theology exploring sustainable development: challenges for higher education. 27–28 September, Nijmegen/Netherlands

Jamali, Dima, 2006: Insights into triple bottom line integration from a learning organization perspective. Business Process Management Journal, 12 (6): Seite 809–821

Kahn, Herman/Wiener, Anthony J. (1967): The year 2000. A framework for speculation on the next 33 years. New York

Kegan, Robert, 1986: Die Entwicklungsstufen des Selbst: Fortschritte und Krisen im menschlichen Leben. München

Kehm, Barbara M., 2004: Hochschulen in Deutschland. Aus Politik und Zeitgeschichte B25/2004: Seite 6–17

Kehm, Barbara M./Pasternack, Peer, 2000: Hochschulentwicklung als Komplexitätsproblem. Fallstudien des Wandels. Weinheim/Basel

Keil, Florian, 2005: Qualitativ-quantitative Szenarien als Methode transdisziplinärer Integration. Manuskript eines Beitrages auf dem Workshop „Interdisziplinäre Wissenssynthesen" am 30. Juni und 1. Juli 2005 in Darmstadt

Keil, Florian/Stieß, Immanuel, 2007: Wissen, was wir nicht wissen: Umweltforschung als gesellschaftlicher Lernprozess. Gaia, 16 (3): Seite 193–199

Klann, Uwe/Nitsch, Joachim, 1999: Der Aktivitätsfelderansatz – ein Ansatz für die Untersuchung eines integrativen Konzepts nachhaltiger Entwicklung. Köln

Klimecki, Rüdiger G./Laßleben, Hermann/Thomae, Matthias, 1999: Organisationales Lernen. Ein Ansatz zur Integration von Theorie, Empirie und Gestaltung. In: Management Forschung und Praxis. Bank 26. Universität Konstanz

Kolb, David, 1984: Experiential Learning as the Source of Learning and Development. Englewood Cliffs, NJ

Kopfmüller, Jürgen/Brandl, Volker/Jörissen, Juliane/Pateau, Michael/Banse, Gerhard/Coenen, Reinhard/Grünwald, Armin, 2001: Nachhaltige Entwicklung integrativ betrachtet. Konstitutive Elemente, Regeln, Indikatoren. Berlin

Kotler, Philip/Zaltman, Gerald, 1971: Social marketing: An approach to planned social change. Journal of Marketing, 35: Seite 3–12.

Kropp, Claudia/Schiller, Frank/Wagner, Jost, 2007: Die Zukunft der Wissenskommunikation. Perspektiven für einen reflexiven Dialog von Wissenschaft und Politik – am Beispiel des Agrarbereichs. Berlin

Krücken, Georg, 2002: Hinab in den Maelström. Drei Szenarien der Hochschulentwicklung. die hochschule. journal für wissenschaft und bildung, 1: Seite 16–28

Krücken, Georg, 2004: Hochschulen im Wettbewerb – eine organisationstheoretische Perspektive. In: Böttcher, Wolfgang/Terhard, Ewald (Hrsg.): Organisationstheorie: Ihr Potenzial für die Analyse und Entwicklung von pädagogischen Feldern. Wiesbaden: Seite 286–301

Krücken, Georg/Kosmützky, Anna/Torka, Marc (Hrsg.), 2007: Towards a Multiversity? Universities between Global Trends and National Traditions. Bielefeld
Kuckartz, Udo, 2002: Umweltbewusstsein in Deutschland. Internet: http://www.umweltbewusstsein.de/ub (Stand:15.06.2007)
Kuckartz, Udo, 2004: Umweltbewusstsein in Deutschland. Internet: http://www.umweltbewusstsein.de/ub (Stand:15.06.2007)
Kuckartz, Udo, 2006: Umweltbewusstsein in Deutschland. Internet: http://www.umweltbewusstsein.de/ub (Stand:15.06.2007)
Kyburz-Graber, Regula, 1999. Qualitätskriterien für Fallstudien – dargestellt an Fallstudien zu interdisziplinärem Unterricht in der Sekundarstufe II. In: Bolscho, Dietmar/Michelsen, Gerd (Hrsg.): Forschungsmethoden zur Umweltbildung. Opladen: Seite 85–111
Lamnek, Siegfried, 1998: Gruppendiskussion: Theorie und Praxis. Weinheim
Leal Filho, Walter, 1999: Sustainability and university life. Frankfurt/Main
Leal Filho, Walter, 2000: Sustainability and university life. Frankfurt/Main
Levin, Morton/Greenwood, Davydd J., 2001: Pragmatic Action Research and the Struggle to Transform Universities into Learning Communities. In: Reason, Peter/Bradbury, Hilary (Hrsg.): Handbook of Action Research. Thousand Oaks: Seite 103–114
Lidgren, Alexander, 2004: A sustainable course for higher education. Dissertation, Universität Lund, Lund
Lipski, Jens, 2004: Für das Leben lernen: Was, wie und wo? Umrisse einer neuen Lernkultur. In: Hungerland, Beatrice/Overwien, Bernd (Hrsg.): Kompetenzentwicklung im Wandel. Auf dem Weg zu einer informellen Lernkultur? Wiesbaden: Seite 257–273
Littmann, Udo, 1998: Entwicklung möglicher Zukunftsbilder für die Universität Kaiserslautern mit Hilfe der Szenario-Technik. Arbeitspapiere zu Hochschulfragen und Hochschulcontrolling. Kaiserslautern
Livingstone, David, 2001: Adults' informal learning: definitions, findings, gaps and future research. NALL Working Paper, 21: New Approaches to Lifelong Learning, Ontario Institute for Studies in Education. Toronto
Lotz-Sisitka, Heila, 2004: Stories of Transformation. International Journal of Sustainability in Higher Education, Vol. 5/1: Seite 8–10
M'Gonigle, Michael/Starke, Justin, 2006: Planet U: Sustaining the world, reinventing the university. Gabriola Island/Canada
Manz, Charles C./Sims, Henry P., 1981: Vicarious Learning: The Influence of Modeling on Organizational Learning. Academy of Management Review, 6: Seite 105–113

March, James G./Olsen, Johan S., 1998: The institutional dynamics of international political orders. International Organisation, 52 (4): 943–969

Mast, Claudia, 2005: Grundlagen: Kommunikationskonzepte strategisch planen und umsetzen. BAW-Texte, Reihe Public Relations. München

Matson, Laura/Dautremont-Smith, Julian/Walton, Judy, 2008: Sustainability Tracking, Assessment / Rating System (STARS) for colleges and universities, version 0.5 (draft). Unveröffentlichtes Manuskript

Matthies, Michael (Hrsg.), 2007: Partizipative Modellbildung, Akteurs- und Ökosystemanalyse in Agrarintensivregionen. Schlussbericht des deutsch-österreichischen Verbundprojekts. Beiträge des Instituts für Umweltsystemforschung, 39, Osnabrück

Mayring, Philipp, 1996. Einführung in die qualitative Sozialforschung: eine Anleitung zu qualitativem Denken. 3. Auflage. Weinheim

McGregor, Douglas, 1960: The Human Side of Enterprise. New York

McIntosh, Mary/Cacciola, Kathy/Clermont, Stephen/Keniry, Julian, 2001: State of the campus environment: a national report card on environmental performance and sustainability in higher education. National Wildlife Federation Reston/USA

McKenzie-Mohr, Doug/Smith, William, 1999: Fostering Sustainable Behaviour. Victoria, BC

Meadows, Dennis, 1974: Die Grenzen des Wachstums. Bericht des Club of Rome zur Lage der Menschheit. 16. Auflage, Stuttgart

Michelsen, Gerd (Hrsg.), 2000: Sustainable University: auf dem Weg zu einem universitären Agendaprozess. Frankfurt/Main

Michelsen, Gerd, 2005: Nachhaltigkeitskommunikation: Verständnis – Entwicklung – Perspektiven. In: Michelsen, Gerd/Godemann, Jasmin (Hrsg.): Handbuch Nachhaltigkeitskommunikation. München: Seite 25–41

Michelsen, Gerd, 2006: Higher education for sustainable development: the UNESCO Chair at the University of Lüneburg. In: Adomßent, Maik/Godemann, Jasmin/Leicht, Alexander/Busch, Anne (Hrsg.): Higher education for sustainability: new challenges from a global perspective. Frankfurt/Main: Seite 46–57

Michelsen, Gerd/Godemann, Jasmin (Hrsg.), 2006: Handbuch Nachhaltigkeitskommunikation. Frankfurt/Main

Mieg, Harald A./Scholz, Roland W., 1999: Methoden zur Integration und Diffusion von Wissen: Die „ETH-UNS-Fallstudien" zur nachhaltigen Entwicklung in der Schweiz. In: Lass, Wiebke/Reusswig, Fritz (Hrsg.): 5. UBA-Fachgespräch zur sozialwissenschaftlichen Umweltforschung. Berlin: Seite 197–205

Mintzberg, Henry, 1983: Structures in Fives: Designing Effective Organizations. New Jersey

Mittelstraß, Jürgen, 1987: Die Stunde der Interdisziplinarität? In: Kocka, Jürgen/ Zentrum für Interdisziplinäre Forschung (Hrsg.): Interdisziplinarität: Praxis, Herausforderung, Ideologie. Frankfurt/Main: Seite 152–158

Mogalle, Marc, 2000: Der Bedürfnisfeld-Ansatz: Ein handlungsorientierter Forschungsansatz für eine transdisziplinäre Nachhaltigkeitsforschung. Gaia, 9 (3): Seite 204–210

Moore, Janet, 2005a: Is higher education ready for transformative learning? A question explored in the study of sustainability. Journal of Transformative Education, 3 (1): Seite 76–91

Moore, Janet, 2005b: Seven recommendations for creating sustainability education at the university level: a guide for change agents. In: International Journal of Sustainability in Higher Education, 6/4: Seite 326–339

Morgan, David L., 1997: Focus groups as qualitative research. 2. Auflage, Thousand Oaks

Müller, Joachim/Gilch, Harald/Bastenhorst, Kai-Olaf (Hrsg.) 2001: Umweltmanagement an Hochschulen. Frankfurt/Main

Multrus, Frank, 2004: Fachkulturen. Dissertation, Universität Konstanz, Konstanz

Musselin, Christine, 2007: Are Universities Specific Organisations? In: Krücken, Georg/Kosmützky, Anna / Torka, Marc (Hrsg.): Towards a Multiversity? Universities between Global Trends and National Traditions. Bielefeld: Seite 63–84

Neave, Guy, 2006: Higher education and aspects of transition. Higher Education Policy, 19: Seite 1–5

Nölting, Benjamin/Voß, Jan-Peter/Hayn, Doris, 2004: Nachhaltigkeitsforschung – jenseits von Disziplinierung und anything goes. Gaia, 13 (4): Seite 254–261

Nonaka, Ikujiro/Takeuchi, Hirotaka, 1995: The knowledge-creating company: how Japanese companies create the dynamics of innovation. New York

Novelli, William D., 1984: Developing Marketing Programs. In: Frederikson, Lee W./Solomon, Laura J. /Brehony, Kathleen A. (Hrsg.): Marketing health behaviour. New York, London: Seite 59–89

Nussbaum, Martha, 1993: Menschliches Tun und soziale Gerechtigkeit. In: Brunlik, Micha/Hauke Brunkhorst (Hrsg.): Gemeinschaft und Gerechtigkeit. Frankfurt a. M.: Seite 323–361

Orr, David, 1994: Earth in Mind: On Education, Environment and the Human Prospect. Washington, DC

Orr, David, 2004: Can educational institutions learn? In: Barlett, Peggy F./Chase, Geoffrey W. (Hrsg.): Sustainability on Campus. Stories and Strategies for Change. Cambridge, MA: Seite 159–175

Orth, Gottfried, 2005: Verschieden und doch ähnlich: Theologie im interreligiösen Dialog. Politische Ökologie, 93: Seite 40–42

Ott, Konrad/Döring, Ralf, 2004: Theorie und Praxis starker Nachhaltigkeit. Marburg

Overwien, Bernd, 2005: Stichwort: Informelles Lernen. Zeitschrift für Erziehungswissenschaft, 3: Seite 339–355

Pasternack, Peer, 2006: Hochschulflexibilisierung und Mitbestimmung. In: Kremberg, Bettina (Hrsg.): Mitbestimmung und Hochschule. Aachen: Seite 155–172

Pellert, Ada, 1999: Die Universität als Organisation. Die Kunst, Experten zu managen. Wien/Köln/Graz

Pellert, Ada, 2002: Einmal hin und zurück: Universitäten im Jahr 2012. die hochschule. journal für wissenschaft und bildung, 1: Seite 46–58

Pittman, James, 2004: A whole systems design approach to organizational change. In: Corcoran, Peter Blake/Wals, Arjen (Hrsg.): Higher education and the challenge of sustainability. Dordrecht/NL: Seite 199–211

Pittman, James, 2004: Living sustainability through higher education: a whole systems design apptoach to organisational change. In: Corcoran, Peter B./ Wals, Arjen E.J. (Hrsg.): Higher Education and the Challenge of Sustainability. Boston: Seite 199–211

Probst, Gilbert J.B./Büchel, Bettina S.T., 1997: Organizational learning: the competitive advantage of the future. London

Raskin, Paul/Chadwick, Michael/Jackson, Tim/Leach, Gerald, 1996: The Sustainability Transition: Beyond Conventional Development. Stockholm

Rat für Nachhaltigkeit, 2004: Momentaufnahme Nachhaltigkeit und Gesellschaft. Berlin

Reinmann-Rothmeier, Gabi, 2001: Münchener Modell: Eine integrative Sicht auf das Managen von Wissen. Wissensmanagement, 5: Seite 51–54

Retzmann, Thomas, 2001: Die Szenario-Technik. Eine Methode für ganzheitliches Lernen im Lernfeld Arbeitslehre. Internet: http://www.sowi-online.de/methoden/dokumente/retzmszen.htm (Stand: 30.05.2008)

Robinson, John B., 2003: Future subjunctive: backcasting as social learning. Futures, 35 (8): Seite 839–856

Roorda, Niko, 2001: AISHE: Auditing Instrument for Sustainability in Higher Education. CDHO, Internet: http://www.dho.nl/aishe (Stand: 15.06.2007)

Roorda, Niko/Martens, Pim, 2008: Assessment and certification of higher education for sustainable development. Sustainability: The Journal of Record, 1 (1): Seite 41–56

Rowe, Debra , 2006: Education for sustainable development in the US – an update. In: Adomßent, Maik/Godemann, Jasmin/Leicht, Alexander/Busch, Anne (Hrsg.): Higher education for sustainability: new challenges from a global perspective. Frankfurt/Main: Seite 145–154

Rychen, Dominique S., 2001: Introduction. In: Rychen, Dominique S./Salganik, Laura H. (Hrsg.): Defining and Selecting Key Competencies. Seattle: Seite 1–16

Rychen, Dominique S., 2003: Key competencies: Meeting important challenges in life. In: Rychen, Dominique S./Salganik, Laura H. (Hrsg.): Key competencies for a successful life and well-functioning society. Cambridge: Seite 63–108

Rychen, Dominique S./Salganik, Laura H. , 2003: A holistic model of competence. In: Rychen, Dominique S./Salganik, Laura H. (Hrsg.): Key competencies for a successful life and well-functioning society. Cambridge: Seite 41–62

Schaltegger, Stefan, 2005: Standortvorteil Nachhaltigkeit. Politische Ökologie, 93: Seite 37–39

Schaltegger, Stefan/Herzig, Christian/Kleiber, Oliver/Müller, Jan, 2002: Nachhaltigkeitsmanagement in Unternehmen. Konzepte und Instrumente zur nachhaltigen Unternehmensentwicklung. Berlin

Schaltegger, Stefan/Wagner, Marcus, 2006: Integrative Management of Sustainability Performance, Measurement and Reporting. International Journal of Accounting, Auditing and Performance Evaluation, 3 (1): Seite 1–19

Schein, Edgar H., 1988: Organizational Culture. Sloan School of Management Working Paper, MIT, Cambridge

Schellnhuber, Hans-Joachim/Block, Arthur/Held, Hermann/Lüdeke, Matthias K.B./Moldenhauer, Oliver/Petschel-Held, Gerhard, 2000: Syndrome & Co. – Qualitative und semi-qualitative Ansätze in der Forschung zum Globalen Wandel. In: Coenen, Reinhard (Hrsg.): Integrative Forschung zum Globalen Wandel: Herausforderungen und Probleme. Frankfurt/Main: Seite 51–96

Schmidt, Siegfried J., 2004: Unternehmenskultur. Weilerswist

Schmuck, Peter, 2005: Die Werte – Basis nachhaltiger Entwicklung. Natur und Kultur: Seite 84–99

Scholz, Roland W./Lang, Daniel J./Wiek, Arnim/Walter, Alexander I./Stauffacher, Michael, 2006: Transdisciplinary case studies as sustainability learning. International Journal of Sustainability in Higher Education, 7 (3): Seite 226–251

Scholz, Roland W./Mieg, Harald A./Weber, Olaf, 1995: Mastering the Complexity of Environmental Problem Solving by Case Study Approach. Working Paper, 7. Zürich

Scholz, Roland W./Tietje, Olaf, 2002: Embedded case study methods: Integrating quantitative and qualitative knowledge. Thousand Oaks

Schoot Uiterkamp, Anton J.M./Vlek, Charles, 2007: Practice and outcomes of multidisciplinary research for environmental sustainability. Journal of Social Issues, 63 (1): Seite 175–197

Schreyögg, Georg, 1996: Organisation. Grundlagen moderner Organisationsgestaltung. Wiesbaden

Schreyögg, Georg, 1999: Organisation und Postmoderne. Wiesbaden

Schugurensky, Daniel, 2000: The Forms of Informal Learning: Towards a Conceptualization of the Field. Internet: https://tspace.library.utoronto.ca/bitstream/1807/2733/2/19formsofinformal.pdf (Stand: 30.05.2008)

Schwartz, Peter, 2005: The art of the long view. Planning for the future in an uncertain world. Chichester

Scott, William/Gough, Stephen, 2006: Universities and sustainable development in a liberal democracy: A reflection on the necessity for barriers to change. In: Holmberg, John/Samuelsson, Bo E. (Hrsg.): Drivers and Barriers for Implementing Sustainable Development in Higher Education. Göteborg: Seite 89–95

Sen, Amartya K., 1986: The Standard of Living. In: McKurrin, Sterling M. (Hrsg.): The Tanner Lectures on Human Values. Vol. VII, Salt Lake City: Seite 3–51

Senge, Peter M., 1990: The Fifth Discipline. New York

Senge, Peter M., 2000: Die Hochschule als lernende Gemeinschaft. In: Laske, Stephan et al. (Hrsg.): Universität im 21. Jahrhundert: zur Interdependenz von Begriff und Organisation der Wissenschaft. München: Seite 17–44

Senge, Peter M., 2000: Die Hochschule als lernende Gemeinschaft. In: Laske, Stephan/Scheytt, Tobias/Scharmer, Claus Otto (Hrsg.): Universität im 21. Jahrhundert: zur Interdependenz von Begriff und Organisation der Wissenschaft. München: Seite 17–44

Sharp, Leith, 2002: Green campuses: the road from little victories to systemic transformation. Int. Journal of Sustainability in Higher Education, vol.3/2: Seite 128–145

Sharp, Leith, 2005: Campus sustainability for practitioners: challenges for a new profession. Unveröffentlichtes Manuskript

Shriberg, Mike, 2004: Assessing sustainability: criteria, tools and implications. In: Corcoran, Peter Blaze/Wals, Arjen E.J. (Hrsg.): Higher education and the challenge of sustainability: Promise and Practice. Dordrecht/NL: Seite 71–86

Shrivastava, Paul, 1983: A typology of organizational learning systems. Journal of Management Studies, 20 (1): Seite 7–28

Siebenhüner, Bernd/Arnold, Marlen/Hoffmann, Esther/Behrens, Torsten/ Heerwart, Sebastian/Beschorner, Thomas, 2006: Organisationales Lernen und Nachhaltigkeit: Prozesse, Auswirkungen und Einflussfaktoren in sechs Unternehmensfallstudien. Marburg

Singh, Naresh/Titi, Vangile, 1995: Empowerment: Towards Sustainable Development. London

Smrekar, Otto/Pohl, Christian/Stoll-Kleemann, Susanne, 2005: Evaluation: Humanökologie und Nachhaltigkeitsforschung auf dem Prüfstand. Gaia, 14 (1): Seite 73–76

Sterling, Stephen, 2004: Higher education, sustainability, and the role of systemic learning. In: Corcoran, Peter Blaze/Wals, Arjen E.J. (Hrsg.): Higher Education and the Challenge of Sustainability: Promise and Practice. Seite 49–70

Stokols, Daniel, 2006: Toward a science of transdisciplinary action research. American Journal of Community Psychology, 38 (1/2): Seite 63–77

Stoltenberg, Ute (Hrsg.) 2000: Lebenswelt Hochschule. Frankfurt/Main

Stoltenberg, Ute, 2007: Gesellschaftliches Lernen und Partizipation. In: Jonuschat, Helga/Baranek, Elke/Behrendt, Maria/Dietz, Kristina/ Schlußmeier, Bianca/Walk, Heike/Zehm, Andreas (Hrsg.): Partizipation und Nachhaltigkeit – Vom Leitbild zur Umsetzung. Ergebnisse sozial-ökologischer Forschung. München

Stoltenberg, Ute/Paulus, Peter (Hrsg.) (2002): Agenda 21 und Universität – auch eine Frage der Gesundheit? Frankfurt/Main

Sustainable Development Commission, 2001: How the public learns about sustainable development: an audit of key campaigns. TV and newspapers. Internet: http://www.sd-commission.org.uk/cgi-bin/search.cgi?m= any&q = how + the + public + learns&search_submit.x = 12&search_submit.y = 5 (Stand: 15.06.2007)

Sustainable Endowments Institute, 2008: Internet: http://www.greenreportcard.org/ (Stand 30. Mai 2008)

Swart, Rob J./Raskin, Paul/Robinson, John, 2004: The problem of the future: sustainability science and scenario analysis. Global Environmental Change: Human and Policy Dimensions, 14 (2): Seite 137–146

Teichler, Ulrich, 2002: Die Zukunft der Hochschulen in Deutschland. Was sich aus der Perspektive der Hochschulforschung dazu sagen lässt. die hochschule. journal für wissenschaft und bildung, 1: Seite 29–45

Teichler, Ulrich, 2005: Hochschul- und Studiengangsstrukturen im internationalen Vergleich. In: Cremer-Renz, Christa/Donner, Hartwig (Hrsg.): Die innovative Hochschule. Bielefeld: Seite 161–180

Thompson Klein, Julie, 1996: Crossing boundaries: knowledge, disciplinarities and interdisciplinarities. Charlottesville/USA

Tietje, Olaf, 2003: Identification of a small reliable and efficient set of consistent scenarios. European Journal of Operational Research, (162): Seite 418–432

Tilbury, Daniella, 2004: Environmental education for sustainability: a force for change in higher education. In: Corcoran, Peter Blaze/Wals, Arjen E.J. (Hrsg.): Higher education and the challenge of sustainability: problematics, promise, and practice. Dordrecht/NL: Seite 97–112

TREK 2010, 2000: Internet: http://www.trek2000.ubc.ca/index.html (Stand: 10.05.2007)

UBC – University of British Columbia, 2007: Internet: http://www.sustain.ubc.ca/ (Stand: 04.05.2007)

ULSF – University Leaders for a Sustainable Future, 2001: Sustainability Assessment Questionnaire. Internet: www.ulsf.org (Stand: September 2006)

UNEP/Futerra, 2005: Communicating Sustainability. How to Produce Effective Campaigns. Internet: http://www.unep.fr/pc/sustain/reports/advertising/Communication_guide/webEN2.pdf (Stand: 15.06.2007)

UNESCO – United Nations Educational, Scientific and Cultural Organization, 2003: Synthesis Report on Trends and Developments in Higher Education since the World Conference on Higher Education 1998–2003. Meeting of Higher Education Partners, Paris, 23–25 June 2003. Internet: http://unesdoc.unesco.org/images/0014/001455/145529e.pdf (Stand: 30.05.2008)

UNESCO – United Nations Educational, Scientific and Cultural Organization, 2004: United Nations Decade of Education for Sustainable Development: Draft International Implementation Scheme (IIS). Paris

Universiti Sains Malaysia, 2007: Constructing Future Higher Education Scenarios. Penang

University of Toronto, 2006: Internet: http://rewire.utoronto.ca/ (Stand: 04.06.2008)

van der Wende, Marijk, 2007: Internationalization of Higher Education in the OECD Countries: Challenges and Opportunities for the Coming Decade. Journal of Studies in International Education, 11: Seite 274–289

van Notten, Phillip W.F./Sleegers, Am/van Asselt, Marjolein B.A., 2005: The future shocks: On discontinuity and scenario development. Technological Forecasting and Social Change, 72 (2): Seite 175 194

Velazquez, Luis/Munguia, Nora/Sanchez, Margarita, 2005: Deterring sustainability in higher education institutions: an appraisal of the factors which influence sustainability in higher education institutions. International Journal of Sustainability in Higher Education, 6 (4): Seite 383–391

Vester, Frederic, 2007: Die Kunst vernetzt zu denken. Ideen und Werkzeuge für einen neuen Umgang mit Komplexität. Ein Bericht an den Club of Rome. 6. Auflage, München

Vincent-Lancrin, Stephan, 2004: Building Future Scenarios for Universities and Higher Education: an international approach. Policy Futures in Education, 2 (2): Seite 245–262

von Reibnitz, Ute, 1992: Szenario-Technik: Instrumente für die unternehmerische und persönliche Erfolgsplanung. Wiesbaden

Wals, Arjen E. J./Corcoran, Peter Blaze, 2006: Sustainability as an outcome of transformative learning. In: Holmberg, John/Samuelssohn, Bo E. (Hrsg.): Drivers and Barriers for Implementing Sustainable Development in Higher Education. Göteborg Workshop, December 7–9 2005: Seite 103–110

Wals, Arjen E.J./Corcoran, Peter B., 2006: Education for Sustainable Development in Action. In: Holmberg, John/Samuelsson, Bo E. (Hrsg.): Drivers and Barriers for Implementing Sustainable Development in Higher Education. Technical Paper 3, UNESCO, Paris: 103–108

WBCSD, World Business Council for Sustainable Development, 2004: Guide how to report: Approach. Internet: http://www.sdportal.org/web/sdportal/guide/approach.htm (Stand: 10.03.2006)

WBGU – Wissenschaftlicher Beirat Globale Umweltveränderungen, 1996: Welt im Wandel – Wege zu einem nachhaltigen Umgang mit Süßwasser. Jahresgutachten 1996. Berlin

WBGU – Wissenschaftlicher Beirat Globale Umweltveränderungen, 1997: Welt im Wandel – Wege zu einem nachhaltigen Umgang mit Süßwasser. Jahresgutachten 1997. Berlin

Weick, Karl, 1976: Educational Organizations as Loosely Coupled Systems. Administrative Journal Quarterly, 21: Seite 1–19

Weick, Karl, 1982: The Management of Organizational Change among Loosely Coupled Elements. In: Goodmann, Steve (Hrsg.): Change in Organisation. San Francisco: Seite 375–408

Weick, Karl, 1988: Loose Coupling: Beyond the Metaphor. Current Contents, 20 (12): Seite 14

Weil, Susan, 1999: Re-creating universities for 'beyond the stable state': from 'Dearingesque' systematic control to post-Dearing systemic learning and inquiry. Systems Research and Behavioral Science 16 (2): Seite 171–190

Weinert, Franz E., 2001: Concept of Competence: A Conceptual Clarification. In: Rychen, Dominique S./Salganik, Laura H. (Hrsg.): Defining and Selecting Key Competencies. Seattle: Seite 45–66

Wenger, Etienne, 1998: Communities of practice: learning, meaning, and identity. Cambridge

White, Jon/Mazur, Laura, 1994: Strategic Communications Management: Making Public relations Work. Economist Intelligence Unit, Reading, MA

Wickenberg, Per 2006: Norm Supporting Actors and Structure at the Very Local Level of Implementation in Higher Education in Sweden. In: Holmberg, John/Samuelsson, Bo E. (Hrsg.): Drivers and Barriers for Implementing Sustainable Development in Higher Education. Technical Paper 3, UNESCO, Paris: 111–119

Willke, Helmut, 1997: Dumme Universitäten, intelligente Parlamente. Wie es kommt, daß intelligente Personen in dummen Organisationen operieren können, und umgekehrt. In: Grossmann, Ralph (Hrsg.): Wie wird Wissen wirksam? IFF-Texte, 1, Wien/New York: Seite 107–109

Wissenschaftlicher Beirat Globale Umweltveränderungen (WBGU) (1996): Herausforderung für die deutsche Wissenschaft: Jahresgutachten 1996. Berlin.

Witt, Johanna Katharina, 2006: Change of degrees and degrees of change. Comparing adaptations of European higher education systems in the context of the Bologna process. Enschede

Wright, Tarah, 2004: The evolution of sustainability declarations in higher education. In: Corcoran, Peter Blaze/Wals, Arjen E.J. (Hrsg.): Higher Education and the Challenge of Sustainability: Problematics, Promise and Practice: Seite 7–19

Wright, Tarah, 2005: Higher Education for sustainability: Developing a Comprehensive research. Internet: http://halifaxconsultation.environmentalscience.dal.ca/ Halifax%20Consultation%20report.htm (Stand: 15.06.2007)

Wright, Tarah, 2006: The role of research in achieving a sustainable future. In: Holmberg, John/Samuelsson, Bo E. (Hrsg.): Drivers and Barriers for Implementing Sustainable Development in Higher Education. Technical Paper 3, UNESCO, Paris: Seite 121–12

Yin, Robert K., 1984: Case Study Research: Design and Methods. Beverly Hills

Zimmermann, Friedrich M. (Hrsg.), 2005: Nachhaltigkeitsbericht Universität Graz. Internet: http://www.uni-graz.at/ bdrwww_nachhaltigkeitsbericht_unigraz_2005.pdf (Stand: 30.05.2008)

Autorinnen und Autoren

Maik Adomßent, Dr., arbeitet als wissenschaftlicher Mitarbeiter am Institut für Umweltkommunikation der Universität Lüneburg. In Forschung und Lehre beschäftigt er sich mit Fragen der Nachhaltigkeit im Kontext universitärer Aufgabenstellungen und geht der Nachhaltigkeitskommunikation in unterschiedlichen Kontexten nach.

Patrick Albrecht, arbeitete als wissenschaftlicher Mitarbeiter am Institut für Umweltkommunikation an der Universität Lüneburg. Arbeitsschwerpunkte: Corporate Responsibility, Stakeholder-Beteiligung, Nachhaltigkeitsberichterstattung sowie organisationstheoretische Grundlagen dieser Themenstellungen.

Matthias Barth, Dr., ist wissenschaftlicher Mitarbeiter am Institut für Umweltkommunikation der Universität Lüneburg. Arbeitsschwerpunkte: Bildung für nachhaltige Entwicklung, Kompetenzentwicklung, Neue Medien in der Nachhaltigkeitskommunikation.

Almut Beringer, PhD, ist wissenschaftliche Mitarbeiterin im Institut für Umweltkommunikation. Als Associate Professor/Director of Environmental Studies and Sustainability an der University of Prince Edward Island, Kanada und Senior Lecturer in Outdoor Education and Environment an der La Trobe University, Australien arbeitet sie seit mehreren Jahren im Bereich 'Hochschule und Nachhaltigkeit.'

Simon Burandt, Dipl.-Umweltwissenschaftler, ist wissenschaftlicher Mitarbeiter am Institut für Umweltkommunikation der Universität Lüneburg. Arbeitsschwerpunkte sind: Bildungs- und Kommunikationsprozesse für nachhaltige Entwicklung und zum Lösen komplexer Probleme, Wissens- und Kompetenztransfer zur nachhaltigen Tourismusentwicklung.

Angela Franz-Balsen, Dr. rer. nat, war Lehrbeauftragte und wissenschaftliche Mitarbeiterin am Institut für Umweltkommunikation der Universität Lüneburg. Forschungsschwerpunkte sind: professionstheoretische Fragen und Gender-Aspekte der Umwelt- und Nachhaltigkeitskommunikation

(Maria-Goeppert-Mayer Gastprofessur für internationale Frauen- und Geschlechterforschung 2006).

Jasmin Godemann, Dr., ist wissenschaftliche Mitarbeiterin am Institut für Umweltkommunikation der Universität Lüneburg. Schwerpunkte in der wissenschaftlichen Arbeit: Inter- und Transdisziplinarität in Forschung und Lehre, Professionalisierung von Nachhaltigkeitskommunikation, (Hochschul-) Bildung für eine nachhaltige Entwicklung.

Harald Heinrichs, Dr. rer. pol., ist Juniorprofessor am Institut für Umweltkommunikation der Universität Lüneburg. Er leitet die Forschungsgruppe «Partizipation, Kooperation und nachhaltige Entwicklung» und arbeitet seit mehreren Jahren im Bereich sozialwissenschaftlicher Umwelt-, Risiko- und Nachhaltigkeitsforschung.

Gerd Michelsen, Prof. Dr., Leiter des Instituts für Umweltkommunikation der Universität Lüneburg, Inhaber des UNESCO-Chairs „Higher Education for Sustainable Development", Mitglied des Nationalkomitees „Bildung für eine nachhaltige Entwicklung.

Marco Rieckmann, Dipl.-Umweltwissenschaftler, ist wissenschaftlicher Mitarbeiter am Institut für Umweltkommunikation der Universität Lüneburg und Promotionsstipendiat der Heinrich-Böll-Stiftung. Arbeitsschwerpunkte: Bildung für nachhaltige Entwicklung/Globales Lernen; Nachhaltigkeit im universitären Kontext; Nachhaltigkeit im Nord-Süd-Dialog; Informelles Lernen; Entwicklungstheorien und -politik.

Stefan Schaltegger, Prof. Dr., lehrt an der Universität Lüneburg. Dort leitet er das Centre for Sustainability Management (CSM), den MBA Studiengang Sustainability Management und diverse Forschungsprojekte mit dem Schwerpunkt unternehmerisches Nachhaltigkeitsmanagement.

Ute Stoltenberg, Prof. Dr., ist Leiterin des Instituts für Integrative Studien und Professorin am Institut für Umweltkommunikation der Universität Lüneburg. Arbeitsschwerpunkte: Bildung für nachhaltige Entwicklung in verschiedenen Kontexten, (Lokale) Agenda 21 und nachhaltige Regionalentwicklung, Sachbildung und gesellschaftliche Bildung bei Kindern.

REIHE Innovation in den Hochschulen – Nachhaltige Entwicklung

Herausgeber: Prof. Dr. Andreas Fischer, Prof. Dr. Gerd Michelsen und Prof. Dr. Ute Stoltenberg, Universität Lüneburg

VAS

Band 1:
Gerd Michelsen (Hrsg.)
Sustainable Universität
Auf dem Weg zu einem
universitären Agendaprozeß
ISBN 3-88864-290-6 • 250 S. • 14 €

Band 2:
Ute Stoltenberg (Hrsg.)
Lebenswelt Hochschule
– Raum-Bildung, Konsum-Muster und
Kommunikation für eine nachhaltige
Entwicklung
ISBN 3-88864-310-4 • 181 S. • 14 €

Band 3:
Andreas Fischer (Hrsg.)
**Vom schwierigen Vergnügen einer
Kommunikation über die Idee der
Nachhaltigkeit**
ISBN 3-88864-311-2 • 235 S. • 14 €

Band 4:
Joachim Müller/Harald Gilch/
Kai-Olaf Bastenhorst (Hrsg.)
**Umweltmanagement an
Hochschulen**
Dokumentation eines Workshops von Januar
2001 an der Universität Lüneburg
ISBN 3-88864-315-5 • 187 S. • 14 €

Band 5:
Günter Altner/Gerd Michelsen (Hrsg.)
Ethik und Nachhaltigkeit
Grundsatzfragen und Handlungsperspektiven
im universitäten Agendaprozess
ISBN 3-88864-321-X • Doppelband •
386 S. • 19,50 €

Band 6:
Andreas Fischer/Gabriela Hahn (Hrsg.)
Interdisziplinarität fängt im Kopf an
ISBN 3-88864-335-X • 187 S. • 14 €

Sonderband:
Günter Altner/Gerd Michelsen (Hrsg.)
Friede den Völkern
Nachhaltigkeit als interkultureller Aspekt
– Festschrift für Udo Simonis –
ISBN 3-88864-361-9 • 226 S. • 15 €

Band 7:
Peter Paulus/Ute Stoltenberg
Agenda 21 und Universität
– auch eine Frage der Gesundheit
ISBN 3-88864-356-2 • 2002 •
170 S. • 14 €

Band 8:
Rietje van Dam-Mieras/Gerd Michelsen/
Hans-Peter Winkelmann (Eds.)
COPERNICUS in Lüneburg
Higher Education in the Context of Sustainable
Development and lobalization
ISBN 3-88864-357-0 • 252 S. • 2002 • 14 €

Sonderband: *deutsch/italienisch*
Ute Stoltenberg/Eriuccio Nora (Ed.)
Lokale Agenda 21/ Agenda 21 Locale
– Akteure und Aktionen in Deutschland
und Italien
ISBN 3-88864-307-4 • 293 S. • 16,50 €

Sonderband:
Konrad Maier/Gerd Michelsen (Hrsg.)
Nachhaltige Stadtentwicklung
Eine Herausforderung für Umwelt-
kommunikation und Soziale Arbeit
ISBN 3-88864-370-8 • 348 S. • 19 €

Sonderband: *deutsch/italienisch*
Ute Stoltenberg/Barbara Muraca/Eriuccio Nora (Ed.)
Nachhaltigkeit ist machbar
Das "Schaufenster für eine nachhaltige Entwick-
lung" als innovatives Projekt zur Kommunikation
und Entwicklung von Nachhaltigkeit. *deutsch/
italienisch*
ISBN 3-88864-393-7 • 2005 • 332 S. • 17,80 €

Band 9:
Katina Kuhn / Marco Rieckmann (Hrsg.)
Wi(e)der die Armut?
Positionen zu den Millenniumszielen
der Vereinten Nationen
ISBN 978-3-88864-413-9 • 2006 •
219 S. • 14,80 €

LEUPHANA
UNIVERSITÄT LÜNEBURG

Internationaler Masterstudiengang,
International Master's Programme,
Programa de Maestría Internacional

'Sustainable Development and Management'

Gerd Michelsen / Marco Rieckmann (Hrsg.)
Internationaler Masterstudiengang 'Sustainable Development and Management'
Band 1: Handbuch für den Masterstudiengang
ISBN 978-3-88864-441-2 • 2008 • 315 Seiten • 24,80 €

Gerd Michelsen / Marco Rieckmann (Hrsg.)
Internationaler Masterstudiengang 'Sustainable Development and Management'
Band 2: Einführung in nachhaltige Entwicklung
ISBN 978-3-88864-446-7 • 2008 • 131 Seiten • 14,80 €

Gerd Michelsen / Marco Rieckmann (eds.)
International Master's Programme in Sustainable Development and Management
Volume 1: Handbook for the Master's Programme
ISBN 978-3-88864-442-9 • 2008 • 301 Seiten • 24,80 €

Gerd Michelsen / Marco Rieckmann (eds.)
International Master's Programme in Sustainable Development and Management
Volume 2: Introduction to Sustainable Development
ISBN 978-3-88864-447-4 • 2008 • 116 Seiten • 14,80 €

Gerd Michelsen / Marco Rieckmann (eds.)
Programa de Maestría Internacional 'Sustainable Development and Management'
Volumen 1: Manual para el Programa de Maestría
ISBN 978-3-88864-443-6 • 2008 • 313 Seiten • 24,80 €

Gerd Michelsen / Marco Rieckmann (eds.)
Programa de Maestría Internacional 'Sustainable Development and Management'
Volumen 2: Introducción al Desarrollo Sustentable
ISBN 978-3-88864-448-1 • 2008 • 124 Seiten • 14,80 €

VAS – Verlag, Ludwigstr. 12 d, 61348 Bad Homburg
Telefon +49 (0)6172 6811656 · Fax +49 (0)6172 6811657
E-Mail: info@vas-verlag.de, www.vas-verlag.de

SERIES
HIGHER EDUCATION FOR SUSTAINABILITY

The book series 'Higher Education for Sustainability' provides information and experiences on the question of how sustainable development may be applied as a guiding principle for university education, and how it may be implemented in sustainability-related research activities. A variety of different political, methodological, and didactical approaches are intended to form an intricate mosaic of ongoing activities from around the world in the field of higher education. The series aims at stimulating international cooperation and intercultural dialogue on higher education for sustainable

Volume 1
Maik Adomssent / Jasmin Godemann / Alexander Leicht / Anne Busch (eds.)
Higher Education for Sustainability
Challenges from a Global Perspective
ISBN 978-3-88864-423-8 · 2006 ·
271 Seiten · 16,80 €

Volume 2
Joop de Kraker / Angelique Lansu / Rietje van Dam-Mieras (eds.)
Crossing Boundaries
Innovative Learning for Sustainable Development in Higher Education
ISBN 978-3-88864-439-9 · 2007 ·
304 Seiten · 16,50 €

Volume 3
Sacha Kagan / Volker Kirchberg (eds.)
Sustainability: a new frontier for the arts and cultures
ISBN 978-3-888644-405 · 2008 ·
570 Seiten · 24,80 €